Das atmende Unternehmen

Jeder Arbeitsplatz hat einen Kunden

Der Autor

Peter Hartz, Dr. rer. pol. h. c., wurde am 9. August 1941 in St. Ingbert/Saar geboren. Nach Ausbildung zum Industriekaufmann und betriebswirtschaftlichem Studium begann er seine berufliche Laufbahn im kaufmännischen Bereich. Seit 1976 ist er im Personalmanagement als Arbeitsdirektor tätig; zunächst in der Weiterverarbeitung, dann in der saarländischen Stahlindustrie.

Zum 1. Oktober 1993 wurde Dr. Peter Hartz zum Mitglied des Vorstands der Volkswagen AG als Arbeitsdirektor berufen.

Das atmende Unternehmen

Jeder Arbeitsplatz hat einen Kunden

Peter Hartz

Campus Verlag
Frankfurt/New York

Herausgeber: Volkswagen AG, Wolfsburg
Redaktion: Helmuth Schuster, Wolfsburg

ISBN 3-593-35542-6

Grafische Gestaltung: Grandpierre & Partner Design, Idstein
Fotografie: Marc Darchinger, Bonn
Druck und Bindung: Th. Schäfer Druckerei GmbH, Hannover
Gedruckt auf säurefreiem und chlorfrei gebleichtem Papier.
Printed in Germany

Inhalt

Vorwort

Dieses Buch setzt die Grundgedanken des ersten Buches „Jeder Arbeitsplatz hat ein Gesicht“ von 1994 fort und bietet erstmalig eine Gesamtsicht der neuen Personal- und Beschäftigungspolitik, die heute bei Volkswagen gilt und in der internationalen Diskussion steht. Der Gebrauchswert für die eigene Praxis und die weiterführende Gestaltung stehen dieses Mal ganz im Vordergrund der Darstellung. Dies schließt eine Dokumentation aller neuen Vereinbarungen ein.

Neue Wege sind gangbar – diese Grunderfahrung ist eine der wichtigsten Erkenntnisse des vorliegenden Buches.

Es geht um ein Stück neue Lebenswirklichkeit, für die fast 100 000 Menschen bei Volkswagen exemplarisch stehen. Beschäftigungsverhältnisse sind variabler und schneller veränderbar, als viele bisher annahmen. Die Akzeptanz von Einkommensopfern und Leistungsbeiträgen ist höher als erwartet, wenn es um Arbeitsplätze geht.

Zeit und Entgelt bieten noch mehr Spielraum zum Ausgleich von Beschäftigungsproblemen über längere Zeiträume, als es Tarifverträge bisher vorsahen. Dies und vieles mehr ist unternehmerisch verantwortbar und umsetzbar. Ein erfolgreiches Unternehmen atmet und lebt mit seinen Menschen, um die Leistung auszulösen, die ihre Zukunft sichert. In den letzten Monaten des Jahres 1995 gelang bei Volkswagen eine „stille Revolution“. Nie zuvor wurden nach unserer Kenntnis in einem Unternehmen oder Tarifbezirk so viele gesellschaftspolitisch heiße Eisen auf einmal angefaßt und zu einem neuen Ganzen zusammengeschmolzen.

Den Beteiligten war klar: Wir müssen einen großen Paradigmenwechsel vollziehen, wenn wir weiter wettbewerbsfähig bleiben und zugleich unsere Arbeitsplätze am Standort Deutschland sichern wollen. Diese Aussage gilt weit über den Einzelfall hinaus. Eine neue Zumutbarkeit, Qualität und Geschwindigkeit gesellschaftspolitischer Lösungen brauchen wir. Wir setzen aber auch auf den einzelnen und seine Bereitschaft, statt nach fixierter Arbeitszeit zukünftig nach Marktbedürfnis, Innovationszyklus und Leistungsziel zu arbeiten. Die Zukunft der Arbeit hat begonnen: bei Volkswagen mit Zeitsouveränität und Teamarbeit für fast 100 000 Menschen.

Dieses Buch will darüber informieren – engagiert, im Bewußtsein der vielen Menschen, die mit ihren Beiträgen, Stimmen und Entscheidungen den Weg der Volkswagen-Lösung möglich machten. Ihnen möchte ich herzlich danken.

Peter Hartz
Wolfsburg, im Januar 1996

Einleitung

Leistung auslösen – Sicherheit einlösen: Unter diesem Gedanken stand die Tarifrunde 1995 für Volkswagen. Sie führte die Idee fort, die erstmals 1993 mit dem Konzept zur 4-Tage-Woche vorgestellt und in dem Buch „Jeder Arbeitsplatz hat ein Gesicht“ formuliert wurde. Wie lassen sich Produktivität und Beschäftigungssicherung, Leistung und Einkommenssicherung, Wettbewerbsfähigkeit und Standortsicherung vereinbaren? Die Frage richtete sich abermals an fast 100 000 Menschen, die sich 1993 für den Weg von Beschäftigungssicherung und 4-Tage-Woche entschieden hatten. Erstmals konnten dabei Erfahrungen miteinbezogen werden, ob dieses Konzept tragfähig, ja sogar überlebensfähig in einer Branche sein kann, die mit am stärksten global umkämpft ist und deren hoher sozialer Standard in Deutschland als schwere Hypothek gilt.

Die VW-Erkenntnis war klipp und klar: Beschäftigungssicherung durch variable Arbeitszeitmodelle anstelle von Entlassungen hält Qualifikation und Motivation im Unternehmen, unterstützt die Bereitschaft der Belegschaft zur Produktivität und ermöglicht schnellere Kostenanpassungen als Sozialpläne. Und doch reicht das nicht zur vollen unternehmerischen Lösung des Beschäftigungsproblems aus. „20% mehr Mitarbeiter und 20% weniger Arbeitszeit“ bedeuten langfristig höhere Stückkosten: Denn gesetzliche Lohnnebenkosten und Arbeitsplatzkosten steigen und sinken mit der Kopfzahl – weniger mit dem Arbeitsvolumen. Und eine Variabilität der Löhne mit der Arbeitszeit ist nicht zu 100% durchzusetzen. Aus beiden Gründen müssen diese „remanenten Kosten“ der Beschäftigungssicherung durch einen höheren Leistungsgrad oder -beitrag der Mitarbeiter ausgeglichen werden. Um diesen Schritt zur vollen Wettbewerbsfähigkeit des Volkswagen-Modells zu schaffen, war eine umfassende und weiterführende Neukonzeption der Tarif- und Personalpolitik notwendig.

Eine Erneuerung der Zusage an fast 100 000 Menschen, sie keinesfalls über notwendige Beschäftigungsanpassungen ins soziale Elend der Arbeitslosigkeit zu stoßen, wurde damit abhängig von einem mutigen Schritt über die Schwelle des Jahres 2000. Mit vielen Tabus der Vergangenheit mußte gebrochen werden:

- Es wurde materiell in Tarifverträge eingegriffen, um einen Leistungsbeitrag der Mitarbeiter zu definieren. Mindestens 4% mehr Leistung mußten bei jeder Mitarbeitergruppe zusammenkommen. Damit wurde nach der Einkommenseinbuße von rund 15% pro Mitarbeiter 1994/95 ab 1996 ein weiterer Beitrag abverlangt.
- Es wurden darüber hinaus Chancen eröffnet, die Produktivitätserwartung und Personalbemessung unabhängig von klassischen MTM-Verfahren (Methods Time Measurement) dynamisch und wettbewerbsorientiert zu bestimmen.
- Ein mündiger Zeitumgang soll die Arbeitszeitmodelle atmen lassen: durch Zeitkorridore, Zeitkonten, Zeit-Wertpapiere, Zeitstafetten, Blockzeiten und eine Zeitsouveränität, die sich von vereinbarten Leistungs- und Terminzielen bestimmen läßt. Nie zuvor wurde „Zeit" tarifpolitisch so weit geöffnet.
- Es wurde das Entgelt neu definiert: im System einheitlich für Arbeiter und Angestellte in den gemeinsamen Gruppen und Leistungskriterien – in der Entwicklung offen für eine Lebenseinkommenssteuerung mit der Frage: Was fließt mir heute, was erst morgen bei Rentenbeginn zu? Mit der Umwandlung heutiger vermögenswirksamer Leistungen in zusätzliches Alterseinkommen gelang tarifgeschichtlich erstmals der Einstieg in dieses neue Denken.
- Bei allen Fällen der Einkommenssicherung – von der Kurzarbeit bis zum Vorruhestand – gilt die neue Zumutbarkeitskurve: Je mehr jemand verdient, um so stärker muß er selbst zur Sicherung beitragen. Die Zeit pauschaler Lösungen für alle ist vorbei.

- Neue Überlegungen mußten angestellt werden, um Mobilität, Flexibilität und Personalqualifizierung zu verbessern. Coaching Gesellschaft, Persönlicher Entwicklungsplan, Personaleinsatzbetrieb und gezielte Nachwuchsförderung durch Ausbildungskriterien und Hochqualifizierten-Programme haben den Ideen des Buches „Jeder Arbeitsplatz hat ein Gesicht" eine lebendige Gestalt gegeben. Erfahrungen mit Tausenden von Mitarbeitern haben hier Volkswagen zur Zukunftswerkstatt neuer Personalpolitik werden lassen.
- Unternehmerisches Handeln verpflichtet letztlich auch, neue Arbeit zu den Menschen zu bringen. Das Lamentieren um die Standortnachteile Deutschlands bringt keinen einzigen neuen Arbeitsplatz auf die Beine. Welches sind die zukunftsträchtigen Handlungsbereiche, in denen Management und Belegschaften zusammen neue Arbeitsplätze wettbewerbsfähig gestalten können. Auch diese Beschäftigungsstrategie ist Gegenstand dieses Buches.

All das hört sich leichter an, als es tatsächlich anzugehen und zum Erfolg zu bringen ist. Auch von den Schwierigkeiten soll die Rede sein. Denn für diese Veränderungen war der ungewöhnliche Schritt nötig, daß die Tarifpartei „Arbeitgeber" mit einem Gesamtkonzept und einem Forderungspaket in die Verhandlungen ging.

Und gerade dies war das Außergewöhnliche bei Volkswagen. Die Unternehmensseite trat erstmals mit einer geschlossenen Gesamtstrategie an. Sie berücksichtigte die Interessen der Arbeitnehmer, ordnete ihr Ranking aber neu, indem es die Beschäftigungssicherung, die Altersstafette für Beschäftigungsanpassungen und die Beteiligungsrente für die zu erwartende Versorgungslücke in den Vordergrund schob. Gleichzeitig gelang es, die Wettbewerbsfähigkeit des Unternehmens am Standort Deutschland zu stärken. Das atmende Unternehmen, das vom Markt her geführt wird, konnte durch die tarifliche Vereinbarung der Volkswagen-Woche, der Arbeitszeitsouveränität mit dem Setzen auf Funktion und Leistungsziel sowie der Neubemessung des Personalbedarfs auf Basis von Gruppenarbeit sowie höheren Leistungsbeiträgen wirksam unterstützt werden. Letztlich konnte eine Konvergenz der Interessen erreicht werden.

Dennoch war die Stimmungslage gespannt, und die gemeinsame Gratwanderung beider Tarifseiten aufeinander zu geriet unter den Druck von Demonstrationen und Arbeitsniederlegungen. Kompromisse benötigten das Geld, das durch Produktions- und Marktverluste dahinzuschwinden drohte. Die Stärke der Verhandlungsspitzen beider Seiten war gefordert, um letztlich den Knoten bei 38 Tarif- und Betriebsvereinbarungen zu durchschlagen, die parallel verhandelt wurden. Information und Überzeugung des Managements und der Gewerkschaftsmitglieder gerieten mit der zur Komplexität der Verhandlung noch hinzuwachsenden Kompliziertheit der Kompromisse zum Kommunikationsmarathon.

Auch von dieser Seite der Mitbestimmungskultur soll im folgenden gesprochen werden. Den Konsens für unternehmerisches Handeln in schwieriger Zeit zu organisieren, daran müssen sich beide Seiten messen lassen. Auf beiden Seiten ergeben sich Vorbehalte – die Neigung ist verführerisch nahe, es auf ideologisch geprägte Verteilungskämpfe ankommen zu lassen. Soll ein breites Bündnis für Arbeit entstehen, käme es aber gerade auf die neue Sicht der Dinge, die Glaubwürdigkeit der Intention an. Die Verteidigung sozialer Errungenschaften ist in unserer Zeit rasanten Wandels nicht automatisch sozialer als das rechtzeitige Ringen um die eigene Wettbewerbsfähigkeit.

Die Alternativen neuer Wege zur Arbeit sind dünn gesät. Es sind zumeist ebenso wichtige weitere Versuche um dasselbe Ziel, die andere „engagierte Unternehmen gegen Arbeitslosigkeit" mit vielen Beispielen schon vorangetrieben haben und die nicht enden dürfen. Den Eindruck des Patentrezeptes vermittelt niemand. Niemand kann sich aber noch im Angesicht der vielen Vorbilder in die Opferrolle zurückziehen, so sehr ist inzwischen deutlich geworden, wieviel man bewegen kann. Als einzelner, als Unternehmen, als Belegschaft, als Gewerkschaft, als Verband und als politisch Verantwortlicher.

Den Arbeitsmarkt nicht weiter belasten und neue Chancen entwickeln: das wäre die ehrgeizige Aufgabe eines „Bündnisses für Arbeit". Keine sozialpolitische und keine wettbewerbspolitische Frage darf ausgespart, keine standortpolitische und keine beschäftigungspolitische Möglichkeit unversucht bleiben.

Mit der deutschen Automobilindustrie steht nicht mehr und nicht weniger als jeder siebte deutsche Arbeitsplatz direkt oder indirekt auf dem Spiel, und am deutschen Auto hängt von der Wertschöpfung bis zur Nutzung sogar jede fünfte Steuermark – so Analysen des Verbandes der deutschen Automobilindustrie.

Diesen gesellschaftspolitischen Rang der deutschen Automobilindustrie durch alle Herausforderungen des globalen Wettbewerbs zu bewahren ist eine gehörige Anstrengung wert. Viel zu lange ist das nur als technische und finanzielle Aufgabe gesehen worden. Das Beispiel Volkswagen hätte viel erreicht, wenn daran auch unsere Chance zum menschlichen und personalpolitischen Beitrag voll erkannt würde.

Die neue Zumutbarkeit

Herausforderung des Wettbewerbs, der Standortsicherung und des Transformationsprozesses

Allein wettbewerbsfähige Arbeitsplätze können auf Dauer gesichert und gewonnen werden. Die Maßstäbe dafür müssen zunehmend globalen Herausforderungen standhalten. Arbeitsplätze in Deutschland werden sich nur in größeren Dimensionen, in anderen Relationen behaupten können. Gefordert ist die Bereitschaft für eine neue Sicht der eigenen Situation. Entscheidend wird der Wandel unseres Bezugsrahmens für das Erkennen anderer Lösungen. Eine neue Zumutbarkeit öffnet den Zugang zur Zukunft, mit klassischen Industrien an Hochkostenstandorten zu überleben.

Zumutbarkeit als Schlüssel zu neuen Lösungen

Mehr Courage, sich Neues, Anderes, Unbequemes zuzumuten – das war die Aufbruchstimmung von 1993, sich mit der 4-Tage-Woche und weiteren innovativen Arbeitssystemen zu neuen Ufern aufzumachen. Mit dem Schlüsselbegriff des Zumutbaren sollten die Grenzlinien und Tabuschranken verschoben werden, die das Finden von Lösungen in der Beschäftigungskrise behinderten. Eine solche Denkblockade durchbrach Volkswagen mit seiner neuen Zumutbarkeit. Nur wenige dachten, daß man noch aus dem klassischen Strickmuster der Politik ausbrechen könnte, eine Minderheit zu finden, die erlaubt, die Mehrheit zu schonen. Und das hieß auf dem Arbeitsmarkt immer: Entlassung weniger, um die vielen weiter voll beschäftigen zu können.

Nur wenige Zeitgenossen glaubten vor dem Volkswagen-Modell, daß es für die Betroffenen annehmbar und für das Management wirtschaftlich umsetzbar sei, Personalkosten in Milliardenhöhe mit Wirkung von einem zum anderen Tag nur durch Umverteilung von Zeit und ohne Entlassungen zu sparen.

Zwei Jahre Erfahrungen bundesdeutscher, aber auch europäischer Diskussionen verdeutlichen: Es ist gelungen, dem Gut Beschäftigungssicherung einen neuen Rang zu geben. Von einem neuen Ranking der Interessen, vom neuen Gemeingut kann aber erst dann wirklich gesprochen werden, wenn dem Wort die Tat gefolgt ist. Allzu viele Politiker, Arbeitgeber und Gewerkschafter stehen noch fest auf dem Boden klassischer Positionen und haben erst vorsichtig den ersten Fuß bewegt – mit dem Angebot, einen wirklichen Schritt zu machen, wenn die anderen als Vorleistung schon losmarschiert sind. Und mit der Drohung, sofern die anderen die Vorbedingungen nicht brächten und die Verhandlungen scheiterten, die klassische Linie erst recht durchzuziehen!

Die aktuelle Diskussion zu Beginn des Jahres 1996 um das „Bündnis für Arbeit“ darf gerade nicht zu einem altbekannten Lehrstück des rückwärtsgewandten Vorwärtstastens degenerieren. Doch hier liegt die Chance der neuen Zumutbarkeit: statt Prinzipien zu reiten gerade um Varianten und Varianzen zu ringen, statt neue Mauern zu bauen weitere Fenster und Türen, größere Übergänge und Korridore zu schaffen. Hinter jedem Horizont ist Land. Kein Bundesland heißt Tellerrand.

Zumutbarkeit sollte vor zwei Jahren als Schlüsselbegriff eines anderen Politikverständnisses in die gesellschaftspolitische Diskussion Eingang finden.

Denn Zumutbarkeit bietet viel.

- Initiative: Jeder kann bei sich anfangen.
- Beteiligung: Jeder hat Zumutbares, jeder ist dabei.
- Gerechtigkeit: Jeder trägt nach seinen Möglichkeiten bei.
- Handlungspotential: Materiell und funktional, mobil und sozial – Ansatzpunkte über Ansatzpunkte für Zumutbares.
- Zeit: Sie macht zumutbar – lieber warten, verschieben, befristen und überbrücken als durch Festhalten alles gefährden.
- Dynamik: Zumutbarkeit ist gestaltbar – andere Bezüge und Maßstäbe können für neue Erwartungen und Bewertungen sorgen.
- Unmögliches: Konvergenz und Konsens werden selbst dann erreichbar, wenn ein Partner nur Vorteile, der andere nur Nachteile hat. Die Zumutbarkeitsformel für Minus- und Nullsummenspiele lautet: tausche den größten Nachteil des einen gegen den kleinsten Vorteil des anderen! Mache den zumutbaren Nachteil zum komparativen Vorteil!
- Und letztlich Ethik: Durch Zumutbarkeit bleibt selbst bei den härtesten Maßnahmen und der schärfsten Konkurrenz die Sozialmoral erhalten. Wettbewerb nötigt nicht zu fehlender Ethik.

Dieses Grundverständnis ist wichtig, basieren doch viele Volkswagen-Lösungen auf dem Ausloten von neuen Zumutbarkeiten. Die gefundenen Kompromisse nach Belastungsfähigkeit des einzelnen und der Gruppe spiegeln sich in neuen Begriffen wider: der „Zumutbarkeitskurve“, die eine höhere Belastung der Höherverdienenden bei allen Problemlösungen sicherstellt; oder der „Flexibilitätskaskade“, die alle Arbeitszeiten nach Zumutbarkeit ordnet, eine Prioritätsfolge flexibler Nutzung festlegt und ungünstigere Zeiten wie die Nacht und den Samstag erst zuletzt für Flexibilisierung heranzieht.

Das war die große Frage an die Praxis der Umsetzung dieses Konzeptes: durch eine neue Wertigkeit und Bindungsdefinition aus herkömmlichen Beschäftigungsverhältnissen einfach mehr zu machen – die Variabilität des Beschäftigungsverhältnisses und das Atmen der Arbeitszeit zu erreichen. Loslassen des Besitzstandes und Einlassen auf ein flexibleres und mobileres Arbeitsleben – diese Schwelle mußte genommen werden.

Zumutbarkeit aus Sicht der Betroffenen

Wie kommt die neue Zumutbarkeit an? Ist es dem Volkswagen-Modell wirklich gelungen, Zumutbares neu zu definieren? Wie groß ist die Bereitschaft, diese Personal- und Beschäftigungspolitik mitzutragen?

Repräsentative Befragungen der bundesdeutschen Bevölkerung durch das Meinungsforschungsinstitut FORSA (1995) sowie der VW-Belegschaft (2600 Befragte, repräsentativ geschichtete Stichprobe, Mai/Juni 1995) durch eine Untersuchung des Instituts für Soziologie der Universität Erlangen/Nürnberg im Rahmen eines Projektes der Hans-Böckler-Stiftung ergaben eine hohe Akzeptanz. 51% der deutschen Arbeitnehmer halten das Volkswagen-Modell grundsätzlich für geeignet, um Arbeitsplätze zu sichern und zu erhalten. 29% lehnen die Koppelung von Einkommensverzicht und Arbeitszeitverkürzung ab. 49% der VW-Arbeitnehmer sind mit der Erfahrung einer 28,8-Stunden-Woche mit 15% materiellen Einbußen zufrieden oder sehr zufrieden. Nur

Akzeptanz des Volkswagen-Modells
Arbeitszeitverkürzung und Einkommensverzicht bei Erhalt von Arbeitsplätzen

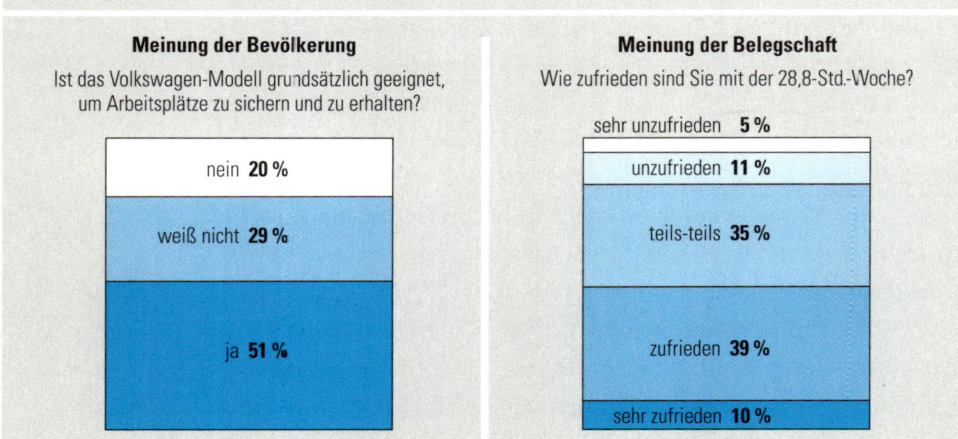

Quelle: FORSA   Institut für Soziologie, Universität Erlangen/WSI, Düsseldorf

16% der VW-Belegschaft äußern sich unzufrieden bis sehr unzufrieden.

Dieser hohe Grad der Zustimmung wird erreicht, obwohl mit 53% die Mehrheit der Mitarbeiter die finanziellen Einschränkungen der 4-Tage-Woche nur für schwer oder sehr schwer verkraftbar hält. Wodurch wird dann die Zustimmung erzielt? Der überragende Grund ist eben die Sicherung der Arbeitsplätze, deren Wert mit 74% die Skala der Vorteile des neuen Modells anführt. In dieser Hinsicht besteht die größte Übereinstimmung quer durch alle Belegschaftsgruppen. Ob Arbeiter oder Angestellter, ob Mann oder Frau, ob hohe oder niedrige Einkommensgruppe: Dem Gut der Beschäftigungssicherung geben alle die höchste Bewertung. Dieses Resultat nach eineinhalb Jahren Laufzeit der neuen Arbeitssysteme kommt teilweise überraschend, war doch das Modell auch für die VW-Mitarbeiter in den ersten Diskussionen eine Riesenüberraschung, die zunächst auch sehr viel Skepsis provozierte.

Dennoch wird die Zumutbarkeit nicht überall gleich gesehen. Ein unerwartetes Ergebnis der Befragung war der Einfluß der Einkommenssituation auf die Zufriedenheit mit dem Volks-

4-Tage-Woche: Höhere Zufriedenheit in unteren Einkommensgruppen
Beschäftigtenbefragung Volkswagen AG

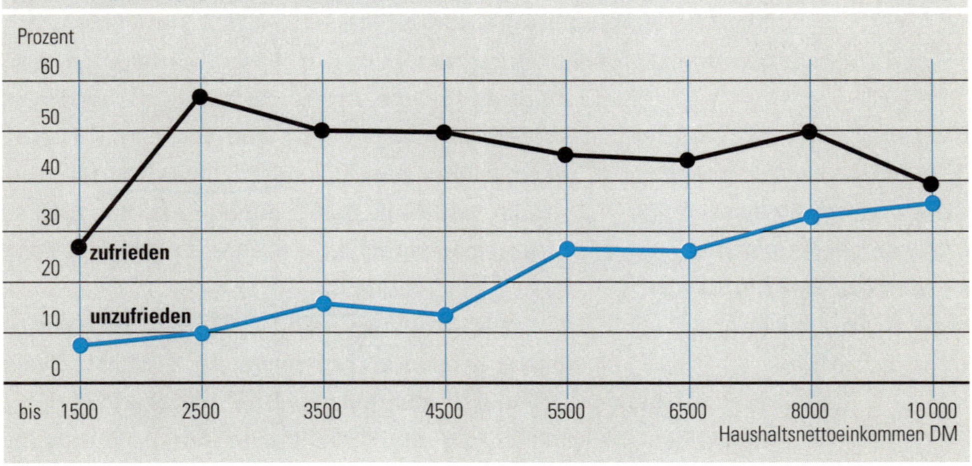

Institut für Soziologie, Universität Erlangen/WSI, Düsseldorf

wagen-Modell. Erwartet wurde, daß die Höherverdienenden zufriedener als diejenigen mit einem unterdurchschnittlichen Haushaltsnettoeinkommen wären. Das Gegenteil ist der Fall: Die Gruppe der Zufriedenen schrumpft von dem hohen Wert von fast 60% in den unteren Lohngruppen D bis G relativ kontinuierlich auf 36% in den oberen Tarifgruppen 11 bis 13. Die Älteren, Höherqualifizierten sind trotz genereller Zustimmung weniger zufrieden als die Jüngeren. Und Frauen erkennen mehr Vorteile als Männer.

Die hohe Zufriedenheit trotz sinkender Verkraftbarkeit und besonders im unteren Einkommensbereich belegt schlagend die Bedeutung von Zumutbarkeit. Selbst wo harte materielle Fakten dagegen sprechen, kann es hohe Zustimmung geben, wenn eine neue Balance des Zumutbaren entsteht.

Dieses Ergebnis läßt darauf schließen, daß über Volkswagen hinaus auch in anderen Branchen mit noch ungünstigeren Ausgangsbedingungen weit mehr Zumutbares existiert, als viele bisher annahmen. Diesen Schatz an bisher unerschlossenen Lösungen gilt es gesellschaftspolitisch zu heben, damit für mehr Menschen eine Zukunft in Arbeit möglich wird.

Prognose und Wirklichkeit: Ein Szenario des weiteren Handlungsbedarfs

Eine wesentliche Voraussetzung für die Festigung neuer Zumutbarkeit ist die Glaubwürdigkeit. Aussagen und Voraussagen über Beschäftigungsnöte und -chancen müssen seriös sein. Als die Unternehmensleitung im Oktober 1993 ihre Beschäftigungsanalyse für die sechs deutschen Werke der Volkswagen AG vorlegte und von einem Personalüberhang von 30% oder 31 000 Mitarbeitern sprach, gab es so manchen, der von einem Horrorszenario sprach und dachte, so schlimm könne es nicht kommen.

Bis zum Ende 1995 konnten 20 000 Mitarbeiter durch Arbeitszeitmodelle mehr im Unternehmen gehalten werden, als der konventionelle Bedarf hergab.

Die Prognosen sind eingetroffen. Absatzkonstanz bei noch beschleunigter Produktivitätsdynamik haben die Bedarfsrechnung von 1993 voll bestätigt. Einschließlich Mehrarbeit lag die tatsächliche durchschnittliche Arbeitszeit zwischen 28,8 und 30 Stunden pro Kopf. Fast 14 000

Mitarbeiter verließen das Unternehmen über Maßnahmen der Strukturkurzarbeit und des Vorruhestandes oder befinden sich kurz davor. Über 2000 Ausgebildete und Nachwuchskräfte konnten neu eingestellt werden.

Im Saldo ergibt sich in seltener Übereinstimmung mit der Prognose von 1993, daß heute mit 31 000 Mannjahren weniger Personalkapazität das Fahrzeugvolumen des Jahres 1993, also

Personalszenario: Die Prognose von 1993 hat sich bestätigt

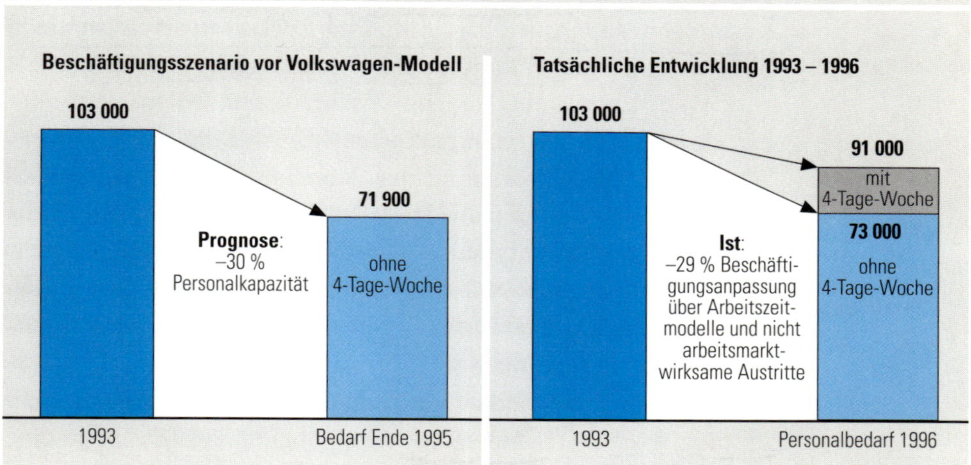

vor Einsetzen der Maßnahmen, produziert wird: Das Ergebnis kommt einer Punktlandung gleich – ein Ergebnis von 24 Monaten geballter Anstrengung, die Beschäftigungsprobleme ohne Auswirkung auf den Arbeitsmarkt in den Griff zu bekommen!

Wie wird sich aber der weitere Druck zur Zumutbarkeit erhöhen, welche Herausforderungen werden den Goodwill zu weiteren Schritten noch strapazieren? Welches Potential an Zumutbarkeit, Wettbewerbs- und Kostenverschärfungen noch einmal zu parieren hat der erste drastische Schritt zu neuen Arbeitssystemen bei Volkswagen übriggelassen? Wie weit kann man gehen, zusätzliche Kosten- und Produktivitätsbeiträge auch von den Arbeitnehmern noch zu erwarten? Wie sehen die neuen Szenarien aus? Ist die Standortsituation für Volkswagen in Deutschland zu retten? Entlastung und Entwarnung oder weitere

Zuspitzung? Steigt die Veränderungsgeschwindigkeit, wachsen die Anforderungen an die Qualität unserer Arbeit? Können wir schritthalten, oder brauchen wir einen neuen Quantensprung im Zumutbaren? Oder provokativ gesagt: müßten nicht eigentlich alle Mitarbeiter für das Gehalt einer 4-Tage-Woche wieder 40 und mehr Stunden arbeiten, als ginge es um ihren Lebensarbeitsplatz?

Die Auseinandersetzung mit diesen Fragen und Veränderungen war erforderlich und mündete schließlich in die Weiterentwicklung des Volkswagen-Modells zu einer geschlossenen Gesamtkonzeption, wie sie in diesem Buch erstmals zusammen mit den Erfahrungen der ersten 24 Monate dargelegt wird.

Wettbewerbsfähigkeit im Weltmaßstab, Sicherung aller Standorte durch nachhaltige Kostenverbesserung sowie Beherrschung und Beschleunigung des Transformationsprozesses im Unternehmen – das sind die drei wesentlichen Ziele, die durch die Gesamtkonzeption unterstützt werden müssen. Es können eigentlich nur tarifpolitische Konzessionen gemacht werden, die diesen Weg nicht gefährden. Darin liegen auch drei ganz wesentliche Beiträge zur Beschäftigung.

Wettbewerbsfähigkeit vor Kunde heißt: kein Kunde, der ein Produkt des Unternehmens möchte, entgeht uns. Ein „eigentlich möchte ich einen Volkswagen“ soll grundsätzlich der Vergangenheit angehören. Arbeitszeit- und Personalsysteme müssen mit dem Markt voll atmen können: um den Kunden in 14 Tagen zu beliefern, vereinbarte Termine zu halten und Auftragsschübe und -chancen in zusätzliche Beschäftigung umsetzen zu können. Das atmende Unternehmen mit diesem Ziel tarifpolitisch zu unterstützen war eine der Kernaussagen der VW-Tarifrunde 1995.

Preis, Qualität und Service müssen im Weltmaßstab voll wettbewerbsfähig sein.

Sicherung aller Standorte durch nachhaltige Kostenverbesserung bedeutet: wir geben keinen Standort kampflos auf. Die Präambeln der VW-Tarifvereinbarungen von 1993 und 1995 enthalten dies als gemeinsame Verpflichtung von Unternehmen und IG Metall. Wir sehen der Realität der deutschen – und europäischen – Standorte ins Auge, weil wir hier Autos fertigen wollen. Damit wir nicht aus reinen Kostengründen noch mehr ins Ausland müssen. Der Kostenrückstand zu anderen möglichen Standorten darf sich nicht mehr nachhaltig verschlechtern. Abstandsverkürzung heißt das Gebot. Denn Volkswagen will im Konzern die bisherige Beschäftigungsquote von 58% deutscher Arbeitsplätze nach vorne verteidigen. An der Tarifpolitik und Sozialbelastung darf keine Standortentscheidung scheitern. Neue Beschäftigungsumfänge für klassische Standorte sind auf der Basis verabredeter Kostenverbesserungen möglich und unternehmerisch verantwortbar.

Beherrschung und Beschleunigung der Transformation des Unternehmens hat Überlebensfunktion. In einer Zeit, in der die Veränderungsgeschwindigkeit der Ansprüche und des Umfeldes wächst, zählen nur noch Zwischenziele und die Fähigkeit, sie schneller als andere zu erreichen. Der effektive Transformationsprozeß wird zu einer der wichtigsten Managementleistungen. Im Volkswagen-Konzern gilt seit Mai 1994 für alle Führungskräfte das Commitment, nach besten Kräften mitzuhelfen – bei der notwendigen, schnellen und grundlegenden Veränderung von Einstellungen und Verhaltensweisen im Sinne eines Transformationsmanagements. Beschäftigungssicherung und -targets sind in die Vision des Unternehmens und seiner strategischen Ausrichtung auf den Erfolg zu integrieren. Ein klares Bewußtsein muß in der Organisation vorhanden sein, daß mehr Beschäftigung gewollt ist und konkret daran gearbeitet wird, sie rentabel zu machen.

Das beschäftigungskreative Unternehmen zählt – also langfristiger Erhalt des wertvollen Beschäftigungsverhältnisses für den Mitarbeiter – als weiteres Unternehmensziel!

Wettbewerbsfähigkeit – Standortsicherung – Transformationserfolg: Wie stark sind die anderen?

Wettbewerbsfähigkeit zur Zukunftssicherung

4 bis 8% Umsatzrendite sind in der Automobilindustrie in der Spitzengruppe möglich: Noch liegt Volkswagen unter 1%, trotz Milliardenverbesserung gegenüber dem Tiefpunkt 1993. Die Unternehmensprozesse verbrauchen also noch immer fast mehr Geld, als sie erwirtschaften. Die Rentabilität als Indikator der Wettbewerbsfähigkeit zeigt: Wettbewerber im internationalen Raum haben laufend einen größeren Spielraum für Innovationen

und Investitionen wie auch für Krisenreaktionen. Keine Spielräume zu haben verknappt die Ressourcen für Investitionen in zukunftssichere Produkte und Prozesse, die wiederum die Wettbewerbsfähigkeit und die Beschäftigung sichern.

Ein verhängnisvoller Kreislauf unzureichender Wettbewerbsfähigkeit entsteht. Wer diesem steigenden Wettbewerbsdruck nicht nachgibt und seine Kosten weiter in die Preise überwälzt, verliert Volumen, wird vom Markt verdrängt und opfert immer mehr Arbeitsplätze. Wer reagiert und Stückerlöse zurücknimmt, um Marktanteile zu halten, der gerät ohne weitere Maßnahmen in eine dauerhafte Ertragsschwäche, die bis zur Existenzgefährdung führt. Folge: Verlust der Arbeitsplätze. Wer agieren will und Gegenmaßnahmen entwickelt, kommt um Kostenverbesserungen und Ratioziele nicht herum: Personalkosten – Prozeßkosten (Fertigungszeit und -tiefe) – Produktkosten müssen herunter. Kosten oder Köpfe heißt es dann.

Was man auch unternimmt, an einem Konzept der Beschäftigungssicherung und Personalpolitik kommt man nicht vorbei.

Das Beschäftigungs- und Personalproblem ist also eng mit der Wettbewerbsfähigkeit verbunden. Je stärker Ratioziele erreicht werden, um so geringer ist der Personalbedarf; um so größer ist aber die Chance zur Volumenstärke, die wiederum den Personalbedarf sichert. Im Fall Volkswagen offenbart das Szenario, daß sich die Chancen am Volumenwachstum über mehr Beschäftigung verdoppeln, wenn statt 50% eben 100% der Ratioziele erreicht werden. Daß das Erreichen der Ratioziele aber den Personalbedarf stärker vermindert als die dann hinzugewonnenen Volumenchancen wieder gutmachen können. Jeder Fall, jede Branche mag im Grad der Wirkung anders liegen – nur in einem gleichen sich alle: Ohne Wettbewerbsfähigkeit wird die Lage noch schlechter.

Kein Unternehmen, keine Gewerkschaft, keine Regierung kann erfolgreich Beschäftigungs- und Sozialpolitik betreiben, ohne diesen Wirkungsmechanismus zu kennen und zu beachten.

Konkrete Kostenfortschritte zur Standortsicherung

Eine weitere Erkenntnis wird deutlich: zur Standortsicherung sind konkrete Verabredungen Standort für Standort überlebensnotwendig, um Kostenabstände nachhaltig zu verringern und Nachteile von bis zu 50% in Kosten und Qualität zu den besten Standorten in der Welt abzubauen. Der Aufholprozeß eines Standortes ist bei zu großen Rückständen außerordentlich schwierig, da die Besten auch noch hinzulernen und viele „greenfields“ auf dem modernsten Stand und ohne Vergangenheitshypothek noch hinzukommen.

Doch selbst das Erreichen der vollen Rentabilität reicht allein nicht aus zur Standort- und Beschäftigungssicherung. Im Falle der Automobilindustrie am Standort Deutschland sind Maßnahmen zur Wettbewerbsfähigkeit der Produkte am Markt zu wenig, um Standorte personalpolitisch zu sichern.

Zur Standort- und Beschäftigungssicherung müssen über die traditionellen Anpassungsinstrumente hinaus innovative kommen. Der Mix der Märkte mit der Wachstumsverlagerung zu Niedrigpreisregionen, nur geringes Wachstum des Gesamtmarktes, mehr Fahrzeuginhalt und -ausstattung ohne Mehrpreis, Fertigungstiefenreduzierung und Produktivitätsdruck – all das würde allein den kontinuierlichen Abbau von Arbeitsplätzen bedeuten.

Standortsicherung gelingt nur, wenn die traditionellen Standorte die Möglichkeit haben, die volle Variabilität und Wirt-

Personalszenario: Neue Beschäftigungs- und Arbeitszeitmodelle erleichtern die Standortsicherung

schaftlichkeit der Beschäftigungsverhältnisse einzusetzen, darin von den gesetzlichen und tariflichen Rahmenbedingungen unterstützt werden und auf dieser Basis sich neue Beschäftigungschancen erarbeiten können:

Bei Volkswagen sind sechs Arbeitsfelder definiert worden, die systematisch Beschäftigungstargets für die deutschen Standorte erarbeiten; dazu gehört Insourcing durch Integration oder Ansiedlung neuer Fertigungsumfänge im Rahmen zukünftiger Produktentwicklungen; Ausweitung des Produktprogrammes in Nischen oder neue Produktsegmente; mehr Industrieverkauf begehrter Komponenten, Motoren und Aggregate des Unternehmens und Reinvestition der Gewinne in den Ausbau technologischer Vorsprünge; Ausnutzung aller zusätzlichen Volumenchancen durch das atmende Unternehmen; Wettbewerbsfähigkeit eigener Fachkompetenz und Dienstleistung z. B. des Werkzeugbaus im Konzern sowie die Entwicklung neuer strategischer Geschäftsfelder für die Zukunft der Verkehrssysteme rund ums Auto.

Ohne ein neues Grundverständnis geht es nicht: Die Arbeitnehmer und ihre Vertreter arbeiten aktiv daran mit, Potentiale zu identifizieren und wirtschaftlich festigen zu können. Hier zeigt sich die besondere Qualität der VW-Betriebsräte.

Beherrschen und Beschleunigen der Unternehmenstransformation

Eine überragende Bedeutung für den Erfolg aller Maßnahmen und Ideen erhält die Entwicklungs- und Umsetzungsgeschwindigkeit. Andere Branchen als die des Automobils lehren, daß Geschwindigkeit einer der wichtigsten Beschäftigungsträger ist.

Wer stets zuerst im Markt ist, wer seine Produkte durch Produktivitätstempo konkurrenzlos günstig machen kann oder technologisch zum Trendsetter wird, kann trotz Produktivitätssprüngen von 100% in vier Jahren und Produktzyklen von sechs Monaten in der Beschäftigung wachsen. Gemessen an der Veränderungsgeschwindigkeit in der Automobilindustrie können Unternehmen wie Volkswagen ohne ein Transformationsmanagement leicht in einen Rückstand von 80% und mehr geraten. Wenn

Personalszenario: Die Transformation zur Wertschöpfung
Mentale Veränderungsprozesse bestimmen den Unternehmens- und Beschäftigungserfolg

sich aber in den Köpfen von Management und Mitarbeitern Veränderungen schneller als anderswo umsetzen lassen, wenn die mentale Grundeinstellung klarer als anderswo auf wertschöpfende und zielführende Verhaltensweisen eingeschworen ist, dann lassen sich Zeitvorteile herausarbeiten und Spitzenstellungen erzielen.

Anforderungen in zumutbare Veränderungen umsetzen

Wettbewerbsfähigkeit, Standortsicherung und Unternehmenstransformation benötigen zum Beschäftigungserfolg ganz erhebliche Anstrengungen aller Beteiligten: von Management und Belegschaft, von Gewerkschaft und Gesetzgeber. Jeder hat Einfluß, vergrößert oder verkleinert mit seinem Verhalten die Spielräume. Jeder kann einen Beitrag leisten.

Viele Standortentwicklungen haben sich gravierend verschärft: Wirtschaftswachstum ohne zusätzliche Arbeitsplätze ließ die Arbeitslosigkeit auf ein deutsches Rekordniveau von 10% steigen – ein hoher Sockel in Europa. Arbeitskosten und Lohnnebenkosten nehmen nicht nur Spitzenstellungen international ein, die Lage verschärft sich noch. Das deutsche Sozialbudget läßt Jahr für Jahr Milliarde um Milliarde das Investitionsbudget deutscher

Unternehmen hinter sich. Die Abgaben an Steuern und Sozialbeiträgen haben die 40%-Schallmauer der erarbeiteten Wertschöpfung in Deutschland durchbrochen und sehen sich einer ungebändigten Lastendynamik ausgesetzt.

Was jeder beitragen kann – Mögliches und Unausweichliches

Die Diskussion um die Zukunft der Arbeitsplätze und die zunehmende Belastung des Faktors Arbeit sollte im Angesicht der Zuspitzungen aber nicht den Blick für den eigenen Beitrag für zumutbare Lösungen verstellen.

Warum können wir weitere Beiträge auf dem Weg zu Wettbewerbsfähigkeit, Standortsicherung und Transformation erwarten? Weil die Arbeit heute humaner, kürzer und selbständiger geworden ist und deshalb Flexibilität, Variabilität und Mobilität ganz anders zumutbar macht als früher. Weil das Nettoopfer des Arbeitnehmers durch höhere Leistung oder geringere Einkommenszuwächse viel weniger ausmacht als die Bruttobelastung des Faktors Arbeit, die das Unternehmen tragen und durch Rationalisierung der Arbeit wieder auffangen muß. Und weil die Vermögensperspektive der Arbeitnehmer nach 50 Jahren Frieden als Generation der Eigentümer, Erben und Vollversicherten ein viel stabileres Rückgrat für Zumutbarkeit bildet als vor Jahren denkbar. Insgesamt werden jährlich 200 Mrd. DM oder durchschnittlich 200 000 DM in Deutschland vererbt. Zusätzlich schütten Lebensversicherungen jährlich 25 bis 30 Mrd. DM an die ältere Generation aus. 500 Mrd. DM Immobilienvermögen gehen in diesem Jahrzehnt an Erben über.

Eine ganz neue Dispositionskultur für zumutbare Lebensverläufe wächst heran.

Viele Belastungen müßten gar nicht mal so hoch sein, wie sie beklagt werden. Beispiel Lohnfortzahlung. Bei einer Arbeitszeit von 35 oder 28,8 Stunden und 42 bezahlten Urlaubs- und Feiertagen im Jahr ist es ganz anders zumutbar, sich um seine Gesundheit zu kümmern und im Rahmen beweglicher Arbeitstage von 168 Stunden in der Woche die 35 oder 28,8 bringen zu können. Wer gesund ist, der kommt und läßt sein Arbeitsteam nicht im Stich. Wer krank ist, erhält die volle Fürsorge. Würde nach dieser Zumutbarkeit gelebt, löste sich die Debatte um die Lohnfortzahlung im Krankheitsfall ohne gesetzliche Änderung von selbst auf. Manager und Betriebsräte können aus eigener Kraft den Gesundheitsstand auf 97% und besser bringen, wenn sie für eine entsprechende Verhaltensdisposition vor Ort sorgen.

Viele Entwicklungen könnten erleichtert werden. Beispiel Integration in den Arbeitsmarkt: wer als Auszubildender weiß, daß mit seiner Qualifizierung letztlich eine Investition von weit mehr als 1 Mio. DM für das spätere Beschäftigungsverhältnis in der Industrie verbunden ist, sollte viel mehr Eigeninitiative, Mobilität und Einstiegsbeitrag akzeptieren können als vielleicht früher.

Die intelligente Nutzung für neue Problemlösungen steht an. Das Beschäftigungsbündnis kann überall im kleinen wie im großen mit vielen Einzelbausteinen gezimmert werden: Arbeitsplatz für Arbeitsplatz. Commitment und Target, Gesetz und Vereinbarung – unterschiedliche Vorgehensweisen sind denkbar.

Für die Volkswagen-Personalpolitik gilt dabei die Essenz: die Leistung entfachen, die erlaubt, Sicherheit einzulösen.

Das atmende Unternehmen

Wie ein modernes Unternehmen von den Menschen und Märkten her geführt wird

Ein Weltkonzern definiert sich neu als atmendes Unternehmen. Ein ganzes Unternehmen stellt sich weltweit in den Dienst der Kundenbegeisterung und setzt eine dafür entwickelte Konzeption unter dem Begriff „atmendes Unternehmen" durchgängig um. Sie verbindet die kompromißlose Verhaltensorientierung am Kunden mit einer klaren Konzentration auf wertschöpfende Prozesse und einem unterstützenden Transformationsmanagement.

Die kompromißlose Orientierung am Kunden

Erfolgreiche Unternehmen werden von Menschen und Märkten her geführt. Sehr gute Unternehmen wissen beides zu verbinden: Begeisterung der Mitarbeiter für den Kunden und dadurch Begeisterung der Kunden für das Unternehmen. Spitzenunternehmen können auch noch in der Geschwindigkeit mit dem Wandel der Kundenanforderungen und der Marktentwicklungen mitgehen. Sie stellen alle Prozesse und Ressourcen auf das Atmen ein: vom Innovationszyklus bis hin zur Liefergeschwindigkeit. Atmen bedeutet konsequente Umsetzung des Lean-manufacturing-Gedankens für das gesamte Unternehmen. Alle Prozeßzeiten werden kürzer. Kein Kunde – kein Markt bringt diese Unternehmen außer Atem. Sie haben „den Dienst am Kunden wirklich drauf". Dieses „atmende" Unternehmen beschäftigen und bezahlen die Kunden gern mit ihren Aufträgen.

Die Vision des atmenden Unternehmens ist auch Kerngedanke einer offensiven unternehmerischen Beschäftigungs- und Personalpolitik: Denn seine Beschäftigung und Kompetenz wird voll vom Markt getragen.

Diese Vision ist aktiv: Es heißt auf den Kunden direkt zugehen. Sie ist konkret: Es heißt Kundenbegeisterung herüberbringen. Ein Beispiel für diese Zukunft des atmenden Unternehmens: Der Verkäufer besucht den Kunden zu Hause, um ihm mit Laptop, CD-ROM und Cyberspace das Produktprogramm vorzustellen und anschließend eine Probefahrt zu machen. Der Kundenbetreuer kann dann direkt ein Komplettangebot einschließlich Finanzdienstleistungspaket unterbreiten und sich per Datencheck die Lieferung – wenn gewünscht – bestätigen lassen. 2–2–2 hieße die Vision: Binnen zwei Stunden hätte der Kunde das Auto aus dem Schaufenster des Händlers, binnen zwei Tagen aus dem Punktlager der Region und binnen zwei Wochen aus der individuellen Fertigung.

Ergeben sich aus dem Kundenkontakt wichtige Hinweise, Wünsche und Wettbewerbssituationen, die Produkt-, Preis- und Serviceangebot herausfordern, kann der Kundenbetreuer das sofort auf die „Datenautobahn" Richtung Unternehmen schicken – als Marktsignal. Viele Signale können sich zur Frühwarnung wie zur Trendsetzung summieren, also Luftzug wie Luftholen anzeigen. Bis zum Wiederverkauf „after sales" bleibt der Verkäufer dem Kunden greifbar erhalten. Er ist „sein Problemlösungsmanager“, der ihn dann auch rechtzeitig in den Produktwechsel einbezieht. Im Hintergrund einer kompromißlosen Kundenorientierung müssen stets abrufbar sein: verläßliche Informationen, Lieferungen, Terminzusagen und deren Einhaltung, Dienstleistungen und Problemlösungen eines nachfrageorientierten „atmenden Unternehmens“. Viele weitere Erscheinungen würden auf Dauer verschwinden, etwa daß ein Berg unbeantworteter Kundenfragen und -reklamationen entstehen könnte, der sich im heutigen Kommunikationszeitalter schnell in eine Halde unverkaufter Autos verwandelt.

Fahren mit dem Auto, Leben mit dem Auto, Kosten durch das Auto, Status mit dem Auto, Leistungen rund ums Auto, Gewähr für das Auto, Funktionalität des Autos im Verkehr, Auto für die Umwelt und schließlich Wiederverkauf oder Recycling: so vieles definiert den Kundenwert. Es fließt in die Kaufentscheidung ein und summiert sich materiell und ideell oft zu einem Vielfachen des Anschaffungspreises. Es ist das Wertschöpfungspotential des atmenden Unternehmens, das im Bewußtsein agiert, daß es sich hier um ein Vermögen des Kunden handelt. Vor Kunde bestehen und ihn „fesseln“ kann nur, wer im Kundennutzen besser, preiswerter, schneller und persönlicher ist, sich also kunden-

Kundenbegeisterung durch Service und Geschwindigkeit

- Kundennähe
- Nachfragegerechte Produktpalette und -pflege
- 100 % Liefertreue und 14 Tage Lieferzeit
- Rund-um-die-Uhr-Service und Gewährleistung
- Stetiges Lernen aus Kundenwünschen und Angebotsdefiziten

gerechter, kundengünstiger, kundennäher und kundenindividueller verhält und das Auto „wie ein kleines Einfamilienhaus“ zu einem Erlebnis werden läßt. Wer diese größere Wertschöpfung gewinnen will, muß zuerst in diesen Dimensionen denken und den Kunden wahrnehmen lernen.

Diese Präsenz des atmenden Unternehmens speist sich aus der Kundenbegeisterung der Mitarbeiter. „From order to delivery“ gilt für das ganze Unternehmen einschließlich der Sozialpartner. Für den Auftritt vor Kunde müssen Standards gelten, die über die Markenidentität allen Mitarbeitern in Kopf und Herz eingehen. Ein wirklich kundenfreundliches Unternehmen kann sich im Image nicht das ständige Durchbrechen der Außenwirkung aus innerbetrieblichen Gründen leisten. Denn was man bei aktuellen Kunden vielleicht noch im Einzelfall wiedergutmachen und heilen kann, das geht durch größere Imageschäden oder schlichte Lieferunfähigkeit an potentiellen Kunden verloren. Und was interessieren einen im Stich gelassenen Kunden die fraktionierten Gewerkschaftsrichtungen in einem Land, ein Lieferantenproblem mit der Firma X oder ein nicht rechtzeitig entwickelter Produktinhalt?

Viele Einstellungen passen nicht zum atmenden Unternehmen: Vom „Dienst nach Vorschrift“ über „Engpaß durch Zuständigkeit“ bis zu „samstags keine Wertschöpfung“.

In den Märkten: Innovation, Qualität, Service, Geschwindigkeit

Das atmende Unternehmen denkt auch an seine zukünftigen Kunden. Was könnten sie 1999 erwarten, welche Kundenkulturen – sprich Bindungsdefinitionen –, regionalen Märkte und Nachfragesegmente gewinnen an Bedeutung? Welche Servicestandards gelten dann? Der Innovationszyklus wird vom Ingenieurserzeugnis zum Kundensensorium. Auch der Produktzyklus muß vom Markt her geführt werden. Er muß beschleunigt werden können, wenn ein Produkt im Markt zu früh abstürzt oder wenn der Wettbewerb „benchbreaking“ wird. Die atmende Strategie hat dafür durch Baukastensysteme und gemeinsame Plattformen der Fahrzeugklassen etwa im VW-Konzern eine wesentliche Voraussetzung geschaffen. Den Karosserievarianten und Fahrzeugtypen und ihrer schnelleren Differenzierung und Erneuerung wurde damit freie Bahn geschaffen.

Kundenbegeisterung durch Innovation

- Offenheit für Ideen anderer
- Mut zum Experiment
- Spaß am Unkonventionellen
- Wille zur Verantwortung und ihrer Delegation
- Begeisterung durch Zuverlässigkeit
- Kraft zur Veränderung
- Freiheit zur unternehmerischen Gestaltung
- Transparenz und Verbindlichkeit

Die totale Kundenorientierung nach außen und innen bildet eine Einheit wie Herz und Kopf des atmenden Unternehmens: Lenke und denke mit dem Kunden! Sie fordert ein Mitgehen mit den Märkten in Innovation, Qualität, Geschwindigkeit und Preis-Leistungs-Verhältnis. Unternehmerisches Handeln heißt Wandeln – innovativer, qualitativer, zuverlässiger und schneller als andere.

Innovatives Verhalten, absolute Qualitätsorientierung, agiles Transformationsmanagement – dieser Drive des atmenden Unternehmens entsteht nach unseren Erfahrungen nur dann und dort, wenn und wo allen fühlbar bewußt wird, daß sie als Autobauer Weltliga spielen, kein Heimatmarkt ohne Weltformat zu halten bleibt und Entfernungen ignoriert werden müssen: Mit nur Deutschland als Absatzmarkt schrumpfte Volkswagen zur Bastelstube! Für einen von Menschen und Märkten her geführten Global Player gibt es kein Ausland mehr.

Wir befinden uns in einem transparenten und totalen Wettbewerb. Der Druck auf die Unternehmen nimmt ständig zu. Das atmende Unternehmen zieht die Konsequenzen aus diesem Wandel vom Anbieter- zum Käufermarkt. Nicht mehr unsere Kosten und Gewinnerwartungen bestimmen den Preis, sondern der erzielbare Marktpreis bestimmt Kosten und Gewinn. Auch von den Kosten und der notwendigen Wertschöpfung her wird das Unternehmen vom Markt bestimmt und kann nur erfolgreich vom Markt her geführt werden. Allein diese Umkehr des klassischen Unternehmerverhaltens – zur kundenorientierten Kalkulation – ist Anlaß genug für ein entschlossenes Reengineering des Unternehmens mit einer dramatischen Mobilisierung von Wertschöpfung und Reduzierung von Kosten in allen Bereichen.

Durch den unbegrenzten und transparenten Wettbewerb explodieren auch die Ansprüche an die Qualität. Was gestern noch gut war, läßt sich heute schon nicht mehr verkaufen. Darin liegt eine weitere enorme Herausforderung. Der Schnelle frißt den Lahmen.

Kundenbegeisterung durch Qualität

- Technische Qualität
- Funktionale Qualität
- Anmutungsqualität
- Servicequalität
- Wettbewerbsüberlegene Qualität

Herkömmliche Assets des Unternehmens – finanzielle Ressourcen und technisches Know-how – reichen nicht mehr aus. Für das atmende Unternehmen gibt das unternehmerische Handeln von Manager und Mitarbeiter den Ausschlag.

Drive und Drang durch jeden! Denn Innovation kann jeder – Qualität tut nicht weh – und Wandel belebt.

Ziele findet man nicht, Ziele setzt man. Wertschöpfung für den Kunden liegt in uns:

- Jeder Mitarbeiter und Manager kann und darf erforschen, entdecken, erfinden, entwickeln und erneuern.

- Jeder Mitarbeiter und Manager kann und muß Standards und Prozesse definieren, dokumentieren, kontrollieren und kontinuierlich verbessern.
- Jeder Mitarbeiter und Manager kann und soll das Wichtige vom Unwichtigen, das Tatkräftige vom Lähmenden, das Motivierende vom Frust, das Konstruktive vom Beharrenden und das Herausfordernde vom Überkommenen unterscheiden und mutig handeln.

Es ist die Schlüsselfrage des atmenden Unternehmens, so offen und bereit zu sein, diese Wertschöpfung von innen deutlich zu wollen, sinnvoll aufzunehmen und integriert umzusetzen.

Die Revolution der Käufermärkte gibt den Unternehmen zunehmend vor, wieviel Gesamtkosten das Pricing vor Kunde verträgt. Wie diese Zielkosten und -preise sich aber aufteilen auf die Prozeßkette und die Ressourcen sowie Unternehmen, Zulieferer und Arbeitnehmer, das bleibt offen und rückt in den Mittelpunkt des Ringens um Verbesserungen. Kein Prozeß kann ausgespart bleiben: weder Produktentstehung noch Herstellung und Beschaffung, Vermarktung oder die Bereitstellung von Ressourcen des Humankapitals.

Pull statt Push: Das atmende Unternehmen

Fertigungsrationalisierung und Reduzierung der Zulieferpreise, Forschungskosten und Personalkosten – vieles ist in der Automobilindustrie bereits unter die Lupe genommen worden. Neu ist der Vermarktungsprozeß vom Auftragseingang über die Produktion bis zur Auslieferung an den Kunden. Nur wenige wissen, daß allein im Vermarktungsprozeß (vom Hersteller über die Groß- und Einzelhandelsstufe bis zum Kunden) ein erheblicher Teil des Endpreises entsteht. Transport und Kapitalbindung durch Läger, Handelsmargen und Marketing – all das schlägt bei einem Konzern wie Volkswagen mit einer Kostenlast in Milliardenhöhe zu Buche, die der Kunde bezahlt. Hier besteht ein Ergebnispotential des atmenden Unternehmens. Ein vollständiges Reengineering der Prozesse, ihrer Fahrweise und der Verhaltenskultur kann mehr Wert für Kunde, Händler und Unternehmen schöpfen.

Pull statt Push – so lautet der Pulsschlag des atmenden Unternehmens.

Statt Kapazitäten und Produktionsprogramme zu optimieren, „Stückzahlen zu kloppen“, fehlende Kundenaufträge durch unspezifizierte Mengen zu füllen und anschließend in die Händ-

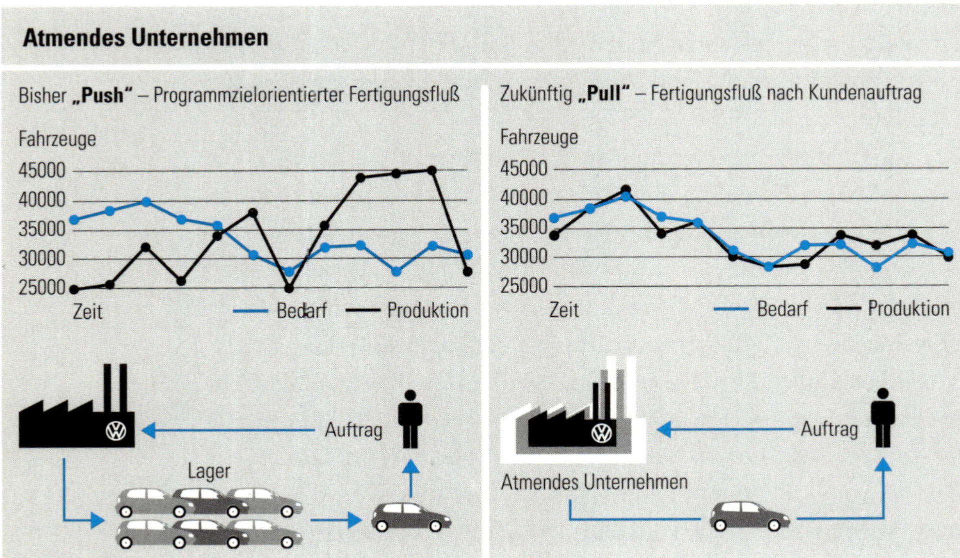

lerläger und Märkte zu drücken, soll der Fertigungsstrom ausschließlich durch Kunden- bzw. Händleraufträge aus den Fabriken gezogen werden. Das Versprechen gegenüber dem Kunden „Wunschauto plus Wunschtermin“ muß in der ganzen internen Prozeßkette von der Auftragsannahme über Einplanung, Materialdisposition, Personaleinsatz, Produktionseinsteuerung und Qualitätsregelkreis bis zur Auslieferung transparent bleiben und als striktes Commitment für alle am Prozeß Beteiligten gelten.

Die Chancen sind enorm:

- höhere Kundenzufriedenheit
- höhere Kundenloyalität
- höheres Absatzpotential
- weniger Lagerbindung
- weniger Abverkaufshilfen
- weniger Standzeiten und Gewährleistungen
- geringere Prozeßkosten
- und allgemein mehr Marktchancen

Ein atmendes Unternehmen verlangt durchgängige Systeme, flexibles Kapazitäts- und Personalmanagement einschließlich Zulieferer sowie einen verkürzten Daten- und Prozeßfluß. Kritische Erfolgsfaktoren, Kapazitätsengpässe und „Bottlenecks“ müssen im Prozeß transparent sein und per Frühindikator und Reaktionszeit ausgleichbar bleiben. Das atmende Unternehmen wird zur großen Herausforderung für Hersteller und Lieferant in Zeiten des Lean investments.

Diese klare Orientierung an Kundenwerten wird zur größten Umstellungsleistung von Unternehmen, die über Anbietermärkte groß geworden sind.

Noch nicht alle Mitarbeiter sind dafür sensibilisiert, daß sie mit jeder Handlung den wirtschaftlichen Spielraum des Unternehmens vergrößern oder verkleinern und mit jedem internen

oder externen Kundenkontakt beitragen: zum Versprechen oder Versagen vor Kunde.

Erfahrungen besagen, daß mindestens zwei Drittel der Manager von der Dringlichkeit einer Veränderung überzeugt sein müssen, sonst besteht die Gefahr, sich an zu vielen Langsamen festzulaufen.

Der vollen Einbeziehung der Tarifparteien und Belegschaften über einen neuen Tarifvertrag in die Konzeption des atmenden Unternehmens mußte eine hohe Priorität zukommen. Anders als bei anderen „Managementrevolutionen“ konnten und wollten sich weder Gewerkschaft noch Betriebsrat zurücklehnen und die Modewelle oder Erfolgsaussicht des ohnehin verantwortlichen Managements beobachten, bevor die Personalsysteme und -philosophie angepaßt würden.

Die Personalsysteme des atmenden Unternehmens

Alle großen Veränderungen, die beim Kunden ankommen, können gar nicht ernst und schwungvoll genug angegangen werden. Das atmende Unternehmen ist statt modischem Tamtam eine Teamleistung aller, die die Unausweichlichkeit einer kompromißlosen Kundenorientierung begriffen haben. Volkswagen hat begonnen, seine Personalsysteme umfassend auf das atmende Unternehmen einzustellen. Flexible Personalkapazität und Arbeitszeit bilden den Rahmen für eine atmende Fahrweise, in der Ressourcen nach Kundenauftrag abgerufen werden. Die Entkoppelung von Entgelt und Leistungserbringung ist ein wichtiges Element der Zumutbarkeit dieser Fahrweise. Statt des unsicheren

Die Volkswagen-Woche
Kundenorientiertes Atmen

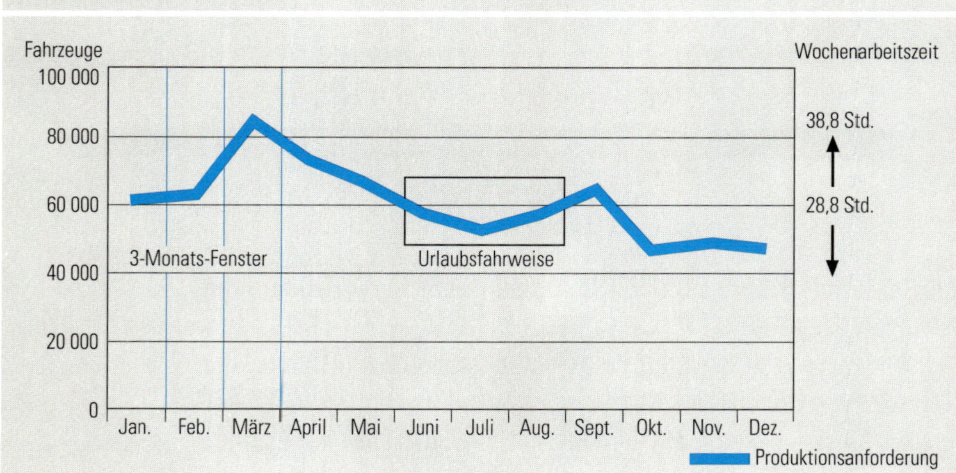

„work on call“ weiß der flexible Mitarbeiter um das sichere Monatseinkommen und den maximalen Arbeitszeitkorridor im voraus und kann deshalb das Atmen nach Kundenbedarf akzeptieren.

Eine rollierende 3-Monats-Planung schafft zusätzlich eine Planungssicherheit für die Steuerung der Schichten und damit die Anwesenheitsplanung des einzelnen. Die 3-Monats-Planung ruft alle Instrumente der Personalkapazität und der Arbeitszeit ab. Kern dieser Planung ist die Weiterentwicklung der 4-Tage-Woche zur Volkswagen-Woche, die größere Flexibilitätsspielräume hat und für das atmende Unternehmen entwickelt wurde. Sie kann objektiv dazu beitragen, daß die Lieferzeit in den kommenden Jahren von mehreren Wochen auf 14 Tage reduziert werden kann.

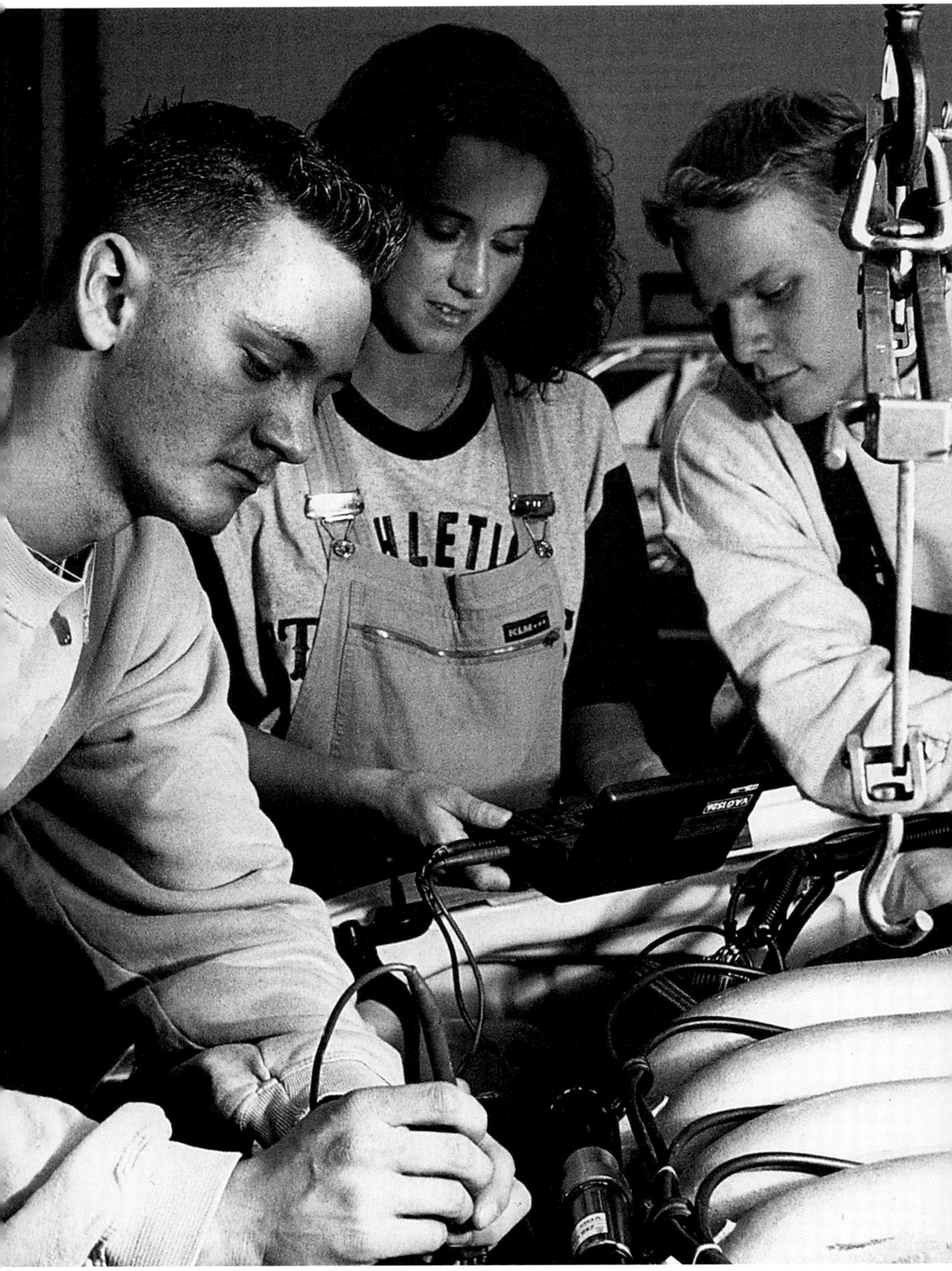

M4 – Wettbewerbsvorteile durch Mitarbeiter und Mitarbeiterinnen

Mehrfachqualifiziert, mobil, mitgestaltend und menschlich

Die Mitarbeiter und Mitarbeiterinnen bei Volkswagen sollen wissen, was von ihnen erwartet wird. Das Anforderungsprofil M4 stärkt das Bild vom engagierten Mitstreiter im Unternehmen. Wie lassen sich die Humanressourcen zu entscheidenden Wettbewerbsvorteilen eines atmenden Unternehmens ausbauen? Identifikation mit seinen Zielen, Integration im Team und Intelligenz der Organisation zählen dabei ebenso wie die Fähigkeit, durch Motivation und Persönlichkeitsentwicklung die Reserven der Mitarbeiter zu mobilisieren.

Mitarbeiter und Manager

Wettbewerbsfähige Arbeitsplätze werden zu Recht mit attraktiven Produkten hervorragender Qualität, leistungsfähiger Herstellungstechnologie sowie günstigen Kosten assoziiert. Die Transparenz des Wettbewerbs nivelliert die beeinflußbaren technischen Wettbewerbsunterschiede tendenziell immer wieder. Jede Standortmodernisierung, jeder Produktwechsel bietet jedem Wettbewerber die Chance, Vorsprünge anderer zu kopieren oder auszugleichen.

Zurück bleiben standortbedingte Kosten, zu denen auch Tarifverträge und Gesetze gehören, die den Faktor Arbeit belasten und häufig in den Fokus der Debatte um Standortnachteile gelangen. Zugespitzt formuliert: es geht um eine Überlebensfrage der Hochkostenstandorte. Wenn schließlich durch Global sourcing und Lean investment alle Kosten zur Wettbewerbsfähigkeit getrimmt wurden, wie kann die Auseinandersetzung um das letzte Feld bestanden und ein Überfordern unserer Fabriken durch Personalkosten gestoppt werden?

M4 ist für Volkswagen der anspruchsvolle Versuch, Wettbewerbsvorsprünge durch Mitarbeiter und ihr Vermögen zu erzielen. Jeder Gute kann noch besser werden. Geführt und entwickelt vor Ort und gezielt unterstützt durch Coaching.

Zur entscheidenden Aufgabe zukünftiger Unternehmensführung wird zunehmend, diese Nachteile durch die Leistungsentfaltung der Mitarbeiter selbst wettzumachen. Spitzenunternehmen beziehen ihre Kraft und Dynamik aus ihrem Humankapital – den Wettbewerbsvorsprüngen ihrer Mitarbeiter. Ausgezeichnete Mitarbeiterinnen und Mitarbeiter kosten mehr als durchschnittliche. Niemand wird darin einen Wettbewerbsnachteil erkennen. Unternehmen, die „spitze" sein wollen, müssen deshalb versuchen, ihre Mitarbeiter auf ein Niveau zu bringen, daß sie „ihr Geld wert" sind. Bei jeder Personalentscheidung muß heute bewußt werden, daß in der Regel über ein Humankapital von über 1 Mio. DM entschieden wird.

M4 heißt das neue Leitbild: mehrfachqualifiziert – mitgestaltend – mobil – menschlich. Es soll eine faßbare Orientierung für jeden Mitarbeiter bieten, in welchen Eigenschaften das Unternehmen Kompetenz und die Chance zum Wettbewerbsvorsprung durch Mitarbeiter erwartet. Damit kennt jeder den Maßstab und die Entwicklungsrichtung, wie er mit seiner Leistung „im Mitarbeiter-Bilde“ bleibt und wo volle Professionalität zur Verteidigung seines Arbeitsplatzes im Wettbwerb erwartet wird. Im Idealfall weiß jeder, wo er steht: mit seinem Team durch Zielwerte, Kenndaten, Audits und Qualitätsregelkreise; und persönlich durch ein Beurteilungsverfahren nach dem Mehraugenprinzip, das vor jeden Weiterentwicklungsschritt geschaltet ist und einer Art interner Kundenbewertung gleichkommt.

Dieses Konzept läßt sich von der Erfahrung und Erkenntnis leiten, daß Wettbewerbsfähigkeit und Kostenschärfe praktisch nur erreicht werden, wenn die Ziele, Fakten und Verbesserungspotentiale vom Management in die Ebene der Mitarbeiter gebracht und dort „greifbar“ werden. Es nützt nichts, wenn das Management das Hohelied seiner Eindrücke aus Japan oder USA singt, und ein hartes Wissen kommt nirgendwo an. Kein Arbeitsplatz, keine Dienstleistung kann zukünftig aus dem Benchmarking und Benchlearning ausgespart werden, insbesondere mit dem Ziel, den Betroffenen die Chance zu geben, Abstände zu Zielwerten zu verringern und Vorteile zu verbessern.

M4-Mitarbeiterprofil
Anforderungen

M4-Mitarbeiterin und -Mitarbeiter

Mehrfachqualifiziert
- Bereitschaft und Fähigkeit für seine Aufgabenbereiche
- eigenes Denken und Handeln, Hinterfragen
- bringt ein, gibt weiter und vermittelt
- analysiert und bewertet
- zeigt hohe Lernbereitschaft
- erwirbt nebenfachliche Qualifikationen
- bringt Wissen/Erfahrung in Projekte ein
- umweltbewußtes Handeln

Mitgestaltend
- denkt unternehmerisch, d. h. entwickelt neue Ideen, spürt neue Chancen auf und setzt sie um
- handelt nach dem Motto „Wandel bringt Chancen“
- überdenkt und verbessert die Prozesse selbständig
- unterstützt den KVP^2-Prozeß
- arbeitet ergebnisorientiert
- setzt Qualitätsstandards

Mobil
- unterstützt Anlaufsituationen an anderen Standorten
- ist bereit, international und interkulturell Erfahrungen zu sammeln
- ist bereit, dahin zu wandern, wo die Aufgabe ist

Menschlich
- löst Konflikte konstruktiv
- zeigt integrierendes Verbindungsdenken
- lebt neue Werte selber vor und tut, was er sagt
- arbeitet kooperativ in Teams
- schafft Klima des Vertrauens und der Wertschätzung
- identifiziert sich mit dem Unternehmen
- verfügt über soziale Kompetenz

Volkswagen hat ausgerichtet am M4-Profil ein langfristiges Konzept entwickelt und Zug um Zug mit den ersten Maßnahmen eingeführt, Wettbewerbsvorteile durch Mitarbeiter zu erreichen und dabei auf Mündigkeit und Motivation zu setzen.

M4 ist Anspruch an jeden. Was heißt M4 damit konkret für eine hochdifferenzierte Belegschaft vom Auszubildenden bis zum Top-Manager?

Mehrfachqualifiziert: Von den sicher beherrschten Basisqualifikationen – der „Automobiltauglichkeit" – über die Fachkraft komplexer Arbeitsvollzüge und Entwicklungsvorgänge zum Know-how-Produzenten und Spitzenkönner muß die gesamte fachliche Fähigkeitsbreite und -tiefe im M4-Profil vertreten sein. Das Entscheidende dabei ist, daß auf jeder Ebene fachlichen Anspruchs auch überfachliche Kompetenz vorhanden ist. Dazu gehört die Bereitschaft und Befähigung, sich in immer neue „Jobs" und Aufgabenbereiche einzuarbeiten; das eigene Denken und Handeln zu hinterfragen; sich einzubringen und Wissen weiterzugeben; Leistungsstandards und -defizite zu erkennen; vernetzt und kundenbezogen zu arbeiten sowie konkrete Verantwortung für Wertschöpfung zu übernehmen. Der Wille zur Kompetenz muß auf allen Ebenen spürbar sein: vom Band bis zum Vorstand – „Wir wollen die besten Autobauer sein". Diese Qualifikation entsteht nur gemeinsam, nicht über Solisten. Doch wird in diesem Konzert keinesfalls „der eine Könner" unterschätzt, „der es wirklich bringt".

Die Sozialkompetenz eines „Lernen und Arbeiten mit anderen und für andere" gewinnt aber an Bedeutung: als Klemmer oder als Klammer der Mehrfachqualifikation.

Mitgestaltend: Von der unverbindlichen Mitwirkung über die Vetorechte der Mitbestimmung zum umfassenderen Gedanken der Mitgestaltung hat sich der Beteiligungsgedanke im VW-Konzept entwickelt.

Von der kritischen Vitalität während der Ausbildung über das Engagement im Team, bei KVP² und Vorschlagswesen bis zur Eigen- und Ergebnisverantwortlichkeit im Management und in Schlüsselpositionen des Top-Managements mit einer dann überragenden strategischen Verantwortung für die Weiterentwicklung des Unternehmens öffnet sich der Mitgestaltungsraum. Flache Hierarchie, Prozeß vor Struktur, aufsteigende Werte – mehr und mehr rückt die eigentliche Wertschöpfung in den Vordergrund und fordert den „Unternehmer vor Ort". Entwicklung neuer Ideen, Umsetzung neuer Chancen, permanente Prozeßoptimierung, Ringen um Ergebnisverbesserung und Qualitätsstandards – alle Elemente der Mitgestaltung zählen für dieses „empowerment of people". Die Macht der Menschen, die sich früher im Regeln und Bändigen auslebte, braucht nun ein Unternehmen zur Beschleunigung der Veränderung – eine Veränderung, die am erfolgreichsten gelingt, wenn darin die mitbestimmenden Betriebsräte zu verantwortlichen Mitgestaltern werden.

Mobil: Mitarbeiten bei einem Weltunternehmen bedeutet, daß letztlich die Volkswagen-Welt die Dimensionen und Ausdehnungen vorgibt, in denen der einzelne gebraucht werden kann. Der Grad der Mobilität, die erwartet wird, wächst zwangsläufig vom Werker zum One-World-Manager, dessen Arbeitsplatz letztlich die Volkswagen-Welt ist: Doch für alle muß Mobilität zur Normalität werden. Wechsel im Werk, von Werk zu Werk, Mobilität auch international und interkulturell: wo Not am Mann, an der Frau in der Volkswagen-Welt ist, da kann jeder einmal für einen zumutbaren und planbaren Zeitraum helfen. Projekte und Stationierungen, Erfahrungsaustausch und Know-how-Transfer, Anlaufunterstützung und Personalausgleich, persönliche Entwicklungsmaßnahmen und Coachingeinsätze etwa durch Tandem-Funktion: Ein atmendes Unternehmen muß seine Orientierung am Bedarf weltweit umsetzen können. Wer nur vernetzt im Konzern erfolgreich sein kann, muß neben den Konzernsprachen auch die Kultur von Konzernstandorten verstehen lernen.

Aufstiegsmobilität beruht auch auf Einsatz- und Umzugsmobilität: Wer eine höhere Aufgabe möchte, sollte auch eine entferntere akzeptieren können.

Menschlich: Menschliche Stärke ist bei der Lösung von Aufgaben und Problemen außerordentlich wichtig, aber auch die Fähigkeit, menschlich mit Schwächen umzugehen. Konstruktiv, integrativ, informativ, wertschätzend und vorbildlich: Diese positiven, zielgerichteten Verhaltensweisen helfen dem Prozeß.

Doch wird es immer wieder unterschiedliche Geschwindigkeiten im Denken und Handeln geben, die aufeinanderprallen. Elan, Courage, Hartnäckigkeit und Biß, Neues auch gegen Widerstände durchzusetzen sind dann ebenso wichtige menschliche Werte, zu denen ein Unternehmen stehen und ermutigen muß.

Wenn jeder Willige erst seinen Machtpromotor im Top-Management suchen muß, bevor er hervortreten kann und mit einem Vorstoß und Vorschlag ernst genommen wird, dann befindet sich das Unternehmen noch auf dem Holzweg und nicht dem Highway. Jeder darf offene Ohren und Türen erwarten. Vom Machtpromotor zum Ideenpromotor – vom Seilschafter zum Botschafter sollte die kommunikative Devise lauten.

Führen können: fachlich und emotional – das gilt vom Meister bis zum Vorstand. Vertrauen und Identifikation zu bewirken wie für neue Ziele und Wege zu begeistern zeichnet eine menschliche Unternehmenskultur aus. Es ist immer wieder auch der Spaß an der Arbeit, der zur Spitzenleistung beflügelt.

Der neue Mitarbeiter und Manager M4 dokumentiert die Abkehr von der Befehlshierarchie und den Übergang zur internen Liga der Kompetenz – der Teams, der Center, der Standorte. Kompetenz statt Kompetenzen lautet diese Umwertung der Werte. Überschreite das Richtige!

Transparenz der Leistung, Orientierung am Benchmarking, Assessment-Center und Mehraugenprinzip bei der Auswahl, Persönlichkeitsentwicklung als eigentliche Karriere, Teamverständnis von der Arbeitsgruppe bis hin zum Center of Excellence, Verantwortung statt Zuständigkeit, Commitment statt Kästchendenken und nur noch wenige Führungsebenen im Unternehmen: Umfassend werden bei der Umsetzung des M4-Konzeptes die Sperren der Hierarchie beseitigt, die in der Vergangenheit Kräfte gefesselt und Motivation verschüttet haben.

Kundenorientierung, Transformationsmanagement, Ausrichtung auf Wertschöpfung – also besser, schneller und kostengünstiger als andere zu sein – alle Herausforderungen des atmenden Unternehmens bündeln sich zur M4-Erwartung an jeden einzelnen.

Doch das Hineinwachsen in eine neue M4-Welt fällt schwer. Zu sehr wird noch in alten Beziehungen gelebt und in alten Bezeichnungen gedacht. Die eingeleiteten und im folgenden dokumentierten Veränderungen zeigen jedoch die Entschlossenheit des Unternehmens, Energien freizusetzen. Der M4-Wille, Wettbewerbsvorsprünge durch Mitarbeiter herauszuarbeiten, läßt kein Personalkonzept unberührt. Von einem neuen Zeitverständnis ohne Stempelkarte – dem Paradigmawechsel von der Anwesenheit zur Prozeßaufgabe und Zielabsprache – bis hin zur gemeinsamen Entgeltphilosophie für Arbeiter und Angestellte mit durchgängigen Leistungskriterien mußte deshalb bei Volkswagen mit der Vergangenheit gebrochen werden.

Im Team

„Nur im Team" heißt einer der wichtigsten Impulse zur Bündelung von Mitarbeiterenergien zur größeren Leistung: Gruppenarbeit, KVP^2, Ideenmanagement und neue Führungs- und Organisationsstrukturen haben in den vergangenen Jahren eine früher unerwartete Vielzahl von Ansätzen, Modellen und Erfahrungen entstehen lassen.

Angefacht vom M4-Leitspruch „du darfst" sind Hunderte von Lösungen vor Ort entstanden. Das ist gewollt, tragen sie doch dann die Zustimmung der Erfinder vor Ort von Anfang an in sich. Doch kann dies nur im Bewußtsein der ersten Phase verantwortet werden. Denn formelle Gruppen tendieren – völlig sich selbst überlassen – zum Eigenleben und zum Verlust an Zielorientierung. Zu diesem „Taleffekt" tritt besonders anfangs zu oft die Situation ein, daß bei fehlender Geduld oder ersten Gegenreaktionen des Managements beide Seiten – Vorgesetzte wie Betriebsräte – mit unterschiedlichen Signalen in die Teams gehen und die Mitarbeiter zwischen die Meinungen geraten. Hinzu kommt, daß heute in der Leistungsspitze der Automobilindustrie noch überwiegend Werke mit klassischen Arbeitsstrukturen stehen, während sich nicht wenige Standorte mit flächendeckender Gruppenarbeit im unteren Feld tummeln.

Der flächendeckende Erfolg der Gruppenarbeit steht deshalb trotz gelegentlich anderem Eindruck in den meisten Werken der europäischen Automobilindustrie noch aus. Ohne den Mut einer konsequenten Führung zur effizienteren Kollektivleistung bei flächendeckender Teamarbeit droht aus Wettbewerbsgründen der Rückschlag und die Renaissance der Spezialisten.

Um so entscheidender wird es, die Stärken der Teamarbeit wirksam in Führung und Gesamtorganisation zu unterstützen:

- das Team als kleiner Regelkreis zur Erreichung visualisierter und vom Team beeinflußbarer Ziele zu definieren;

- das Team dem Benchmarking der Leistungsziele und der Verantwortung für die Umsetzung auszusetzen;
- das Team in überschaubaren Arbeitsbereichen mit der Chance zur sichtbaren Aufgabenerfüllung und gegenseitigen Unterstützung einzusetzen;
- die Weiterqualifizierung und Job-Rotation im Team an die Erfüllung der jeweiligen Leistungsstandards zu knüpfen;
- Teamdynamik durch Koordinatoren, Gespräche, KVP^2-Workshops, flexiblen Mitarbeitereinsatz und Produktivitätsziele kontinuierlich auszulösen;
- dem Team Chancen einzuräumen, zum Erreichen von Ratiozielen ihre Auslastung auch durch Übernahme von indirekten Tätigkeiten anstelle von Freisetzungen zu erhöhen.

Ein wirksames Gesamtkonzept erfordert nach unserem heutigen Erfahrungsstand neben diesen Teambausteinen auch die Entschlossenheit, nicht vor den schwierigeren Themen auszuweichen, sondern offensiv Lösungen zu suchen.

Wenn Auswahl und Qualität der Teamsprecher nicht stimmen, wird ein Teamkonzept keinen Erfolg haben. Die Wahl des Teamsprechers durch die Gruppe führt in vielen Fällen nicht automatisch zur Wahl des Geeignetsten für die Aufgabe. Auswahlverfahren und Einspruchsrecht müssen bei offenkundigen Differenzen durchgreifen können.

Der Aushandlungsprozeß zur Leistung muß sich von früheren tayloristischen Vorstellungen des Standardlohns und der Standardleistung lösen. Jenseits von MTM (Methods Time Measurement) und anderen Verfahren der Arbeitsbewertung muß ein wettbewerbsorientierter Leistungskompromiß gefunden werden. Volkswagen hat diesen Schritt zu einer dynamischen Personalbemessung in Verbindung mit neuen Entlohnungsmethoden jetzt tariflich vollzogen.

Wandern an den Bändern, Personalverwirbelungen, Durchlaufenlassen von Qualitätsfehlern bis zur Nacharbeit, Stückzahlverluste durch Gruppendynamik, Nichtnutzen von Ausgleichszeiten und Störungen für andere Aufgaben: Noch vieles muß in die Diskussion vor Ort gebracht und abgestellt werden. Andererseits hat das Fabriklayout die Teamorganisation zu erleichtern, den Sichtkontakt des Teams zu ermöglichen und für klare Verantwortung zu sorgen. Es sind also z. B. Schnittstellen zu Kaufteilen einzurichten, Qualitäts- und Logistikschleifen der Lieferanten von Zulieferteilen vor Einbau vorzusehen und das Ampelprinzip der Reißleinen Gelb-Rot-Grün für die Reaktionszeit der Gruppe, ohne Stopp des Fertigungsflusses Fehler aus eigener Kraft zu beheben, anzuwenden.

Ein Beschleunigungsfaktor für den Teamgedanken ist die modulare Fabrikkonzeption. Die gesamte Prozeßkette wird in Fertigungseinheiten zerlegt. In diesen werden Module gefertigt, die teilautonome Verantwortung für ihre Prozeßaufgabe erhalten. In der Automobilindustrie werden dazu unterschiedliche Vorgehensweisen erprobt. Bis zu 100 Fertigungseinheiten werden definiert, die dann alle Funktionen (Fertigung, Instandhaltung, Qualitätssicherung, Logistik, Entwicklung und Planung) integrieren und damit in die Lage versetzt werden, an den Kunden in der Prozeßkette nur absolute Qualität zu liefern und Programme zu halten.

Der Teamgedanke wird also über die einzelnen Arbeitsgruppen hinaus zum zentralen Prinzip der Ablauforganisation und

Zukunft der Fabrik: Teams und Module

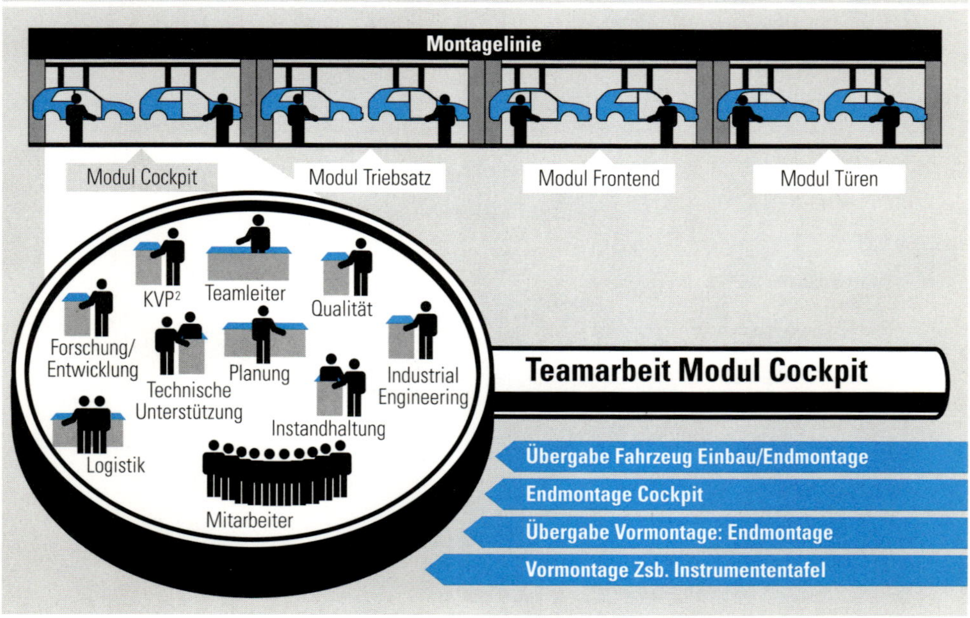

Führung gemacht. Module können Bereiche wie Lack, aber auch Cockpit sein. Wichtig ist die ganzheitliche Aufgabenstellung mit dezentraler Verantwortung bis zum jeweiligen Einbauort oder Prozeßabschnitt. Interne und externe Lieferanten können in diese Teamfabrik integriert werden und ein Modul in die Verantwortung übernehmen.

Bei Volkswagen hat das Zeitalter einer modularen Fertigung weltweit begonnen. Damit wird die flächendeckende Einführung von Teamarbeit in allen Standorten unerläßlich. Mit den europäischen Arbeitnehmervertretern besteht Konsens, diese Strategie überall im Rahmen eines gemeinsamen Grundverständnisses zu unterstützen. Dort, wo die Modularisierung in eine Einbindung externer Lieferanten bis zum Band mündet, werden die Arbeitnehmervertreter beteiligt, um der besonderen Sensibilität verschiedener Arbeitnehmergruppen „unter einem Dach" Rechnung zu tragen. Die modulare Fertigung wird eine der letzten großen Chancen werden, Produktivitätssprünge mit einem Teamkonzept zu erreichen. Um so wichtiger wird es, die Erfahrungen zu bündeln und konzentriert auf die erfolgreichsten Hauptkonzepte weltweit anzuwenden. Die Vorarbeit dazu leistete die weltweite Beteiligungsoffensive bei

Die modulare Fabrik ist auch eine große Chance der teamgerechten Organisationsumwelt.

KVP²-Workshops 1993–1995

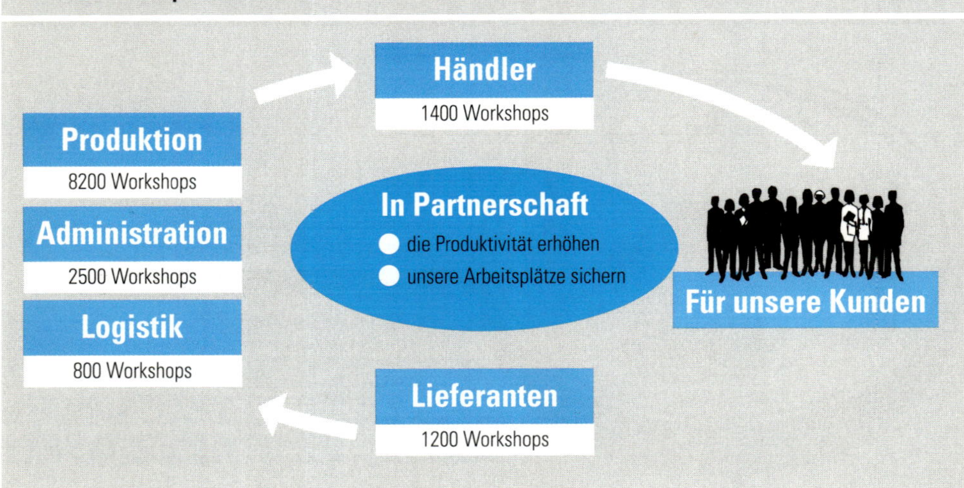

Volkswagen mit 14 000 Workshops zum kontinuierlichen Verbesserungsprozeß KVP^2 seit 1993. Quadrat heißt dieser Prozeß deshalb, weil es in kürzester Zeit und im Schneeballsystem gelingen mußte, die Geschäftsprozesse zu optimieren. Nach einem festen Ablauf werden Workshops von Mitarbeitern und Moderatoren durchgeführt. Sie erarbeiten innerhalb einer Woche zu definierten Problem- oder Produktivitätsbereichen Maßnahmen zur Leistungs- und Qualitätssteigerung. Auch Maßnahmen zur Verbesserung der Arbeitsbedingungen und des Umweltschutzes werden regelmäßig definiert. Die Workshopergebnisse werden finanziell bewertet und nach Möglichkeit sofort umgesetzt.

Mittlerweile wurden von den KVP^2-Teams 86 000 Maßnahmen im Konzern definiert und ca. 64 000 umgesetzt. Alle Standorte weltweit von Wolfsburg bis Shanghai, von Sao Paulo bis Mladá Boleslav machten mit. KVP^2-Workshops werden auch in der Administration, bei Lieferanten und Händlern durchgeführt, um die Prozeßkette und Wertschöpfung insgesamt zu verbessern. Handlungsfelder sind neben Qualität und Produktivität auch Umlauf- und Durchlaufreduzierungen sowie Komplexität und Fläche.

Harmonisiert mit dem Vorschlagswesen und anderen Motivationsinstrumenten bietet KVP^2 zukünftig ein großes Potential

Ideenmanagement bei Volkswagen

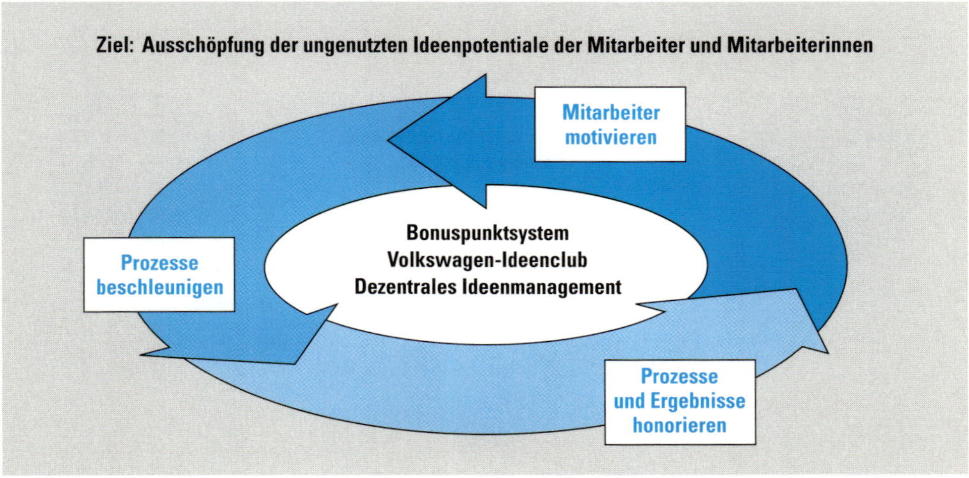

in der Hand des Teams vor Ort, aus dem immer wieder Wettbewerbsvorteile erarbeitet werden können. Jede Führungsnachwuchskraft hat inzwischen die „Zeit als KVP²-Moderator" im Entwicklungsplan – eine unschätzbare Erfahrung. Der betriebliche Vorgesetzte wird eine immer stärkere Rolle im „Ideenmanagement" erhalten. Vor-Ort-Entscheidungen über Vorschläge und KVP²-Ergebnisse beschleunigen den Prozeß: Dies ist wichtiger als die letzte Bewertung und Gerechtigkeit eines mehrstufigen und langwierigen Beurteilungsverfahrens herauszuholen.

Ideenmanagement heißt Mitarbeiterkreativität als strategischen Wettbewerbsfaktor zu nutzen. Ziele sind,

- Ideenpotentiale der Mitarbeiter und Mitarbeiterinnen auszuschöpfen,
- Ideenprozesse zu honorieren,
- Anreizsysteme zur Beteiligung bei KVP² und Verbesserungsvorschlägen zu verbinden,
- Mitarbeiterideen durch neue Handlungsspielräume für betriebliche Vorgesetzte schneller zu realisieren,
- wirtschaftliche Effekte zu erhöhen.

Auch bei Volkswagen bedarf das Ideenmanagement einer weiteren Beschleunigung. Es ist ein dezentrales Ideenmanage-

Bonuspunkte sammeln

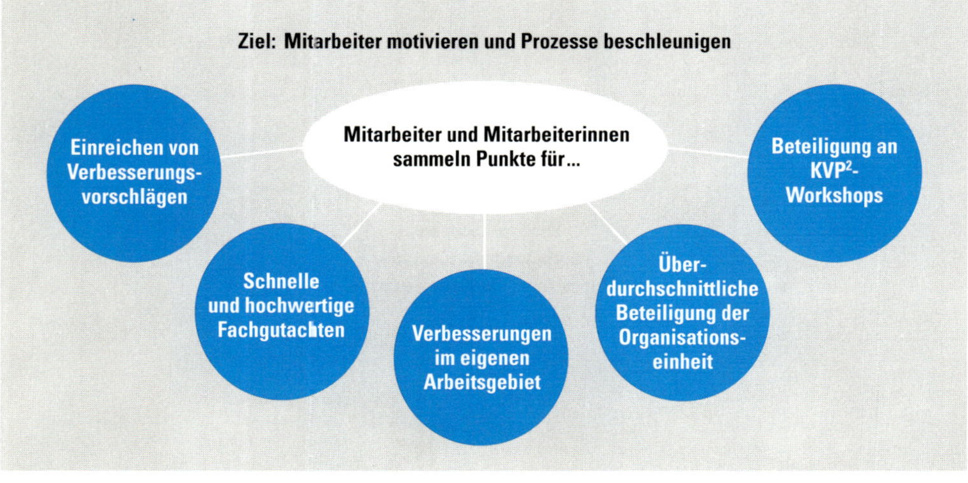

ment: Vorgesetzte setzen Ideen und Verbesserungsvorschläge in ihrem Verantwortungsbereich direkt um und honorieren ihre Mitarbeiter und Mitarbeiterinnen unmittelbar. Das Bonuspunktesystem fördert Beteiligung sowie Beschleunigung und honoriert Ergebnisse. Zukünftig sollen Mitarbeiter Bonuspunkte sammeln, und zwar für

- das Einreichen von Verbesserungsvorschlägen,
- qualifizierte Verbesserungen im eigenen Arbeitsgebiet,
- schnelle und hochwertige Fachgutachten,
- überdurchschnittliche Beteiligung ihrer organisatorischen Einheit,
- Teilnahme am KVP²-Workshop und -Ergebnis.

Dabei soll der sportliche Ehrgeiz angefacht werden. Und Volkswagen honoriert mit Volkswagen – für Bonuspunkte sollen erlebnisorientierte Sachprämien angeboten werden. Das Unternehmen kann vieles bieten: Sicherheitstraining, Fahrerlebnisse, Sponsoring-Ereignisse und Reisen in die Volkswagen-Welt.

Der ständige Verbesserungsprozeß als Selbstverständnis der Arbeit: Es wäre ein kleiner Schritt für den Mitarbeiter und ein großer für das Unternehmen und seine Wettbewerbsfähigkeit.

Integration und Differenzierung

Engagement auslösen gelingt um so leichter, je mehr dabei die persönliche Motivation und der einzelne direkt angesprochen werden. Wo Menschen in größeren Organisationen arbeiten, droht diese Leistungsquelle immer wieder in Anonymität zu versiegen.

Die häufig allzu stille Reserve existiert in größeren Belegschaftsgruppen immer: Wiederkehrende Vergleiche von Unternehmensberatungen besagen, daß weniger gute Firmen viele Mitarbeiter haben, die an der Schwelle der Nichtauffälligkeit operieren. In Großunternehmen können da schnell eine Menge zusammenkommen, die Sand im Getriebe darstellen. Häufig ist niemand unglücklicher darüber als die Betroffenen selbst, die im Privatleben vielleicht sogar Kommunalpolitiker oder Vereinsvorstand sind und ihr Leben lang für das Unternehmen Tag für Tag die Stempelkarte stachen und niemals eine Entscheidung über 100 DM Geldausgabe treffen durften.

Die Öffnung der Strukturen für Mündigkeit und Prozeßgestaltung, Teamgeist und Vor-Ort-Entscheidungen ist ein epochaler Schritt in eine neue Zukunft. Für viele Menschen lösen diese Entwicklungen Verunsicherung aus. Nicht ihre Anwesenheit, nicht ihre Stellenbeschreibung, nicht ihr Beschäftigungsverhältnis dokumentiert und verbrieft ihnen ihre Arbeit. Es wird ihr Engagement und ihr konkreter Beitrag zur Wettbewerbsfähigkeit werden – im Niederschlag der Ergebnisse, Qualitäten, Kosten und Verbesserungen. Sie können das Rad mitdrehen, niemand muß in einer solchen Teamorganisation noch Rädchen eines anonymen Getriebes sein.

Wer Menschen in ihren persönlichen Motivationen ansprechen möchte, benötigt Sensibilität für berufliche Situation und Lebenslage der Betroffenen. Was bewegt den einzelnen, was die Gruppe, was das soziale Umfeld? Jugendlicher oder Älterer, Mann oder Frau, Deutscher oder Ausländer – alles Belegschaftsgruppen mit übergreifenden, aber auch besonderen Interessen! Alles Belegschaftsgruppen mit 9000, 16000, 20000 und 40000 Menschen bei Volkswagen, die durch ihre Generationsprägung und Gefühlsströmung das Betriebsklima wesentlich beeinflussen. Ein Unternehmen, das seine Jugend nicht für voll nimmt, kann auch nicht die volle Motivation erwarten. Ein Unternehmen, das Ausgrenzungen zuläßt, hat nicht nur eine beschränkte Moral, sondern auch begrenzte Leistung.

Frauen fördern

Integration und Differenzierung der Belegschaft ist kein überholtes Thema. Teil der Demokratisierung und Integration der Gesellschaft ist die gleichberechtigte Teilnahme aller gesellschaftlichen Gruppen an ihren Entwicklungschancen.

Seit Ende der 80er Jahre bildet die Frauenförderung einen personalpolitischen Schwerpunkt, um Frauen zu signalisieren, daß ein früher typischer „Männerbetrieb“ heute im vollen Umfang und auf allen Ebenen das Engagement von Frauen erhofft, erwartet und anerkennt.

Beispielhaft soll für die betriebliche Gleichstellungspolitik das Frauenförderprogramm von Volkswagen hervorgehoben werden. Das Programm richtet sich an alle Zielgruppen von Frauen im Unternehmen:

- von der Auszubildenden,
- der angelernten Preßwerkerin,
- der Facharbeiterin,
- der Frau im schreibtechnischen Beruf,
- der Wiedereinsteigerin,
- der Ingenieurin bis hin zur
- Frau in Fach- und Führungsposition.

Im Mittelpunkt des Programms steht die Beteiligung betroffener Frauen, um mit ihnen Ideen zu entwickeln, die die Gleichstellung herbeiführen.

Durch eine Berufswahlorientierung ausschließlich für junge Frauen einschließlich von Schnupperkursen, besonderen „Techniktagen“, speziellen Schülerinnenseminaren und Fortbildungen für Lehrkräfte konnte der Anteil der Einstellungen an den Bewerberinnen um einen gewerblich-technischen Ausbildungsplatz seit 1991 von 30 auf 45% gesteigert werden. Mit jedem fertigen Ausbildungsjahr wächst die Zahl der Facharbeiterinnen um 10%. Damit liegt Volkswagen mit inzwischen über 15% Frauen im technischen Bereich an der Spitze in der deutschen Automobilindustrie. Projekte zur Qualifizierung von Meisterinnen, zur Gewinnung von

Frauenförderung: Steigerung des Anteils weiblicher Auszubildender im gewerblich-technischen Bereich

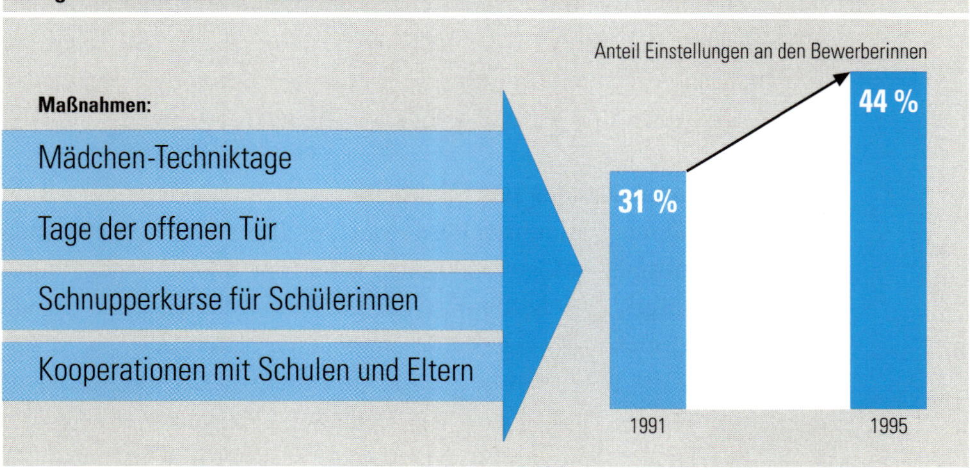

Ingenieurinnen oder internationalen Führungsnachwuchskräften bilden weitere Bausteine. Bei den überwiegend technisch ausgerichteten Einstellungen für z. B. das internationale Traineeprogramm haben die Frauen mittlerweile eine beachtenswerte Quote von über 30% erreicht.

Auch wenn das Bild von 3% weiblichen Führungskräften noch schlecht aussieht, so wächst ihr Anteil an den Neuberufenen erheblich. Unsere Vision ist, daß wir entsprechend dem Nachwuchsanteil zukünftig 30% Managerinnen erreichen könnten. Das Unternehmen muß dafür aber auch einiges tun, z. B. Barrieren aus dem Weg räumen. Entsprechende Zusagen und Modelle hat Volkswagen entwickelt. Fast 65 000 Kinder und Jugendliche unter 18 Jahren gehören zu den VW-Familien. Die Hälfte sind unter 10 Jahren und damit besonders betreuungsbedürftig. Die Arbeitszeitmodelle lassen heute in einem früher nicht geahnten Maße Freiraum für die Familie. 58% der Frauen gegenüber 47% der Männer sind mit der 4-Tage-Woche rundum zufrieden. Ausschlaggebend: mehr Zeit für die Familie!

Flankierend wirkt zudem die Möglichkeit des befristeten Ausstiegs für fünf Jahre mit garantierter Wiedereinstellung, der mit dem gesetzlichen Erziehungsurlaub gekoppelt werden kann. Ebenso wird der qualifizierte Wiedereinstieg für Frauen durch Maßnahmen wie ziel- und bedarfsorientierte Workshops mit Kinderbetreuung gefördert. Darüber hinaus wird bei Volkswagen ein Modell zur betrieblich unterstützten Kinderbetreuung, z. B. als Verbundmodell mit Akteuren der Kommunen entwickelt und umgesetzt. Die Mitarbeit in örtlichen Frauennetzwerken soll dazu beitragen, Frauenförderung als integralen Bestandteil regionaler Wirtschafts- und Strukturpolitik zu verankern.

Vom Auszubildenden zum Mitarbeiter

Die Integration und Förderung der Jugend im Unternehmen ist keinesfalls selbstverständlich oder mit dem Angebot eines langfristigen Beschäftigungsverhältnisses erledigt. Nur wenige Jahre zurück liegt eine Studie „Jugend als Zielgruppe“ bei Volkswagen, die Bewerbermotivation und erste Erfahrung im Beruf ermittelt hat. Für fast 100% bedeutet Volkswagen mehr und anderes als der typische Arbeitgeber. So zeigt die Anfangsmotivation, zu Volkswagen zu kommen, vor allem Interesse an der materiellen, weniger an der beruflichen Seite des Unternehmens. Beruf und Ausbildung folgen erst an sechster Stelle nach Bezahlung, Sozialleistungen, Sicherheit, Größe des Unternehmens und Garantie der Übernahme nach der Ausbildung.

Nach der Übernahme setzt sich diese Bewertung fort. Zwar sind mehr als zwei Drittel mit dem erlernten Beruf zufrieden, und fast 90% wollen sich im Unternehmen weiterentwickeln, doch insgesamt wird zu 70% die berufliche Motivation „der anderen" am Arbeitsplatz beklagt. Auch wenn dies historische Daten sind: Sie unterstreichen, daß es ein entscheidender Fehler in der Unternehmenspolitik wäre, solche Stimmungslagen im Nachwuchs für das zukünftige Klima im Unternehmen zu unterschätzen. Der Übergang ins Berufsleben ist für viele junge Menschen ein Schock, der auf dem Weg zum M4-Mitarbeiter überwunden werden muß. Die Anonymität des Großunternehmens kann durch mehr persönliche Zuwendung ausgeglichen werden.

Ein Gefühl auf Dauer, „Auf mich kommt es ja gar nicht an" wäre geradezu verhängnisvoll für ein Unternehmen wie Volkswagen, das so hart am Wind des Wettbewerbs segelt und auf alles Können der Mitsegler setzen muß.

Volkswagen nimmt die Jugendlichen zukünftig in eine stärkere Betreuung. Von der Einstellung über die Entwicklung bis zur Übernahme wird der Nachwuchs im Gespräch begleitet. Die Straffung und qualitative Verbesserung des Auswahlverfahrens dient dazu, Entwicklungspotentiale vom ersten Tag an zu erkennen und kostspielige Fehlgriffe zu vermeiden. Die Auswahlkriterien orientieren sich an den Anforderungen und Ausbildungsinhalten der jeweiligen Ausbildungsberufe sowie den Anforderungen des Betriebes.

Das Auswahlverfahren stellt sicher, den Bewerbern und Bewerberinnen unter Berücksichtigung des Ausbildungsangebots einen ihren Neigungen und Fähigkeiten entsprechenden Ausbildungsplatz als Start in ihre berufliche Zukunft anzubieten. Dabei gelten standortbezogen hohe Standards, gemessen an den Ausbildungsergebnissen der Niederlassungen der Volkswagen Coaching Gesellschaft und den Wettbewerbern. Die Standards und Auswahlkriterien unterliegen einer eingehenden jährlichen Überprüfung zur kontinuierlichen Verbesserung des Auswahlverfahrens.

Einstellung von Auszubildenden

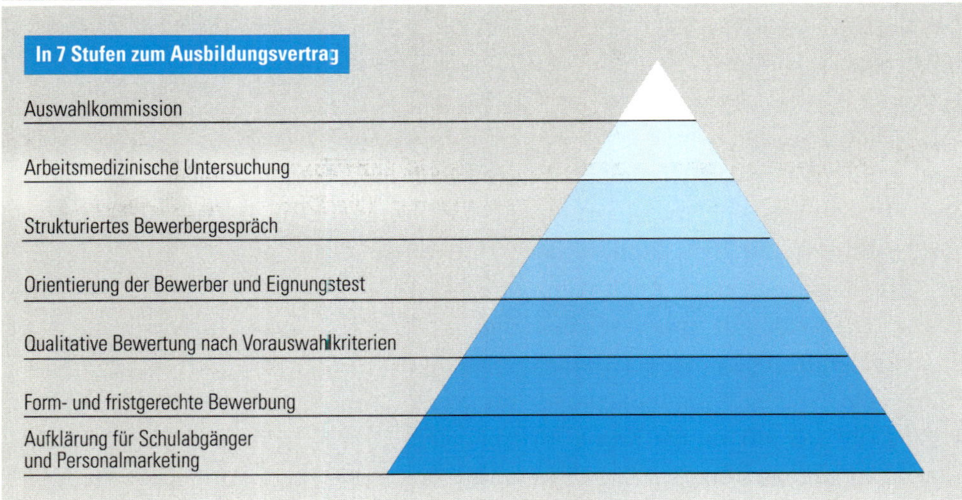

Die für den Standort am besten geeigneten Bewerber definieren sich innerhalb der jeweiligen Schulformen. Aufgrund der betrieblichen Situation und der Anforderungen am Standort wird eine entsprechende Struktur für die Einstellungen ermittelt und festgelegt. Das neue Verfahren bezieht neben schulischer Vorbildung und fachlicher Eignung auch die überfachlichen Anlagen und Neigungen mit ein.

Voraussetzung und Bestandteil der Teilnahme am sechsstufigen Auswahlverfahren für Auszubildende ist eine form- und fristgerechte Bewerbung. Entsprechend den standortspezifisch festgelegten Vorauswahlkriterien und den beruflichen Anforderungen folgt die qualitative Bewertung der Bewerbung unter Berücksichtigung der relevanten Schulnoten und dem Schulabschluß. Der folgende Auswahlschritt enthält Darstellungen zu den Anforderungen der Berufsausbildung bei Volkswagen zur Entscheidungshilfe und Orientierung für den Bewerber sowie den beruflichen Eignungstest.

Verfügt der Bewerber über die erforderliche Eignung, wird ein strukturiertes Bewerbergespräch mit hierfür qualifizierten Mitarbeitern und Mitarbeiterinnen geführt, das die individuellen Fähigkeiten mit dem Anforderungsprofil abgleicht. Die Struktur des Gesprächs sichert weitgehend die Objektivität. Der Gesprächscharakter sichert, daß die Individualität des Bewerbers in den Auswahlprozeß einfließt. Wenn erkennbar ist, daß die individuellen Fähigkeiten und Potentiale – wie Interesse an einer Ausbildung bei Volkswagen, Umgang mit Problemen, Bereitschaft zur Zusammenarbeit und Kommunikation – den betrieblichen Anforderungen entsprechen, findet die arbeitsmedizinische Untersuchung statt.

Der sechste und entscheidende Schritt erfolgt durch die paritätisch besetzte Auswahlkommission. Unter Berücksichtigung aller Ergebnisse des Auswahlverfahrens entscheidet die Kommission entsprechend der vereinbarten Qualitätsstandards über den Abschluß eines Ausbildungsvertrags.

Mit diesem Auswahlverfahren wird die Grundlage für eine ganzheitliche Entwicklung und Förderung von Jugendlichen in der Ausbildung und darüber hinaus gebildet. Altersgemäß liegt der Schwerpunkt auf der Beurteilung von Entwicklungspotentialen und weniger auf der Prüfung mitgebrachter Fertigkeiten. Ungeeigneten Bewerbern soll die spätere Frustration erspart bleiben.

Die Ausbildungszeit gehört der Entwicklung und Förderung der Auszubildenden in fachlicher und überfachlicher Hinsicht.

Regelmäßige Entwicklungs- und Fördergespräche sind feste Bestandteile der Berufsausbildung

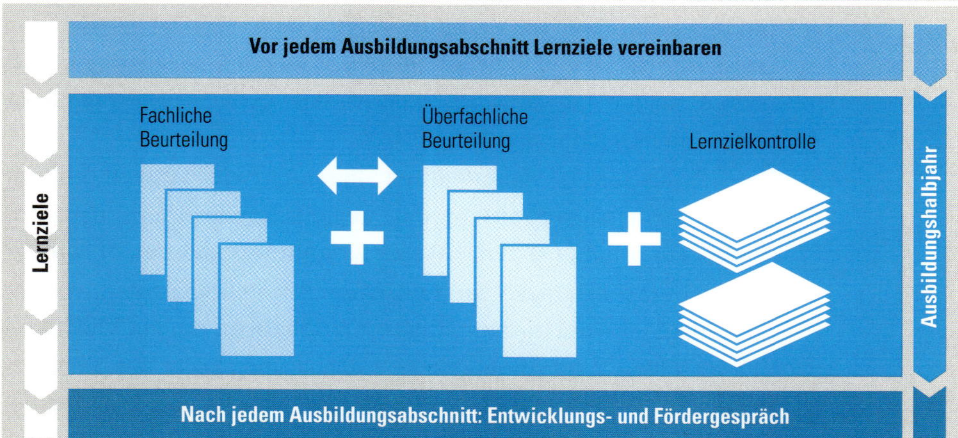

Über die gesamte Ausbildungszeit findet ein regelmäßiger Dialog zwischen allen Beteiligten über alle wichtigen Aspekte der Ausbildung statt.

Lernzielkontrollen und Fördergespräche sollen rechtzeitig Motivations- und Integrationsdefizite anzeigen und stärkere Hilfen mobilisieren, um dann möglichst alle nach der Ausbildung als M4-Facharbeiter oder Fachkräfte übernehmen zu können. Dazu wird viel geboten: Basis- und Funktionsqualifizierung, ausbilderunterstütztes Selbst- und Gruppenlernen, theoriebegleitende Betriebspraxis, Technikzentren, Kreativitätsförderung sowie Motivations- und Freizeitprogramme. Die Ausbildung soll auf dem Weg zum M4-Facharbeiter einen hohen Grad von „Automobiltauglichkeit" erreichen. Alle Grundtugenden des kundenorientierten Automobilbauers bringen wir aus der Ausbildung mit und verstärken das Team!

Kundenbegeisterung beginnt bei dem Gefühl des Nachwuchses: Wir sind nicht die „Schwächsten" des Unternehmens, sondern auf uns kommt es an! Immer mehr!

Zur Bekräftigung dieser engen Begleitung der Auszubildenden auf dem Weg zur Fachkraft entstand eine Betriebsvereinbarung „Einstellung, Entwicklung und Förderung von Auszubildenden", die hier neue Maßstäbe setzen soll und ab 1996 gilt.

Eine solche Veränderung war um so nötiger, als Volkswagen trotz eines stark gesunkenen Personalbedarfs grundsätzlich an der Politik der Ausbildung über Bedarf und der Übernahme in ein Beschäftigungsverhältnis festhalten will. Das Einstellungsniveau befindet sich nach wie vor auf dem Niveau von 1980, als an den deutschen VW-Standorten 20% mehr Schüler die Schulen verließen als in den Jahren 1994/95. Trotz Schüleranstieg in den letzten beiden Jahren wurde dieser hohe Bewerberdruck der 80er Jahre nicht wieder erreicht.

Trotz einem Zehntelanteil Jugendarbeitslosigkeit an der Gesamtarbeitslosenzahl in den Arbeitsamtsbezirken der VW-Standorte erhöhte sich der Bewerberandrang nicht mehr: Vor allem ist das Interesse an typischen Automobilberufen wieder gesunken, obwohl hier die Einstellungschancen um ein Vielfaches höher liegen. Und die faktische Übernahmezusage per Tarifvertrag läßt die Bewerbung und Einstellung von Auszubildenden bei Volkswagen zur Frage des langfristigen Berufsweges mit einem

Entscheidungsvolumen von über 1 Mio. DM werden, die zu den reinen Ausbildungskosten von 150 000 DM dazukommen. Mit Schwankungen hatte Volkswagen im vergangenen Jahrzehnt etwa 4000 Auszubildende im Durchschnitt unter Vertrag. Die Entwicklungsempfehlung für den weiteren Weg kann für sie gar nicht qualifiziert genug vorbereitet und überlegt sein.

Vom Facharbeiter zum Meister

Jahr für Jahr treten fast 1000 Facharbeiterinnen und Facharbeiter mit automobilspezifischem Berufsabschluß in das Unternehmen ein, fast doppelt so viele, wie in den letzten Jahrgängen vor dem Altersaustritt durchschnittlich vertreten sind. Der Anteil „VW-Facharbeiter" steigt damit kontinuierlich und hat heute ein Niveau von 39% der Belegschaft – und 51% der Produktionsmitarbeiter erreicht. Dieser Trend entspricht dem Anstieg des Qualifikationsniveaus der VW-Belegschaft insgesamt: Auch die Zahl der Mitarbeiter mit Hochschulqualifikation, besonders im technischen Bereich, hat heute mit 29% einen hohen Angestelltenanteil erreicht. Diese immer breitere Grundlage von Mitarbeitern mit Automobilabschluß im Unternehmen erleichtert ein lebenslanges Lernen zum mehrfachqualifizierten und vielseitig einsetzbaren Mitarbeiter.

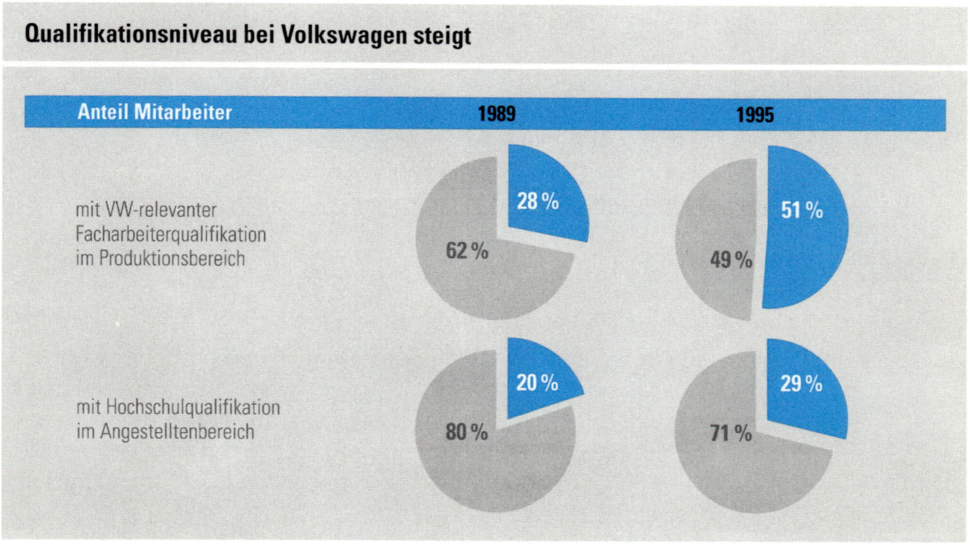

Facharbeiter haben die Chance zur Weiterentwicklung zum M4-Meister mit ganzheitlicher Verantwortung. Neben der Gesamtverantwortung für mehrere Fertigungsgruppen im Hinblick auf Kosten, Qualität, Produktivität, Liefertreue sowie Mitarbeiterführung werden auch verstärkt Teammotivation, -moderation und -delegation abgefordert. Das Verständnis „Jeder ist Kunde – jeder ist Lieferant" ist von ihm in der verantworteten Prozeßkette lebendig und vorbildlich umzusetzen. Insofern wird ein guter Meister zum Vorbild und Partner aller vor Ort.

Eine neue Meisterorganisation trägt dieser stärkeren Prozeß- und Teamaufgabe Rechnung. Auflösung der Vizemeisterebene und Bildung kleinerer Einheiten soll den betrieblichen Vorgesetzten im technischen Bereich in dieser Rolle stärken. Für die zukünftige Meisterauswahl und -entwicklung setzte ein passendes Verfahren ein. Systematische Vorauswahl, Entwicklungsklausur und ein Persönlicher Entwicklungsplan sollen über ein M4-Stärken-Schwächen-Profil Hinweise für eine praxisgerechte und individuelle Qualifizierung geben. Im Unterschied zur Orientie-

Der Weg zu M4-Meistern und Meisterinnen

Ernennung

Beobachter und erfahrene Meister als Coach

Bedarfsgerechte Personalentwicklung on the job, z. B. Einsatz in KVP² - Workshops und entlang der Prozeßkette

Praxisgerechte Meisterqualifizierung/umfassendes Seminarprogramm

Persönlicher Entwicklungsplan

Entwicklungsklausur zur individuellen Stärken-/Schwächenanalyse

Systematische und zukunftsorientierte Vorauswahl aus Kandidaten mit IHK-Meisterprüfung und vergleichbaren Qualifikationen

rungsklausur für Führungsnachwuchskräfte dient die Meisterentwicklungsklausur dazu, statt einer Empfehlung für den weiteren Berufsweg den Handlungsbedarf und ein ausführliches Feedback über den Lernstand zu signalisieren.

In die Kriterien flossen Befragungen der Werksmanager und auch der Betriebsräte ein, die dann in Workshops von Meistern und Meisterinnen selbst zu 15 Kernkriterien verdichtet wurden. Diese Kriterien wurden in ein 4-Stufen-Programm „Der Weg zum Meister" integriert. Das Programm hat sich bisher in 45 Meisterentwicklungsklausuren bewährt. Nach erfolgreichem Abschluß der Klausur und der Bestätigung als Meisternachwuchskraft erfolgt eine Vorbereitung durch vor allem überfachliche Qualifizierungsbausteine in über 500 Stunden sowie durch ein systematisches Training on the job.

Teamführungsfähigkeit heißt beispielsweise, Teammitglieder für gemeinsam getragene Ergebnisse zu gewinnen, zu begeistern und mitzureißen sowie Leistungspotentiale für gemeinsame Ziele zu aktivieren.

Vom Talent zur Führungskraft

An der Meisterentwicklung lassen sich Grundelemente des Führungskonzeptes von Volkswagen insgesamt ablesen. Sorgfältige Auswahl, Entwicklungsklausur (Assessment Center) und individuelle Entwicklungsmaßnahmen gehören dazu.

Wie bei der qualifizierten Facharbeit, so konnte auch der Nachwuchs mit Hochschulqualifikation im Unternehmen deutlich erhöht werden. Waren Anfang der 80er Jahre nur 3000 Hochschulabsolventen im Unternehmen, so sind es heute doppelt so viele – trotz Personalabbau. Die Altersstruktur offenbart auch hier, daß im Bereich unter 40 Jahren mehr als 50% des Potentials steckt.

Kontinuierlich und ausgenommen von der ansonsten restriktiven Einstellungspolitik versäumte man nicht, internationale Trainees mit überdurchschnittlichen Leistungen, internationalen Praktikums- oder Studienerfahrungen sowie hohem persönlichen Potential einzustellen. Nach 15 bis 18 Monaten „learning by doing" in verschiedenen Geschäftsbereichen sowie im Ausland wird die erste Berufsstation festgelegt. Später greift nach den ersten Entwicklungsphasen und Bewährungsproben für die Besten das Führungsnachwuchskräfte-Programm. Noch einmal

Kriterien der Empfehlung zur Führungskraft in der Orientierungsklausur

Geistige Fähigkeiten

Problemlösungsfähigkeit

- Helikopterfähigkeit
- Kreatives Denken
- Entscheidungsverhalten
- Organisationsfähigkeit

Antrieb/Motivation

Unternehmerisches Engagement

- Lernbereitschaft
- Initiative
- Herausforderung
- Gestaltungswille
- Leistungsorientierung

Selbstvertrauen

- Kompetenzeinschätzung
- Risikobereitschaft
- Belastbarkeit

Umgang mit Menschen

Kommunikations-/Kontaktfähigkeit

- Extraversion
- Psychologisches Feingefühl
- Zuhören – Hinterfragen
- Sprachverhalten

Kooperation

- Teamfähigkeit
- Konfliktfähigkeit

Überzeugen/Durchsetzen

wird das M4-Anforderungsprofil verschärft, insbesondere werden übergreifende intellektuelle Fähigkeiten, unternehmerisches Engagement und der Umgang mit Menschen beobachtet und bewertet. Sechs erfahrene und hierfür besonders geschulte VW-Führungskräfte schätzen das Potential von zehn Kandidaten und Kandidatinnen ein. Drei Tage dauert diese VW-Orientierungsklausur, die am Ende eine Empfehlung für die grundsätzliche Eignung zur Führungskraft im Management ausspricht. Sie orientiert sich an den Förderprogrammen für Führungsnachwuchskräfte. Diese konzentrieren sich auf die systematische Qualifizierung und Vorbereitung für die Führungsaufgabe. Außerdem begleiten sie Job-Rotationen und Auslandseinsätze.

Vom Manager zum Top-Manager

Das Verständnis von Führung hat sich immer mehr zur Kompetenzhierarchie verlagert. Hochdifferenzierte Modelle mit zahlreichen Führungsebenen passen nicht mehr in diese Volkswagen-Welt. Das Unternehmen hat daraus die Konsequenzen gezogen und 1994 die Gruppenbildung auf zwei beschränkt: das Top-Management und das Management.

Dem Top-Management gehören Persönlichkeiten mit überragender Linienverantwortung, wichtiger Organfunktion in VW-Gesellschaften und strategischen Entwicklungs- und Prozeßaufgaben an, die für die weitere Unternehmensentwicklung sorgen. Diejenigen, die dabei auch für die Konzernsteuerung und in internationalen Konzerngesellschaften Verantwortung tragen, gehören mit ihren Aufgaben zu den sogenannten „Key positions". Alle Top-Manager sind den Mitgliedern der Konzernleitung persönlich bekannt und besitzen ihr Vertrauen. Der Konzern wie auch die Marke Volkswagen werden dadurch persönlich – nicht anonym – gesteuert.

Die Zusammenfassung und Neudefinition des Managements trägt auch der gewachsenen Bedeutung der sogenannten „außertariflichen" (AT-)Angestellten Rechnung. Sie gehören jetzt zum Management in einer Zeit, in der hierarchiefreie Teams und zukunftsweisende Projekte schlicht nach Kompetenz verlangen. Aufbauend auf der bewährten Orientierungsklausur wird ein einheitliches Verfahren für den Zugang zum Management einschließlich der jetzt neu hinzugekommenen AT-Angestellten einsetzen. „Fach- oder Führungslaufbahn" im Management wird dann eher eine Frage der Schwerpunktsetzung als der letzten Entscheidung sein. Ohnehin sind die vorgeschlagenen Kandidaten in der Regel noch so jung und erst im oberen Tarifbereich angelangt, daß sich ihr Entwicklungspotential noch über eine große Förder- und Bewährungsstrecke erweisen kann. Bevor es dann zur Berufung

Abflachung der Hierarchiestufen

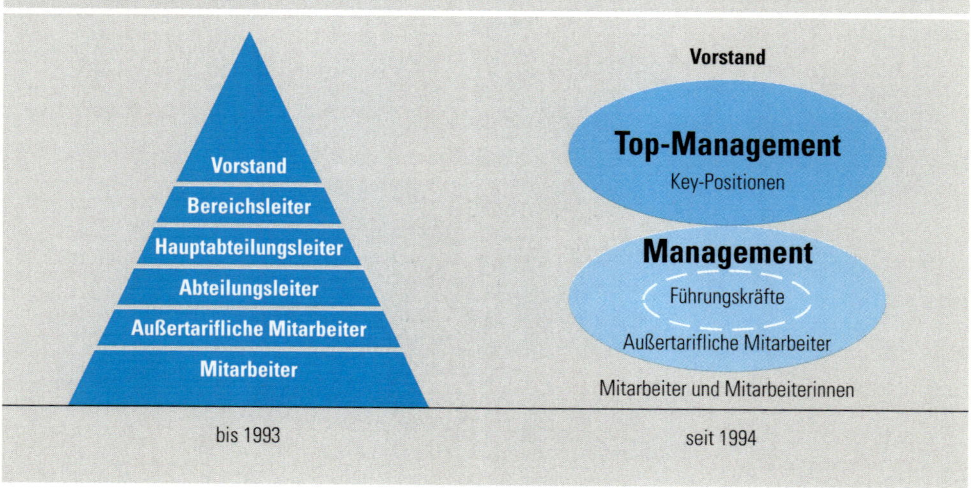

als Führungskraft kommt, werden auf Basis der ausgeübten Aufgaben sogenannte 360°-Beurteilungen (Audits) durchgeführt: Wie wird die zukünftige Führungskraft rundum gesehen von Vorgesetzten (aber nicht dem aktuellen) und Mitarbeitern, von Kunden und Kollegen? Auch die Referenzpersonen des 360°-Audits müssen ein entsprechendes Eignungsprofil haben: Spitzenleister ohne subjektives Beziehungsgeflecht zum Beurteilten, Vertrauensperson des Vorstandes, Nachweis erlebter Zusammenarbeit mit dem Kandidaten. Pro Kandidat müssen wenigstens drei Referenzpersonen aus verschiedenen Geschäftsbereichen oder Gesellschaften stammen.

Weiterhin muß der Kandidat benannte Führungsnachwuchskraft sein, d. h. eine positive Beurteilung aus dem Assessment Center mitbringen und dann anschließend Job-Rotationen nachweisen, die Entwicklungsseminare absolviert haben und im Soll-Profil internationale Erfahrungen, KVP^2-Moderation und anderes Engagement vorweisen können. Dazu könnte auch die Teilnahme im Group Junior Development Program mit konkreter Mitarbeit in Konzernprojekten und -netzwerken gehören.

Die weitere Entwicklung von Führungspersönlichkeiten ins Top-Management „der oberen 250“ des Konzerns verläuft weni-

Nur mit Mehraugenprinzip – das neue Berufungsverfahren in das Management

ger spektakulär, als viele denken. Überragende intellektuelle und fachliche Fähigkeiten eines längeren Entwicklungsganges quer durch den Konzern oder andere Gesellschaften werden durch große unternehmerische Antriebskraft und Ergebnisverantwortlichkeit ergänzt. Wer ständig im Schnittpunkt überlebenswichtiger Entscheidungen des Unternehmens agiert, benötigt das absolute Vertrauen der Konzernleitung. Hinzu tritt Überzeugungs- und Transformationskraft, die für die Wandlung und Geschwindigkeit des Unternehmens wichtig ist. Auch hier ist das Mehraugenprinzip Basis für die Vorschläge.

Der Vorstand sucht dabei den direkten Draht zu seiner Führungsmannschaft. „Der direkte Draht“ ist manchmal ganz wörtlich zu verstehen. Per Electronic Mail gelangen viele Informationen und Hinweise an die betriebsinternen Adressaten. Dabei können die verschiedenen Gruppen gezielt angesprochen werden, z. B. alle Besitzer eines E-Mail-Anschlusses, bestimmte Vertragsangestellte im Ausland, alle Mitglieder des Managements oder des Top-Managements. Dabei kann der Vorstand sehr schnell und gezielt Informationen aus aktuellen Sitzungen weitergeben oder zu öffentlich und in den Medien diskutierten Themen Stellung nehmen. Er kann auch ganz einfach den Mitarbeitern zum Jahreswechsel seine Grüße übermitteln und sie aus anderen Anlässen persönlich ansprechen – direkt und genauso schnell, wie er organisatorische oder personelle Veränderungen im Unternehmen und im Konzern offiziell übermittelt. Dieser Kommunikationsweg ersetzt natürlich nicht das direkte Gespräch, aber er ergänzt ihn sinnfällig und effizient.

Neben zahlreichen Unternehmensgremien zur Steuerung der Fachentscheidungen und strategischer Weichenstellungen nutzt der Vorstand regelmäßige Führungskräfteversammlungen zur Aussprache. Dann heißt es neben üblichen Beiträgen aus dem Auditorium auch „Meinungsbildung aller per Optionfinder“. Zur Kommunikationskultur des Unternehmens gehört inzwischen der „Optionfinder“ mit der anonymen Abstimmungstaste. Er lockert alles auf und führt zur Spontaneität des Dialogs. Beispielsweise halten nach einer Optionfinder-Frage 33% der Führungskräfte von Volkswagen die Restrukturierungserfolge des vergangenen Jahres für hoch und sehr hoch, 50% für durchschnittlich und

16% für zu niedrig. Wie der Vorstand in seiner Leistung von den Führungskräften beurteilt wird, wie die Führungskräfte mit einer Gehalts- und Bonusrunde zufrieden waren, wie der Umstrukturierungsprozeß eingeschätzt oder neue Produktsegmente bewertet werden, zu vielen Fragen und Vorschlägen erhält der Vorstand ein unmittelbares Feedback.

Die Neudefinition des Managements war auch eine Herausforderung für die bewährten Gremien der Mitbestimmung und Abstimmung bei Führungsfragen. Die Interessen der Führungskräfte werden schon seit vielen Jahren bei Volkswagen vom Verein der Führungskräfte wahrgenommen, und zwar unabhängig davon, ob sie dem Kreis der leitenden Angestellten angehören. Gleichzeitig ist unbestritten, daß der Betriebsrat für alle nichtleitenden Führungskräfte mitverantwortlich ist.

Unternehmen, Betriebsrat und Verein der Führungskräfte haben sich schon vor vielen Jahren zur „Kooperation" zusammengeschlossen – einem runden Tisch, an dem alle Seiten die Personalpolitik für das Management (leitend, nichtleitend, AT) einvernehmlich beraten. Dieser Verein hat sich bei Volkswagen als Alternative zum gesetzlich vorgesehenen Sprecherausschuß der leitenden Angestellten bewährt. Damit übernehmen der Betriebsrat und der Verein gemeinsam für das gesamte Management die Interessenvertretung – deutlich über die gesetzlichen Vorschriften hinaus.

Entwicklung vereinbaren: Der Persönliche Entwicklungsplan

Alle Instrumente des M4-Profils, des Auswahlverfahrens, des Mehraugenprinzips, des 360°-Audits sowie der verschiedenen Entwicklungsprogramme und Maßnahmen beruhen auf einer Einsicht: Jeder Gute kann noch besser werden.

Eine weitere grundlegende Innovation ist der Persönliche Entwicklungsplan, der alles zusammenfaßt und die Entwicklungsfortschritte und -verabredungen zwischen Unternehmen und Mitarbeiter enthält. Neu ist daran, daß es sich nicht um ein Geheimpapier oder eine weitere Datenbank handelt, sondern um ein Inhaberpapier des Mitarbeiters, mit dem das Unternehmen seine Wertschätzung des einzelnen und die Ernsthaftigkeit von Entwicklungsschritten unterstreicht. Der Persönliche Entwicklungsplan ist der Reisepaß der M4-Mitarbeiterin, des M4-Mitarbeiters durch die Volkswagen-Welt – ein persönliches Dokument im Taschenformat mit allen wichtigen Berufsdaten. Qualifizierung, Mobilitätsbereitschaft, Einkommensentwicklung und Fördermaßnahmen – alle Kenndaten des persönlichen Humankapitals werden auf Wunsch des einzelnen dokumentiert. Das Unternehmen

wird keine anderen Informationen und Commitments daneben mehr brauchen (außer zur Erfüllung gesetzlicher und anderer auferlegter Pflichten). Eine Vision wäre für das Unternehmen, daraus einmal die einzige notwendige „Personalakte" im Umgang mit dem mündigen Mitarbeiter zu gestalten. Als Inhaberpapier des Mitarbeiters würde der Persönliche Entwicklungsplan gleichzeitig zum Handwerkszeug für das regelmäßige Gespräch mit dem Vorgesetzten werden.

Das Entwicklungsgespräch über den Persönlichen Entwicklungsplan soll zu einem festen Bestandteil der neuen Personalarbeit vor Ort werden, und zwar für Mitarbeiter, die im Mittelpunkt besonderer Fördermaßnahmen oder perspektivischer Veränderungen ihres beruflichen Werdegangs bei Volkswagen stehen. Arbeitshilfen, Pilotprojekte mit sieben Mitarbeitergruppen sowie die Moderation der Einführung durch örtliche Personalbetreuer halfen, mit dem neuen Instrument behutsam vertraut zu machen. Letztlich ist dies Teil des Erziehungsprozesses von der Verwaltung zur Gestaltung beruflicher Entwicklungen.

Wettbewerbsvorteile durch Mitarbeiter – dieses Ziel ist ein Marathonlauf mit dem Persönlichen Entwicklungsplan als Kompaß.

Entscheidend für den Erfolg des Persönlichen Entwicklungsplans wird die Qualität des Mitarbeitergesprächs durch den direkten Vorgesetzten sein. Ihn darf das Personalmanagement vor Ort nicht im Stich lassen. Commitments über das engere Feld des betrieblichen Vorgesetzten hinaus müssen in jedem Fall vom Personalmanager moderiert, beraten und bestätigt werden. Insbesondere die Fachbereiche und die Betriebsräte müssen dahinterstehen.

Der Persönliche Entwicklungsplan kann neben der Arbeitszeitsouveränität, dem Team- und KVP^2-Gedanken sowie dem Hierarchieabbau gar nicht gesellschaftspolitisch hoch genug für die Selbständigkeit der Arbeitnehmer eingeschätzt werden, bietet er doch erstmals ein griffiges Werkzeug in der Hand des Inhabers, seine Entwicklung mitzuplanen und aus der Anonymität der Masse zu treten. Dem Beteiligten bleibt es dabei selbst überlassen, ob er einen Persönlichen Entwicklungsplan haben möchte. Grundsätzlich soll der Entwicklungsplan helfen, unternehmerische Anforderungen und persönliche Wünsche besser in Einklang zu bringen. Mit dem „Rückreisepaß" in der Tasche soll auch das Loslassen festgefügter Bahnen und das Einlassen des M4-Mitarbeiters auf Mobilität, befristete Blockzeiten, Stafettenmodelle und andere zumutbare Veränderungen erleichtert werden. Der Persönliche Entwicklungsplan gilt grundsätzlich für alle Gruppen.

M4-Stützpunkte zur Personalarbeit vor Ort: Personal Service Center und Personaleinsatzbetrieb

Das Bild des M4-Mitarbeiters strebt eine Betreuung an, die nicht mehr nach Statusgruppen Arbeiter und Angestellte differenziert. Betreuung aus einer Hand und vor Ort ist die Aufgabe der Personal Service Center. Der Anspruch ist der einer ganzheit-

M4-Betreuung durch dezentrale Personal Service Center

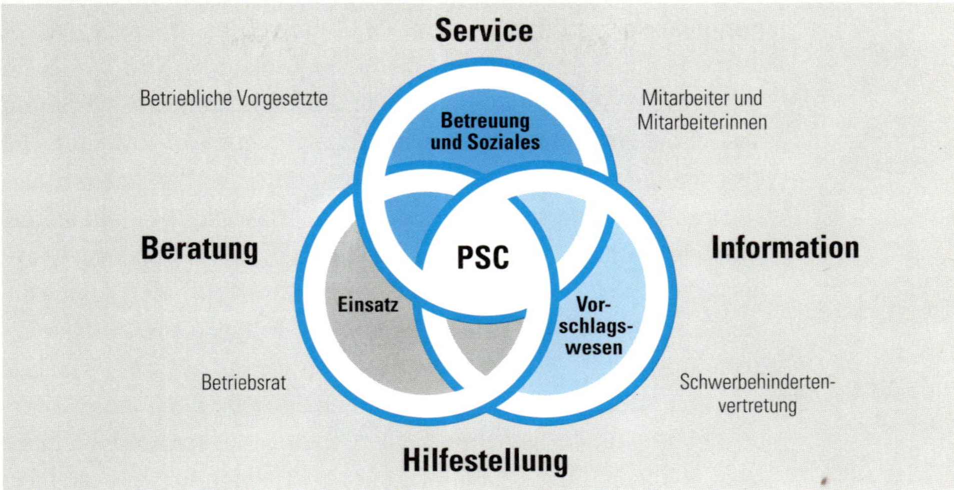

lichen Personalarbeit, die Beratung, Service, Information und Hilfestellung umschließt. Diese Kundenorientierung des Personalwesens wird in engem Zusammenwirken mit betreuten Vorgesetzten und Interessenvertretern der Mitarbeiter realisiert. Die Center sind dezentral organisiert und bieten durch umfassende Zuständigkeit für alle Personalfragen immer einen Ansprechpartner, kompetente Hilfe, Personalfachleute, die sich auskennen, kurze Wege, schnellen Service und vertrauensvolle Beratung. Eine ganz wichtige Funktion ist es, zusammen mit der neuen Einrichtung eines Personaleinsatzbetriebes, die nötige Personalverfügbarkeit und Mobilität zum rechten Zeitpunkt und in der nötigen Quantität und Qualität zu gewährleisten.

Die rasch wachsende Produktivität und Strukturveränderung erforderte Neuüberlegungen zur Steuerung des Personaleinsatzes. Der Personaleinsatzbetrieb soll als interne Drehscheibe zwischen den Werken und Cost Centern fungieren. In jedem Werk wird eine Außenstelle eingerichtet. Sie ist integraler Bestandteil des Personalwesens der Werke. Die zentrale Koordination und Steuerung wird vom Personaleinsatzbetrieb Wolfsburg mitübernommen.

Für den Personaleinsatzbetrieb existiert eine Sonderkostenstelle mit eigenem Budget. Diese bietet die Möglichkeit, ausgewiesene Personalüberhänge darauf zu übernehmen. Personalüberhänge werden so transparent gemacht und sollen durch das unmittelbare Zugriffsrecht des Personalwesens bedarfsgerecht, wertschöpfend und kostendeckend eingesetzt werden.

Zum Rollenverständnis des Personalmanagers am VW-Standort gehört zukünftig dieses neue Management von Mobilität und Personalüberhängen. Mehrere Instrumente des Personaleinsatzbetriebes werden ihm dafür zukünftig zur Verfügung stehen: Personalvermittlung, ein Jungfachkräfte-Pool, mobile Einsatzgruppen auch für internationale Unterstützungen oder auch die qualifizierte Eingliederung in Insourcing-Projekte sowie Existenzgründungen.

Der Personaleinsatzbetrieb soll langfristig auch neue Mitarbeiter aufnehmen und ihnen eine Orientierungsphase bieten. Er steht in engem Zusammenhang mit neuen Ideen für Arbeitsplätze und soll Umstrukturierungen dadurch erleichtern, daß Mitarbeiter für Überbrückungszeiten nicht nur ihre Heimat im Unternehmen behalten, sondern auch interessante Einblicke in andere Einsatzbereiche des Unternehmens erlangen.

Personaleinsatzbetrieb:
Das Instrument zur Steuerung von Personalüberhängen und -bedarfen

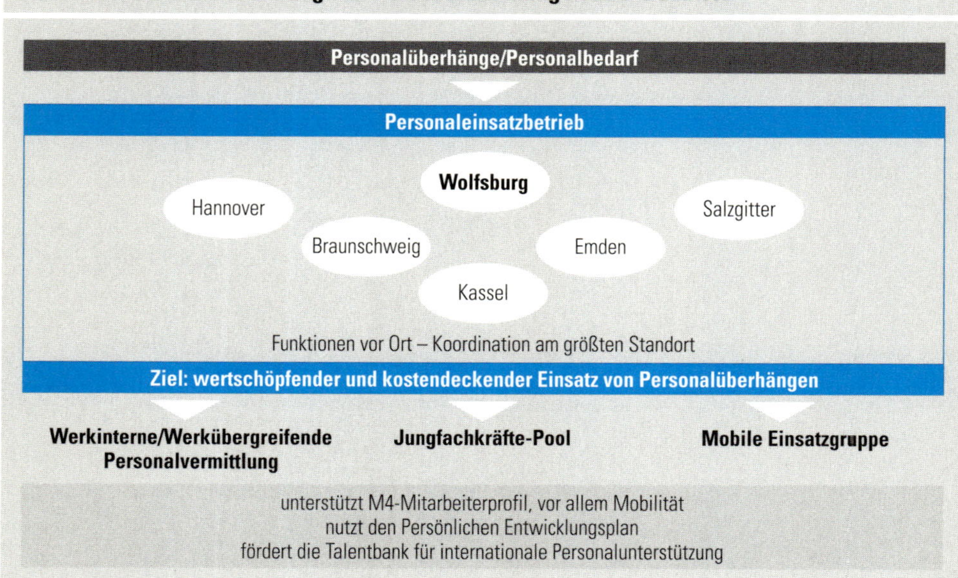

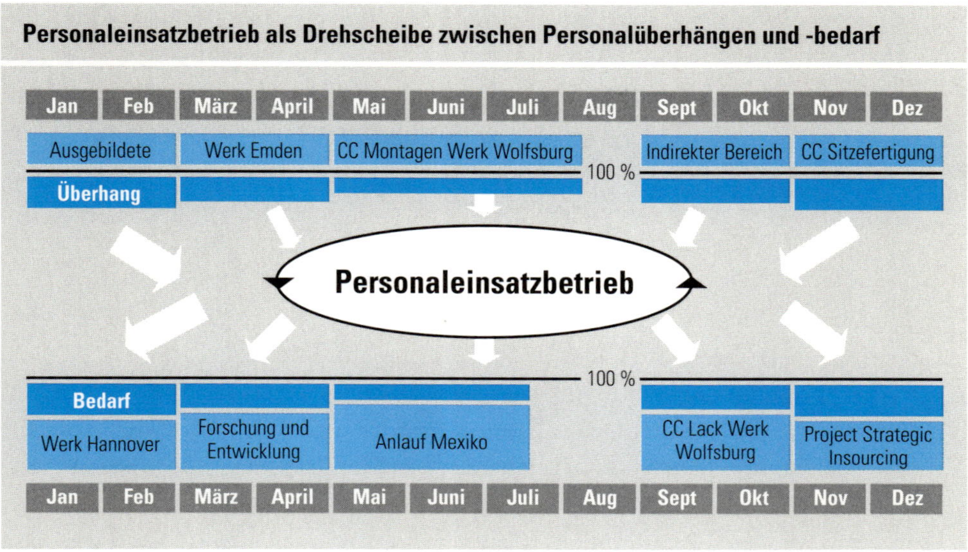

Engagement für Arbeit, Gesundheit und Umwelt

Wichtig für die Wettbewerbsstärke der Mitarbeiter ist auch ihre Vitalität und ihr Engagement für bessere Arbeits- und Umweltbedingungen. Gesundheitsschutz, Arbeitsschutz und Umweltschutz dürfen nicht aus dem Blickfeld der Unternehmenspolitik geraten – nicht zuletzt deshalb, um Fehlentwicklungen zu vermeiden. Inzwischen besteht über Ziele und Maßnahmen auf diesem Gebiet ein großer Konsens. Sie sollen die Gesundheit fördern, die Arbeit humanisieren und für die Umwelt sorgen.

Die Rahmenbedingungen für den Arbeits- und Gesundheitsschutz haben sich in den letzten Jahren gravierend verändert: z. B. Belastungswandel, höhere Ansprüche der Mitarbeiter an ihre Arbeit, verändertes Krankheitspanorama, neue Produktionskonzepte. Hinzu kommt, daß aufgrund der kontinuierlichen Verbesserungen bei der Arbeitssicherheit und bei der Gestaltung der Arbeitsbedingungen zahlreiche potentielle Gesundheitsgefahren beseitigt worden sind. Das Ergebnis ist eine deutliche Verringerung der Unfallzahlen und eine geringe Zahl an Berufskrankheiten. Das Krankheitsspektrum wird heute dominiert von Erkrankungen des Stütz- und Bewegungsapparats und von psychosomatischen Befindlichkeitsstörungen.

Für den betrieblichen Arbeits- und Gesundheitsschutz bedeutet dies, daß er vor veränderte Anforderungen gestellt ist. Nicht mehr der Gesundheitsschutz klassischer Prägung steht bei seiner Tätigkeit im Vordergrund, sondern die Förderung von Gesundheit und Persönlichkeit.

Ein sichtbarer Ausdruck dieser Neuorientierung sind bei Volkswagen die prospektive gesundheitsgerechte Gestaltung der Arbeitswelt sowie die aktive Einbeziehung der Mitarbeiter. Ihre Mitgestaltung und Mitverantwortung wird entscheidend für eine zeitgemäße Gesundheitsförderung im Betrieb.

Arbeitsgestaltung beginnt heute grundsätzlich bereits bei der Produktentwicklung sowie bei der Planung neuer Anlagen und Maschinen. Ergänzend kommt ein Bündel von wissens- und verhaltensbezogenen Maßnahmen hinzu, die auf ein gesundheitsgerechtes Handeln abzielen. Innovationen – z. B. Verfahren zur ergonomischen Arbeitsplatzgestaltung, Gesundheitszirkel, Arbeitsschutzaudit, Gesundheitscoaching – haben dazu beigetragen, daß der Arbeits- und Gesundheitsschutz bei Volkswagen ein hohes Niveau erreicht hat.

Wettbewerbsvorteile durch Gesundheit – das ist ein Thema der VW-Gesundheitsliga. Inzwischen hat das Unternehmen weltweit Ziele für den Gesundheitsstand der Belegschaft definiert. Gemessen in Anwesenheitszeit, die sicher kein absolut valider Gesundheitsindikator ist, soll überall eine Quote von 96 bis 97% erreicht werden.

In Deutschland hält Volkswagen in der Automobilindustrie den Spitzenplatz gegenüber dem Wettbewerb mit fast 96%. Ein Benchmarking-Projekt, das Volkswagen zusammen mit fast 30 anderen Unternehmen durchführt, zeigt, daß durchgängig die konsequente Führung von Mitarbeitergesprächen zur Senkung der Fehlzeiten beiträgt. In Rückkehrergesprächen können vertraulich, aber auch in der Gruppe, mögliche Ursachen hoher Abwesenheit besprochen und abgestellt werden.

Die Förderung einer dauerhaft hohen „Gesundheitsquote" ist ein gemeinsames Ziel.

Anwesenheit am Arbeitsplatz ist nicht immer gleichbedeutend mit Gesundheit – der täglich zur Arbeit kommende Diabetiker ist ein Beispiel dafür –, und Abwesenheit ist nicht immer

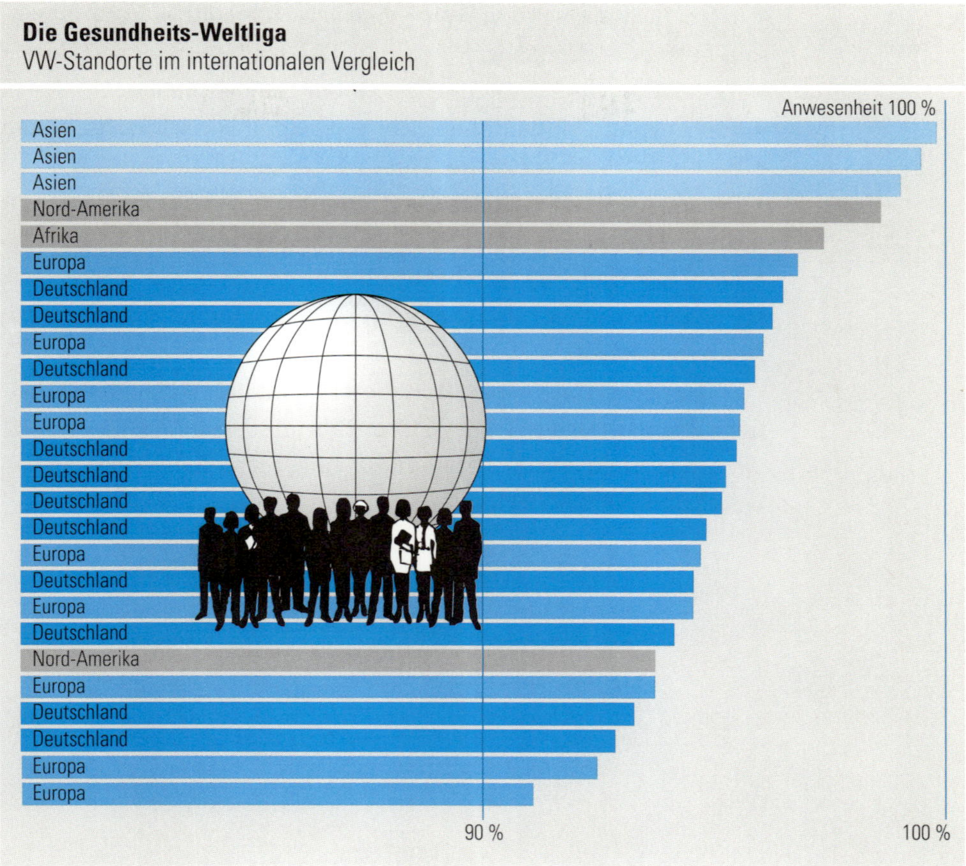

identisch mit echter Krankheit. Nur der einzelne, Management, Betriebsrat und Gesundheitswesen gemeinsam vermögen, eine dauerhaft hohe „Gesundheitsquote" zu erreichen. Dabei ist selbstverständlich, daß der Kranke die volle Fürsorge erhält. Wer nicht krank ist, erscheint zur Arbeit und läßt sein Arbeitsteam nicht im Stich – und leistet damit einen Beitrag zur Wettbewerbsfähigkeit aus dem Mitarbeiterpotential.

Gute Umweltpraxis – das ist das Ziel einer Betriebsvereinbarung zum Umweltschutz. Erstmals haben die Betriebsparteien Regelungen getroffen, die die Beteiligung der Mitarbeiter an den Aufgaben des Umweltschutzes vorsehen und gleichzeitig die „Regeln der Guten Umweltpraxis" zur täglichen Pflicht aller machen. Diese Einbeziehung der Mitarbeiter und Betriebsräte soll vor Ort in umfassender Weise eine Zusammenarbeit auf folgenden Feldern sicherstellen:

- Aktivitäten zur Umsetzung der Guten Umweltpraxis
- Vorbeugende Maßnahmen zum Vermeiden von Umweltschäden
- Beratung deren möglicher Auswirkungen auf die Umwelt
- Berufsausbildung, Fortbildung und Management-Training mit Umweltschutz
- Wahl der Umweltschutzbeauftragten
- Umweltbetriebsprüfungen und Umweltschutzprojekte in Zusammenarbeit

Umweltschutz wird durch diese Maßnahmen zu einem wichtigen Element des M4-Profils. Die Betriebsvereinbarung ergänzt dazu das umfassende Verständnis vom Engagement der Mitarbeiter und Mitarbeiterinnen.

Coaching – der Weg zur Spitzenleistung

Jeder Gute kann noch besser werden

Spitzenprodukte für die Begeisterung der Kunden setzen Spitzenleistungen in allen Unternehmensprozessen voraus. Wer allerdings Spitzenleistungen fordert, muß auch Spitzenleistungen fördern, denn nur dann kann der Gute noch besser werden. In diesem Sinne wurde die Volkswagen Coaching Gesellschaft gegründet, um einen wirksamen Beitrag zur M4-Qualität der Belegschaft zu leisten. Und um mit neuen Ansätzen aus der Coaching-Idee die Entwicklung des Managements, den Transformationsprozeß des Unternehmens und den Strukturwandel der Arbeit zu unterstützen.

Die Coaching-Idee

Unternehmerisches Handeln heißt den Wandel als Chance nutzen. Die wichtigste Herausforderung für ein Unternehmen ist, den Wandel schneller zu vollziehen und Kundenwerte eher zu erreichen. Geschwindigkeit als unternehmerische Kraft im Dienst des Kunden heißt,

- kürzere Zeitziele,
- andere Prioritäten
- höhere Durchsetzungsfähigkeit,
- kürzere Innovationszyklen und
- schnellere Kommunikation

zu realisieren. Mentale und fachliche Veränderungen müssen schneller die Köpfe und Herzen der Menschen im Unternehmen erreichen. Um diese Fähigkeit geht es in der Idee des Coaching. Sie versucht, ein tieferes Verständnis davon zu erlangen, wie großartige Leistungen einzeln oder im Team entstehen. Ein solches Verständnis ist der Schlüssel für die Identifikation und Entwicklung von Spitzenleistung. Langjährige Erfahrungen und Beobachtungen offenbaren immer wieder, daß nichts so überzeugend und motivierend ist wie das mitreißende authentische Vorbild im Team.

Zu einem solchen Teamleader als wichtiger Teil des Führungsverständnisses bei Volkswagen gehören Professionalität, Persönlichkeit und Vitalität. Die Vision der Coaching-Idee ist, nach und nach die Teamleader des Unternehmens mit den Grundeinsichten des Coaching vertraut zu machen und sie dafür zu begeistern, ihre Teams selbst zu Spitzenleistungen zu coachen, d.h. sie durch neue Erfahrungen, andere Spitzenleistungen, bessere Prozesse, umwälzende Ideen oder auch einen Kow-how-Sprung mitzureißen. Coaching kann damit zu einem wichtigen Teil eines erfolgreichen Transformationsmanagements werden.

Ein solcher Weg soll im Unternehmen Effekte auslösen, die außerhalb von Unternehmen etwa im Sport sehr gut bekannt sind und gezielt gefördert werden. Dies ist die Wechselwirkung zwischen hervorragender Breitenarbeit, einem größeren Potential an Talenten und dem Vorbild der Spitzenleistung: Die Spitze zieht – die Breite schiebt. Aus diesen Grundeinsichten ergeben sich zahlreiche Möglichkeiten, die Coaching-Idee zu übernehmen und zunächst für das maßgeschneiderte Training von Spitzenleistungen einzusetzen. Coaching umfaßt in diesem Sinne Ansätze, die alle Aspekte der Leistung betrachten: das fachliche Coaching, das Verhaltenscoaching und das Gesundheitscoaching.

Mit diesen Ansätzen hat Volkswagen behutsam im kleinen begonnen, allerdings schon mit der langfristigen Absicht, Erkenntnisse aus den gewonnenen Erfahrungen auf die Förderung der „Talentbank" und der „Breitenarbeit" zu übertragen. Insofern ist Coaching zunächst nur eine Aufgabe für ein Einzeltraining und einzelne Teamprojekte, soll jedoch letztlich Leitidee der gesamten Personalentwicklungs- und Bildungsarbeit werden. Deshalb wurden diese Aktivitäten bei Volkswagen in der neu gegründeten Coaching Gesellschaft zusammengefaßt.

Die VW-Mannschaft soll im großen wie im kleinen mit der richtigen Einstellung, Fitneß und Qualifikation in den Wettkampf um Kundenbegeisterung und Markterfolge gehen können: Coaching führt zu Überlegenheit zur rechten Zeit.

Die Volkswagen Coaching Gesellschaft

Die Zugkraft des Konzeptes und die Vielfalt der praktischen Möglichkeiten gab Anlaß zur Gründung der Volkswagen Coaching Gesellschaft.

Im Januar 1995 nahm sie als GmbH ihren Geschäftsbetrieb auf und startete mit einem Auftragsbudget von 120 Mio. DM. Alle Bildungs- und Personalentwicklungsaktivitäten der Volkswagen AG wurden durch die Coaching-Idee neu ausgerichtet. Einzelcoaching, Benchmarking und Prozeßgestaltung spielen deshalb eine zentrale Rolle für die Coaching Gesellschaft. Sechs Geschäftsfelder bieten Dienstleistungen für Volkswagen und auch für externe Kunden an.

An jedem Standort wurde eine Niederlassung errichtet und über die Volkswagen AG hinaus eine vernetzte Zusammenarbeit mit allen Konzernstandorten und einem Vor-Ort-Verantwortlichen vereinbart. Berufsausbildung und Weiterbildung fungieren überall als Basis für die Entwicklung einer Gesamtkonzeption mit neuen Schwerpunkten. Die Volkswagen Coaching Gesellschaft ist Center of Competence für den Konzern und steuert die Einführung der Coaching-Idee weltweit im Konzern. Die Gesellschaft arbeitet auf der Basis eines Businessplans. Der Aufsichtsrat setzt

Volkswagen Coaching Gesellschaft mbH
Geschäftsfelder

Management-Entwicklung

- Management-Diagnose und Persönlicher Entwicklungsplan
- Management-Training und Talentbank
- Internationale Entwicklungs- und Traineeprogramme

Aus- und Weiterbildung

- Berufsausbildung
- fachliches und überfachliches Training
- höherqualifizierende Fortbildung mit anerkannten Abschlüssen

Coaching

- für Führungskräfte und Teams

Unternehmensberatung für Prozeßoptimierung

- Organisationsentwicklung/ Prozeßbegleitung
- Durchführung von KVP²-Workshops
- Ausbildung von KVP²-Moderatoren

Arbeitsmarkt- und sozialpolitische Projekte

- Geförderte Ausbildung und Umschulung Insourcing-/Outsourcingprojekte begleiten und unterstützen
- Beratung für arbeitsmarktpolitische Initiativen
- Unterstützen von Unternehmensgründungen und Industrieparks

Benchmarking

- Aufspüren von Entwicklungen und Trends in der Personalarbeit und im Management (Weltstandard) in Europa, USA und Asien

sich paritätisch aus Mitgliedern des VW-Vorstandes und des Gesamtbetriebsrates zusammen.

Die Volkswagen Coaching Gesellschaft bildet regional die Drehscheibe zwischen Volkswagen und dem Arbeitsmarkt: Auswahl von Auszubildenden und hochqualifizierten Nachwuchskräften, Personal- und Beschäftigungskonzepte im Rahmen von lokalen Umstrukturierungen sowie maßgeschneidertes Coaching zum Kompetenzausbau für Standortentwicklungen. Eine enge Zusammenarbeit mit lokalen Arbeitsämtern, Zulieferern und anderen Kooperationspartnern ist dafür erforderlich. Die Niederlassungen der Volkswagen Coaching Gesellschaft verstehen sich somit auch als „regionale Entwicklungsagenturen". Sie versuchen, externe Märkte zu erschließen und durch Marktnähe an Dienstleistungsqualität zu gewinnen. Mit neuem Selbstverständnis und Marketing gelang es bereits im ersten Jahr, diese „Drehscheibe" der Dienstleistung in Schwung zu bringen. Berufsausbildung für andere Firmen, Umschulungen mit Arbeitsämtern, Prozeßberatung und Managemententwicklung sowie Einzeleinsätze für Behörden und Institutionen waren der Einstieg.

Unter dem Titel „Volkswagen Coaching – Konzepte für Menschen im Beruf“ soll ein wichtiger Beitrag zur Wettbewerbsfähigkeit entstehen:

- Entwickeln und Fördern von Spitzenleistungen
- Begleiten von Transformationsprozessen
- Weiterentwickeln und Fördern des neuen Mitarbeiterprofils M4
- Sozialverträgliche Gestaltung des Strukturwandels der Arbeit

Coaching für Spitzenleistungen

Die anspruchsvollste Lernform des neuen Konzeptes ist das maßgeschneiderte Einzeltraining für Spitzenleistungen. Sie ist durch Eingangsberatung, Auswahl des geeigneten Coaches, Vorgehen nach Wissensstand, Qualifizierungsziel, Lerntempo und Terminkalender sowie Erfolgskontrolle und Abschlußberatung äußerst kundenorientiert. Diese Form des Coaching wird dem Management angeboten – also Menschen, die sich bereits fachlich, unternehmerisch und in Führungsaufgaben bewährt haben. Und die sich in Anbetracht ehrgeiziger Zielsetzungen fragen, wie sie ihre Stärken verstärken, ihre Persönlichkeit entwickeln können.

Wer hochgesteckte Ziele erreichen will, muß wissen, wo er steht. Als Instrumente zur Standortbestimmung dienen vor Ab-

Volkswagen-Coaching – Erstellen des Management-Audits

Möglichkeiten:

1. Selbstaudit
(unter Anleitung eines internen/externen Beraters)
Kritische Selbstreflexion als Basis und erster Schritt eines erfolgreichen Coaching

2. 360°-Beurteilung
(Beurteilung durch Kunden, Kollegen, Vorgesetzte und Mitarbeiter)
Umfassendes Fremdbild

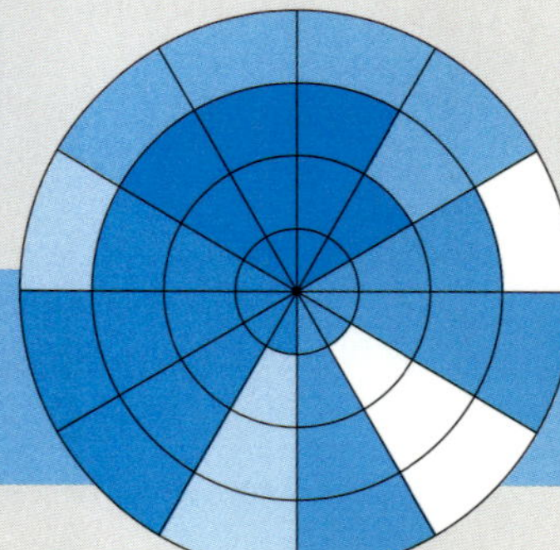

sprache von Coachingmaßnahmen ein Selbstaudit mittels Fragebogen zur Selbsteinschätzung und ein 360°-Audit. Der Fragebogen soll Selbstreflexion und Sensibilisierung auslösen, der 360°-Audit eine Rundumsicht der eigenen Persönlichkeit aus dem Blickwinkel von Kunden, Kollegen, Vorgesetzten und Mitarbeitern bieten. Dieser Management-Audit wird maßgeschneidert für das VW-Management entwickelt und getestet.

Auf der Basis persönlicher Optimierungsziele wird nach dem Audit der Coachingprozeß eingeleitet. Dabei entwickelt der Manager seine Coachingstrategie mit. Er oder sie kann sich einen Coach wünschen, der in der konkreten Situation herausfordern und weiterbringen kann.

Der Coachingprozeß als individueller Veränderungsprozeß durchläuft typischerweise die Phasen des Auftauens (unfreeze)

Volkswagen-Coaching – Prozeßablauf

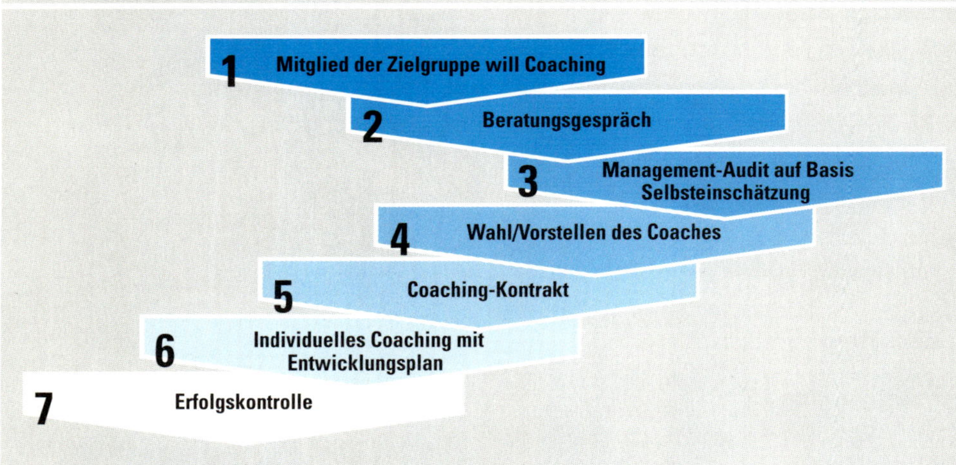

alter, vertrauter Verhaltens- und Wahrnehmungsweisen über die Phase der eigentlichen Veränderung (change) zur Festigung (freeze) neuer, erfolgreicher Verhaltensmuster, wie dies am folgenden Optimierungsbeispiel dargestellt ist.

In den ersten Gesprächen präzisieren Coach und Manager das Optimierungsziel, indem sie

- die Ausgangssituation gründlich analysieren,
- das bisherige Verhalten des Managers auf Zweckmäßigkeit prüfen bzw. den fachlichen Stand des Coachingthemas definieren,
- Selbst- und Fremdwahrnehmung gegenüberstellen und abgleichen
- und Prioritäten für die Optimierung festlegen.

Im Anschluß an diese Phase des „Auftauens" bisheriger Praxis werden zielführende Wege der Aneignung neuer Verhaltensweisen und Wissensstände geprüft und entschieden. Die Vielfalt ist groß, doch ist nicht jede Alternative zielführend: So können beim einen eher der Erwerb von Fach-Know-how oder das Persönlichkeitstraining durch Experten wichtig sein.

Für andere mag die „live"-Situation besser geeignet sein: in Realsituationen Feedback durch den Coach erhalten, z. B. indem die zu optimierende Situation gehäuft herbeigeführt wird (flooding).

Abschließend werden Coach und Manager gemeinsam an der Festigung neuer Verhaltensweisen arbeiten und weitere Entwicklungsschritte einleiten.

Wegbegleiter und konstruktiver Unterstützer ist der persönliche Coach, an den die Anforderungen nicht hoch genug sein können, soll er dieser Aufgabe gerecht werden. Neben hoher Professionalität und Fachmannschaft als Coach muß zwischen ihm und dem Top-Manager vertrauensvolle, partnerschaftliche Kooperation möglich sein. Die Coaches spiegeln die Vielfalt der Coaching-Bedarfe wider: Neben dem Fachexperten finden sich Generalisten und herausragende Vertreter anderer Unternehmen. Letztes Wort bei der Wahl des geeigneten Coaches hat immer der Manager, denn die „Chemie" muß stimmen. Erfolgreiche Unternehmer sind eine besonders interessante Zielgruppe für Spitzencoaches. Eine Zusammenarbeit ergibt sich leichter, wenn im Gegenzug Vorstandsmitglieder und Top-Manager von Volkswagen Manager aus ihrem Unternehmen coachen. Individuelles Coaching in „Tandem-Form" – ergiebig für beide Persönlichkeiten – eröffnet der Industrie ein neues weites Feld von Effizienzsteigerung. Wir stehen hier erst am Anfang eines innovativen Weges für Spitzenleistungen. Die Entwicklung setzt bewußt auf dem erreichten hohen Leistungsniveau an.

Professionalität und fachliche Kompetenz stellt die Volkswagen Coaching Gesellschaft sicher durch sorgfältige Auswahl der Coaches nach dem Mehraugenprinzip. Vernetzung und Kommunikation der VW-Coaches untereinander unterstützen die Weiterentwicklung der Coaching-Konzeption.

Erste Ergebnisse einer Befragung gecoachter VW-Manager zeigen, daß Volkswagen bei Coaching den richtigen Weg eingeschlagen hat. So wird der Grad der Zielerreichung im Coaching mehrheitlich als außerordentlich hoch eingeschätzt. Über die Hälfte der Befragten sprechen von 100%iger Zielerreichung und erleben dabei: Jeder Gute kann noch besser werden. Coaching wird übereinstimmend als effiziente Dienstleistung des Unternehmens bewertet.

Sechs bis zehn Gespräche mit dem Coach, in der Regel im Laufe eines halben Jahres, bilden eine erste Phase der Entwicklung, um

- ***Innovation zu fördern,***
- ***die eigene Flexibilität zu erhöhen,***
- ***Mitarbeiterpotentiale besser nutzen zu können,***
- ***persönliche Blockaden zu beseitigen und***
- ***die eigene Effizienz zu steigern.***

Ein weiteres Instrument wird die regelmäßige Befragung von Top-Managern und Experten sein, wie sich die Anforderungen verändern und welche Akzente neu gesetzt werden müssen. Aus allem entstehen Bausteine für die Persönlichen Entwicklungspläne im Management:

- Mentales Coaching einschließlich individueller Beratung auf Basis des 360°-Audit;
- Fachcoaching, insbesondere vor Übernahme einer neuen Aufgabe: Beispielsweise durchläuft der zukünftige Gießereileiter einer Konzerngesellschaft im Konzern, bei Zulieferern, späteren Abnehmern und im Wettbewerb ein Individualcoaching, das ihm im Hinblick auf neue Gußverfahren, Werkzeugbau, mechanische Weiterverarbeitung, Prozeßkontrolle und Qualitätssicherung den letzten Schliff bringt;
- Gesundheitscoaching für körperliche Fitneß und Streßbewältigung.

Dieses umfassende Coachingprogramm für den einzelnen Manager wird ergänzt durch die Teilnahme an internationalen Management Development Programmen mit Seminaren und Projekten. Im internationalen Management-Bildungs- und Kommunikationszentrum des Unternehmens – Haus Rhode – werden mehr als 40 unterschiedliche Managementseminare durchgeführt mit neuen Inhalten wie „Vernetzt denken“, „Change Management“, NLP (Neurolinguistisches Programmieren) und „Outdoor Training“, aber auch klassischen Angeboten wie „Total Quality Management“ zu Kundenbegeisterung und Sicherung des Geschäftserfolgs.

Hinzu kommen Programme zum Gruppencoaching, die neben der Spitzenleistung auch dem internationalen Zusammenhalt in der Volkwagen-Welt dienen: dem Group Junior Executive Program, dem Group Executive Forum und der Group Management Conference. Auch am Ende dieser Veranstaltungen stehen – allerdings gemeinsam erarbeitete – persönliche Aktionspläne, wichtige Veränderungen per Commitment überall im Konzern voranzubringen. Dieses Gruppencoaching ergänzt das individuelle „Tandem-Coaching“.

Gesundheitscoaching

Neben dem fachlichen und mentalen Coaching – einzeln und in der Gruppe – hat Volkswagen auch das Gesundheitscoaching entwickelt. Vitalität und Fitneß helfen, Spitzenleistungen über lange Zeit zu bringen. Gesundheitscoaching ist ein ganzheit-

Gesundheitscoaching

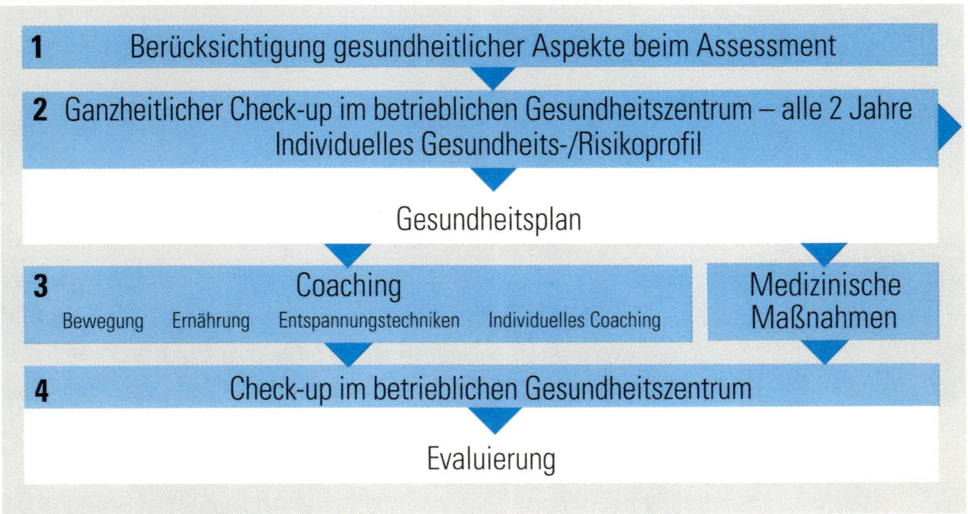

lich orientiertes Betreuungskonzept. Es beruht auf dem Grundgedanken, die Gesamtsituation der Führungskräfte und anderer besonders belasteter Gruppen im betrieblichen Gesundheitszentrum im regelmäßigen Check-up zu betrachten und ein individuelles Gesundheitsprofil sowie einen Gesundheitsplan zu erstellen. Bedarfsweise folgen dann medizinische Maßnahmen bzw. ein individuelles mentales und vitales Gesundheitscoaching (z.B. Entspannungs-, Ausgleichs- und Bewegungsprogramme).

Aus- und Weiterbildung

Coaching für Fach- und Führungskräfte kann immer nur ein Element einer umfassenderen Qualifizierungsstrategie des Unternehmens für M4-Mitarbeiter sein. Die Spitzenqualifizierung kann aber immer Einsichten ermöglichen und Methoden entwickeln, die auch für die „Breitenarbeit" taugen. Vom Auswahlverfahren bis hin zum Persönlichen Entwicklungsplan haben wichtige Instrumente heute schon Anwendung über den Kreis des Managements hinaus gefunden. Denn grundsätzlich gilt: was für Führungskräfte gut ist, ist für alle gut.

Einen hohen Rang hat ganz besonders die Aus- und Weiterbildung im Rahmen der Coaching Gesellschaft.

Dabei engagiert sich Volkswagen in der Diskussion um die Zukunft des dualen Systems, um eine stärkere Berücksichtigung zukünftig wichtiger Schlüsselqualifikationen wie Teamarbeit und eine größere Verzahnung zwischen Berufsschule und Betrieb zu erzielen.

Eine zeitgemäße, bedarfsgerechte Ausbildung für Berufsanfänger, aber auch das gezielte weiterführende fachliche und überfachliche Training stützen sich auf eine moderne Ausstattung mit Technik- und Selbstlernzentren, Laboren und erprobten Konzepten. Praxisorientierte Wissensvermittlung ergänzt Maßnahmen zur Persönlichkeitsentwicklung.

Das Angebot der „Berufsausbildung" umfaßt 18 Ausbildungsberufe. Im Bereich „klassische Metall- und Elektroberufe" finden sich hier Ausbildungen zum Industriemechaniker/-in und Industrieelektroniker/-in, im Bereich „Bürokommunikation" Ausbildungen mit dem Abschluß Bürokaufmann/ Bürokauffrau oder Industriekaufmann/Industriekauffrau.

Im Rahmen der betrieblichen Weiterbildung werden mehrere hundert verschiedene Seminare/Lehrgänge angeboten. Das Angebot unterteilt sich in die Bereiche „technische Qualifikation" (Hydraulik, Pneumatik, Mikroprozessoren, CNC-Technik), „Kommunikation und Führung" (Rhetorik, Moderation, Führungstechnik), „EDV" (Windows-Anwendungen, CAD-Schulungen) und „Recht, Wirtschaft, Sprache" (Englisch, Spanisch, Arbeitsrecht, Betriebswirtschaft). Langfristig wird es darauf ankommen, weniger Standardangebote und mehr für Kunden relevante, spezifische Problemlösungen zu entwickeln. Auch für den M4-Mitarbeiter wird das Verhältnis von Arbeitszeit und Bildungszeit im Zeichen von Zeitsouveränität und erhöhter Selbständigkeit neu definiert werden. Schon heute zeichnet sich ein verstärkter Trend zur Qualifizierung außerhalb der Arbeitszeit ab.

Die Weiterentwicklung des Mitarbeiters wird nach und nach im Persönlichen Entwicklungsplan dokumentiert. Mehrfachqualifikationen und Mobilitätsvoraussetzungen wie Sprachfertigkeiten können dann über die Daten der „Talentbank" helfen, schneller zur Identifizierung geeigneter Kandidaten für Einsätze im Ausland und für Konzernprojekte zu kommen.

Unternehmensberatung für Prozeßoptimierung

Ein weiteres Geschäftsfeld der Volkswagen Coaching Gesellschaft ist die Unternehmensberatung für Prozeßoptimierung.

Wandlungs- und Transformationsprozesse in Organisationen, wie z. B. KVP², Gruppenarbeit, Neugestaltung von Geschäftsprozessen, Simultaneous Engineering, setzen die Kenntnis von adäquaten Systemen und Verfahren zur Prozeßgestaltung voraus. Bei Veränderungsprozessen in Unternehmen darf auf eine erfahrene Begleitung nicht verzichtet werden. Die Begleitung findet in Form von Unterstützung, Beratung, Training, Moderation, Organisation und Koordination statt. Diese Maßnahmen sind speziell auf Mitarbeiter und Führungskräfte aller Ebenen, Arbeitsteams und Organisationseinheiten ausgerichtet sowie auf System- und Prozeßzusammenhänge abgestimmt. Dabei besteht das Ziel in der Unterstützung der Analyse und Lösung der kundenspezifischen Problemstellungen. Einer der Schwerpunkte liegt in der Beratung bei Organisationsentwicklungsprojekten und arbeitsorganisatorischen Veränderungsmaßnahmen. Ein Instrument ist das Coaching-Car-Seminar, das neue Formen der Arbeitsorganisation

Seminar zur Prozeßoptimierung
Begleitung einer neuen Arbeitsorganisation vor Ort

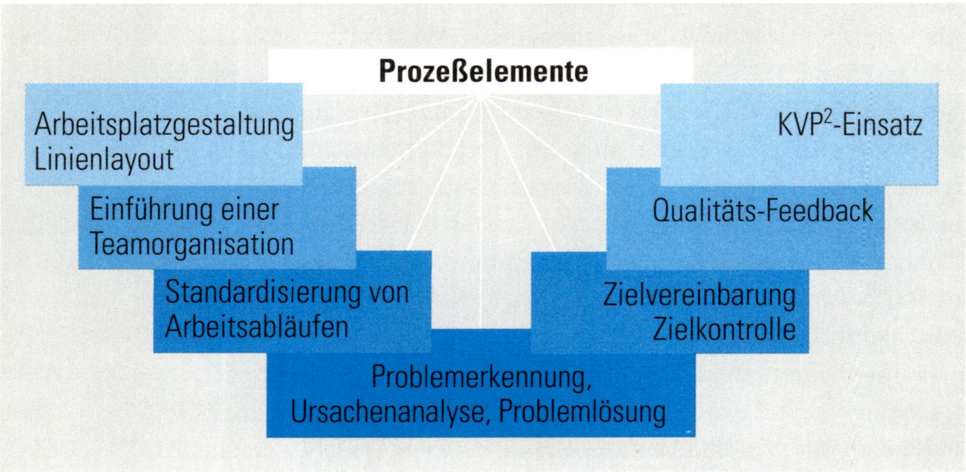

durch Praxis-Simulation und Methodiken der Teamarbeit und des Shop-Floor-Managements in der Vorbereitung und Einführung unterstützt. Der Übergang von einem Layout zu einem neuen wird wie im KVP²-Workshop unter Beteiligung der Betroffenen erarbeitet. Dabei kann das Geschäftsfeld auf praktische Erfahrungen und Erfolge in Produktion, Verwaltung (z. B. Volkswagen-Bank), Forschung und Entwicklung sowie im Vertrieb zurückgreifen. Die Personalentwicklung zur Unterstützung von Produktanläufen nimmt im Konzern mit weltweiter Fahrzeugstrategie, Entwicklungs- und Fertigungsverantwortung für Neuanläufe zwangsläufig zu. Dabei kann auf hervorragende Erfahrungen aus den vielen neuen Fabrikanläufen der Jahre des Konzernausbaus zurückgegriffen werden. Für den Transformationsprozeß und die Einführung neuer idealisierter Abläufe können Prozeßbegleiter Entscheidendes leisten. Ihrer Auswahl und Ausbildung wird ein zunehmendes Gewicht zukommen.

Personalforschung mit Benchmarking

Zukunftsorientierte Personalpolitik für ein „neues Denken" setzt sowohl Praxisorientierung als auch wissenschaftlich fundierte Grundlagenarbeit voraus. Es ist ein Gebot der Geschwindigkeit und Effizienz, Innovationen in der Personalarbeit frühzeitig und weltweit aufzuspüren, im Benchmarking mit unserem Stand auszuloten und dann zügig im Volkswagen-Konzern umzusetzen. Eigene Personalforschung soll mit System und sportlichem Ehrgeiz helfen, den Stand der Wissenschaft im Personalmanagement zu überschauen. Auch die Personalmanager von Volkswagen sind ein Team, das im Wettbewerb mit anderen steht. Für sie bedeutet das zu akzeptieren, daß viele Personalmanager in der Welt bestimmte Prozesse besser gestalten – aber verbunden mit der Entschlossenheit, das zu erfahren und daraus zu lernen. Bei der Fundierung neuer Zukunftskonzepte springt das Benchmarking ein. Es hilft, nach draußen zu schauen und trotzdem alles selbst umzusetzen. Es ersetzt den Unternehmensberater.

Mit diesem wichtigen Instrument des Benchmarking ist ein ganzheitlicher und systematischer Ansatz zur Verbesserung des Unternehmensprozesses gemeint. Lernen von und mit anderen ist ein entscheidender Bestandteil dieser Methode. Es ist mehr als ein Vergleich von Zahlen; Benchmarking ist ein Prozeß und erfolgt branchenübergreifend. Unser Benchmarking-Prozeß umfaßt sieben Schritte:

Die sieben Schritte des Benchmarking

Im ersten Schritt werden die Kernprozesse identifiziert und ihre Leistungsfähigkeit, Wertschöpfung und ihr Kundennutzen eingeschätzt. Hieraus leiten sich die Ziele für das Benchmarking-Projekt und damit die Zusammenstellung des geeigneten Teams ab, das mit der Philosophie und den Methoden des Benchmarking umfassend vertraut gemacht wird. Die Prozesse werden dokumentiert und meßbar gemacht. Dadurch werden Strukturen und Zusammenhänge transparent. Mit einem virtuellen Team und Kontakten zu Firmen im In- und Ausland werden Unternehmen identifiziert, die „Best in Process" sind. Mit genauen Checklisten und einem Leitfaden werden Informationen erfaßt und Wege zur Verbesserung entwickelt. Am Ende steht ein abgestimmter Maßnahmenplan, dessen Umsetzung unterstützt und dessen Erfolg kontrolliert wird.

Die ersten Projekte sind initiiert:

- Erhöhung des Gesundheitsstandes
- Optimierung des Einsatzes von Mitarbeitern im Ausland
- Optimierung von Managementplanung
- Verbesserung der Kommunikation zwischen Vertrieb und Händlerorganisation
- Prozeßoptimierung von Maschinen und Werkzeugbau

Die Ergebnisse dieser Projekte bestätigen, daß Benchmarking eine wirksame Hilfe ist, die besten Prozeßideen schneller zu erkennen und zu übernehmen.

Arbeitsmarktpolitische Projekte und soziale Begleitung

Dieses Geschäftsfeld stellt ein Bindeglied dar innerhalb der Drehscheibenfunktion zwischen Volkswagen und dem Arbeitsmarkt. Innovative Arbeitsmarktmodelle werden entwickelt, die Möglichkeit zur Realisierung von Fördermaßnahmen wird dazu jeweils individuell geprüft. Das Angebot reicht von der Durchführung geförderter Ausbildungs- und Umschulungsmaßnahmen, der Begleitung und Unterstützung von Insourcing-/Outsourcing-Projekten, der Beratung für arbeitsmarktpolitische Initiativen bis zur Unterstützung von Unternehmensgründungen und Industrieparks.

Zur Weiterentwicklung der regionalen Infrastruktur und als Brückenschlag zwischen Arbeitsmarkt und Volkswagen bietet die Volkswagen Coaching Gesellschaft Hochschul- und Fachhochschulabsolventen „Praxislernplätze“ für 18 Monate in den Fachbereichen von Volkswagen an. In dieser Zeit werden sie in konkreten Fachprojekten wie z. B. dem Aufbau einer neuen Fertigungsanlage oder der Vermarktung eines neuen Produktes eingesetzt. Parallel dazu werden sie in der Volkswagen Coaching Gesellschaft durch Seminare und Einzelberatung gefördert. Mit diesem arbeitsmarktpolitischen Projekt werden Einstellungssperren überwunden. Die Teilnehmer am Programm gewinnen Erfahrung im Wechseln, erhalten neue Impulse und Berufserfahrungen und erhöhen somit ihre Chancen, einen konventionellen Arbeitsplatz zu finden.

Arbeitsmarkt- und sozialpolitische Projekte

Beschäftigungssichernde Maßnahmen

- Personaleinsatzbetrieb
- Geförderte Ausbildung und Umschulung
- Begleitung und Unterstützung von Insourcing-/Outsourcing-Projekten

Maßnahmen zum Erhalt der Wettbewerbsfähigkeit

- Unterstützung bei regionalem Beschäftigungsausgleich
- Betriebsübergreifende Qualifizierung
- Frühwarnsystem zur rechtzeitigen Erkennung struktureller Probleme

Weiterentwicklung der regionalen Infrastruktur

- Beschäftigungspolitische Konzepte für die Region (Zusammenarbeit mit RESON – Regionale Entwicklungsagentur Südost-Niedersachsen)
- Unterstützung von existenzsichernden Maßnahmen und Existenzgründungen

Die Volkswagen Coaching Gesellschaft hat sich als Dienstleister gegenüber den Arbeitsverwaltungen bewiesen. Eine Reihe von „Umschulungs- bzw. Fortbildungsmaßnahmen“ nach dem Arbeitsförderungsgesetz sind angelaufen bzw. in der Vorbereitung. Die Maßnahmen haben Laufzeiten bis zu zwei Jahren und sind für Einzelpersonen sowie ganze Gruppen angelegt; die Programme werden von den sechs Niederlassungen durchgeführt.

Der strukturelle Wandel in der europäischen Industrie erfordert veränderte Qualifizierungsbausteine. Hier bieten sich

Kooperationen mit europäischen Partnern an. Projektbeteiligungen an den Programmen ADAPT und LEONARDO können die europäische Dimension der Strukturveränderungen des Arbeitsmarktes einbringen: Was bedeutet der Umbruch in der Automobilindustrie europaweit für die Flexibilität, Mobilität und Qualität der Arbeit?

Die Philosophie der Coaching Gesellschaft heißt „Konzepte für Menschen im Beruf“ und spiegelt damit die Breite des Angebotsspektrums wider. Alle Leistungen werden am externen Markt interessierten Unternehmen, Verwaltungen und Organisationen – auch außerhalb der Automobilindustrie – angeboten. Die fast 500 Mitarbeiterinnen und Mitarbeiter offerieren jedem ihrer Kunden ein maßgeschneidertes, innovatives Lösungskonzept, das die Anpassungsflexibilität seiner Organisation erhöhen und seine Führungs- und Mitarbeiterpotentiale besser zu Entfaltung bringen kann.

adler

Die Volkswagen-Woche

Zeitformen für das atmende Unternehmen

Im Mittelpunkt des tariflichen Beitrags zum atmenden Unternehmen steht als Weiterentwicklung der 4-Tage-Woche die Volkswagen-Woche. Atmen durch Zeit heißt maximale Gleitzeit am Tag, 28,8 bis 38,8 Stunden Atmungsspielraum pro Woche mit der Flexibilitätskaskade, Leistungsbeitrag zur Beschäftigungssicherung, Zeitsouveränität und das Zeitwertpapier „Beschäftigungsscheck" auch für den Mehrjahresausgleich. Hinzu kommt die Gestaltung der Lebensarbeitszeit mit Ausgebildeten- und Altersstafette sowie Blockzeiten und Wiedereinstieg. Die Volkswagen-Woche kann viele denkbare Zeitformen für das atmende Unternehmen einsetzen. Sie ist das Kernstück der Volkswagen-Tarifpolitik.

Der Ausgangspunkt

Volkswagen und die IG Metall – Bezirksleitung Hannover – als Vertragsparteien des Haustarifvertrages der Volkswagen AG sorgten Ende 1993 für erhebliches Aufsehen. In einem Verhandlungs-„Rekordlauf“ von nur vierzehn Tagen hatten die Verhandlungskommissionen die Vereinbarung zur Sicherung der Standorte und der Beschäftigung erzielt. Sie wurde unter dem Begriff 4-Tage-Woche bekannt.

Durch diese Vereinbarung wurde die tarifliche wöchentliche Arbeitszeit ab Januar 1994 von 36 Stunden auf 28,8 Stunden in der Woche – und damit um 20% – reduziert. Verbunden war dies mit einer Reduzierung des Jahreseinkommens der Beschäftigten. Durch ein kompliziertes Verrechnungs- und Zulagensystem konnte erreicht werden, daß die monatlichen Vergütungen auf dem Stand vom Oktober 1993 unverändert blieben; es entfielen jedoch die Sonderzahlung (13. Monatsentgelt) und der größte Teil des zusätzlichen Urlaubsgeldes. Die Veränderungen der tariflichen Bezahlungsstruktur führten im Ergebnis zu Personalkosteneinsparungen von rund 15% pro Jahr. Die aktuellen Beschäftigungsüberhänge wurden damit nicht durch die klassischen Personalanpassungsinstrumente (Kurzarbeit, Sozialplan und Massenentlassungen),

Das Modell der 4-Tage-Woche
Die Einkommensreduzierung 1993/1994

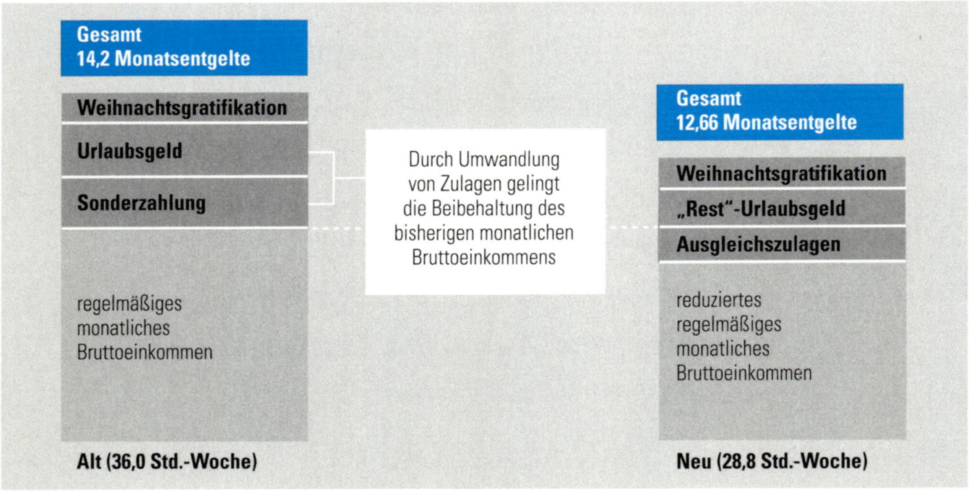

sondern durch das Prinzip „Kosten statt Köpfe" der weiterentwickelten Personalpolitik bewältigt.

Ausgangspunkt dieses neuen personalpolitischen Ansatzes war die Erkenntnis, daß die anhaltende Rezession und die Strukturprobleme in der Automobilindustrie neue beschäftigungspolitische Antworten erforderten. Die Notwendigkeit alternativer beschäftigungspolitischer Ansätze wird noch deutlicher, wenn man sich das damalige Beschäftigungsproblem von Volkswagen in Zahlen vor Augen hält: Für die Jahre 1994 und 1995 war ein Personalüberhang in den sechs Werken der Volkswagen AG von rund 30 000 Beschäftigten vorhanden; davon allein in 1994 rund 20 000 Beschäftigte.

Die Vereinbarung zur 4-Tage-Woche hat 20 000 Beschäftigungsverhältnisse gesichert; der darüber hinausgehende Personalüberhang konnte bewältigt werden durch die ergänzenden Modelle „Stafette Ausgebildete" und „Arbeitsfreie Blockzeiten" (einschließlich zum Vorruhestand führender struktureller Kurzarbeit), die im Mai 1994 tariflich vereinbart wurden.

Mit dem Tarifabschluß im Dezember 1993 hat Volkswagen die Öffentlichkeit überrascht und die Meinungen gespalten. Die deutschen und internationalen Reaktionen aus Politik, Wirtschaft, Verbänden, Wissenschaft und der interessierten Öffentlichkeit bewegten sich zwischen ausdrücklicher Zustimmung und radikaler Ablehnung. Das Volkswagen-Modell war zwar ausschließlich für die Bewältigung der eigenen Beschäftigungsprobleme entwickelt worden. Doch hatte es Auswirkungen weit über Volkswagen hinaus. In der Folgezeit entstanden vergleichbare und ähnliche Lösungsansätze in anderen Branchen, wie z. B. in der Metall- und Elektroindustrie der alten Bundesländer, in der Eisen- und Stahlindustrie oder im öffentlichen Dienst in den neuen Bundesländern.

Erfahrungen mit der 4-Tage-Woche

Die Umstellungsphase von der 36-Stunden-Woche in 1993 auf die 28,8-Stunden-Woche ab 1. Januar 1994 war sicherlich zeitintensiv, schwierig und problembehaftet. Da die Tarifvereinbarung nur die Dauer der tariflichen Wochenarbeitszeit definierte, im übrigen aber bei der Gestaltung der Arbeitszeitorganisation einen größtmöglichen Spielraum ließ, waren viele Verhandlungstermine in den Werken zwischen Werksmanagement und den örtlichen Betriebsräten erforderlich, bis die endgültigen Arbeitszeitmodelle einsetzen konnten. Bis zum Inkrafttreten der neuen Arbeitszeitmodelle wurden als Übergangsregelung in den sechs Werken provisorische Lösungen vereinbart. Überwiegend wurde die ohnehin geplante Betriebsruhe zwischen Weihnachten und Neujahr 1993 verlängert; darüber hinaus wurden – z. B. im Werk Wolfsburg, in dem die neuen Arbeitszeitmodelle am 4. April 1994 in Kraft traten – im 1. Quartal 1994 weitere Betriebsruhetage festgelegt.

Im Ergebnis wurde – speziell unter Berücksichtigung der unterschiedlichen Strukturen, Notwendigkeiten und betrieblichen Kapazitätsbedürfnisse – die 28,8-Stunden-Woche in zwölf Haupt-Arbeitszeitmodellen mit rund 150 kleineren Ableitungen umgesetzt. Diese reichten von reinen 4-Tage-Modellen – mit einem betrieblichen Kapazitätspuffer am freien Tag – über 5-Tage-Modelle mit täglich verkürzter Arbeitszeit bis hin zu Mehrfachbesetzungssystemen mit 24stündiger Betriebsnutzungszeit an fünf Tagen pro Woche. Wichtiger Vorteil für das Unternehmen war die Einsparung der Personalkosten, die durch die „4-Tage-Wochen"-Vereinbarung erzielt werden konnte. Jeder Beschäftigte profitierte von der Einführung der 4-Tage-Woche: Für die Laufzeit der Tarifvereinbarung wurden betriebsbedingte Kündigungen ausgeschlossen. Mit anderen Worten: die Belegschaft hatte eine – wenn auch nur befristete – tarifvertragliche Beschäftigungsgarantie.

Der Wert eines sicheren Arbeitsplatzes in der heutigen Zeit ist nicht hoch genug einzuschätzen. Wichtig für die weitere Diskussion war auch die Akzeptanz des Volkswagen-Modells in der Öffentlichkeit.

Eine von der Gesellschaft für Sozialforschung und statistische Analysen mbH (FORSA) im Juni 1995 durchgeführte Befragung von insgesamt 1001 repräsentativ ausgewählten Personen in ganz Deutschland kam zu folgenden Ergebnissen:

Die Frage, ob das Volkswagen-Modell (Arbeitszeitverkürzung und Einkommensverzicht) generell geeignet sei, um Arbeitsplätze zu sichern und zu erhalten, wurde

- von 51% der Befragten bejaht,
- von 29% der Befragten verneint und
- von 20% der Befragten mit „weiß nicht" beantwortet.

Überdurchschnittlich häufig äußerten Beamte (60%) und Selbständige (58%), das Volkswagen-Modell sei generell anwendbar. Skeptischer als der Durchschnitt in bezug auf eine generelle Anwendbarkeit des Modells waren Arbeiter (43%) und Angestellte (48%).

Auf die Frage nach der persönlichen Bereitschaft, weniger zu arbeiten und auf einen Teil des Lohnes oder Gehaltes zu verzichten, wenn dadurch Arbeitsplätze erhalten und gesichert werden, antworteten

- mehr als die Hälfte (52%) der Befragten mit „ja",
- 38% der Befragten mit „nein" und
- lediglich 10% der Befragten mit „weiß nicht".

Die positiven Erfahrungen spiegeln sich gleichfalls in den Ergebnissen einer Befragung von rund 2600 repräsentativ ausgewählten VW-Beschäftigten an den Standorten Wolfsburg, Emden und Braunschweig wider, die vom Institut für Soziologie der Universität Erlangen – Nürnberg im Rahmen eines Projektes im Zeitraum Mai/Juni 1995 durchgeführt wurde. Das Projekt diente auch zur Vorbereitung der Anschluß-Tarifverhandlungen.

Zufriedenheit mit der 28,8-Stunden-Woche
Beschäftigtenbefragung Volkswagen AG

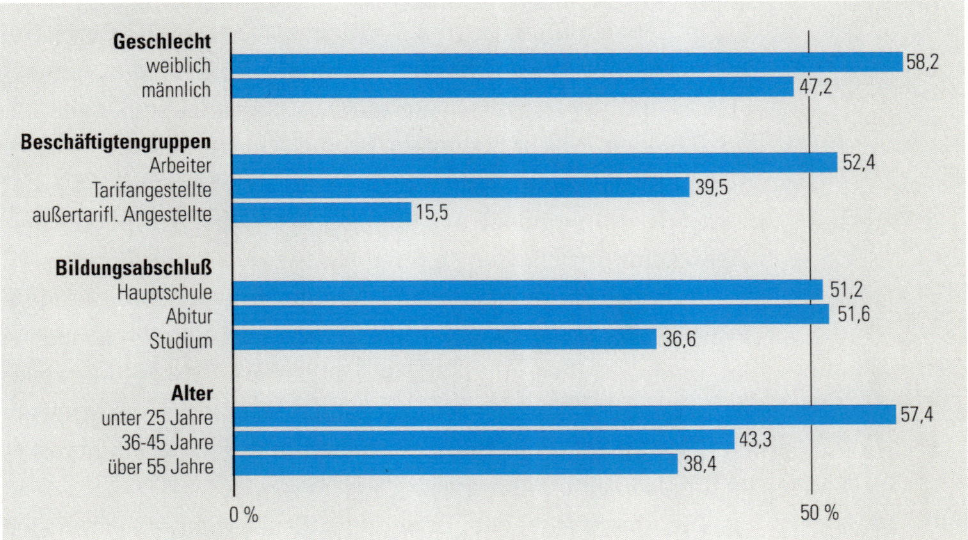

Institut für Soziologie, Universität Erlangen/WSI, Düsseldorf

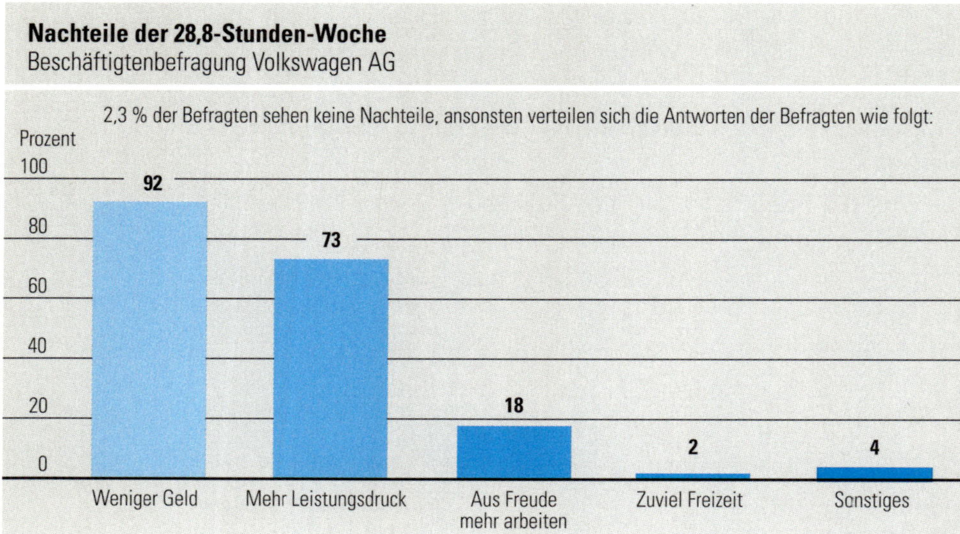

Institut für Soziologie, Universität Erlangen/WSI, Düsseldorf

Auf die Frage nach der Zufriedenheit mit der 28,8-Stunden-Woche äußerte sich knapp die Hälfte der Befragten (48,6%) mit „zufrieden" bzw. „sehr zufrieden", während ein gutes Drittel (34,7%) die Frage mit „teils/teils" beantwortete und sich lediglich 16,6% mit der 28,8-Stunden-Woche „unzufrieden" bzw. „sehr unzufrieden" zeigten. Als wesentliche Vorteile der 28,8-Stunden-Woche sehen die Befragten erwartungsgemäß die Beschäftigungssicherung (74%), gefolgt von „Mehr Zeit für die Familie" (61,4%) und „Mehr Freizeit" (60,6%). Auffällig ist, daß insbesondere bei den Beschäftigten im Produktionsbereich der Faktor „Mehr Freizeit" einen hohen Stellenwert hat. Lediglich 13% der Befragten – vornehmlich aus den höheren Gehaltsgruppen – vermögen keine Vorteile der 28,8-Stunden-Woche zu benennen.

Auf die Frage nach den „Nachteilen der 28,8-Stunden-Woche" wird – ebenfalls erwartungsgemäß – der damit verbundene Einkommensverlust am häufigsten angeführt (92,3%). Als weiterer gewichtiger Nachteil wird erhöhter Leistungsdruck angegeben (73,4%). 2,3% der Befragten sehen in der 28,8-Stunden-Woche für sich keine Nachteile.

Die überraschendste Erkenntnis dieser Umfrage ergab sich aus der Analyse, welche Einflußfaktoren sich auf das Antwortver-

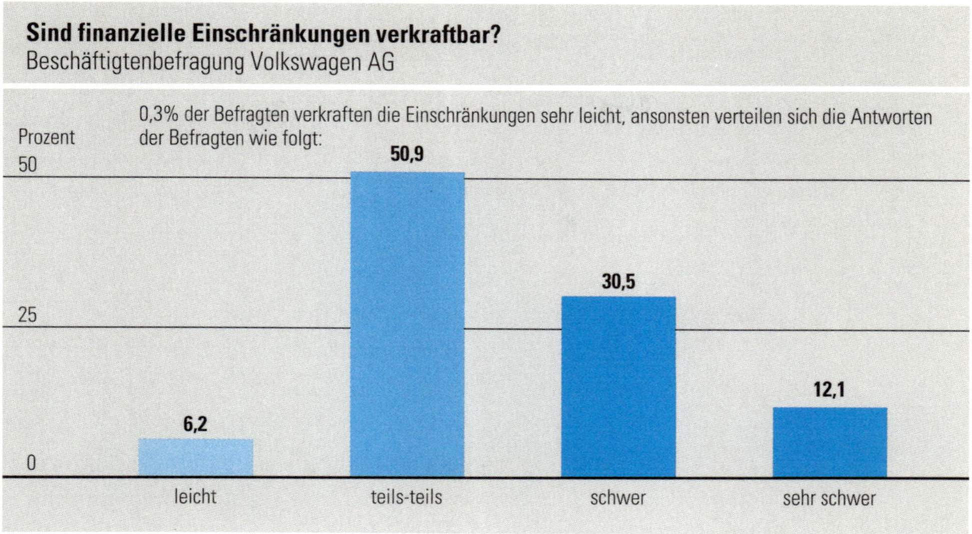

Institut für Soziologie, Universität Erlangen/WSI, Düsseldorf

halten zur Zufriedenheit mit der 28,8-Stunden-Woche ausgewirkt haben. Da die Einführung der 28,8-Stunden-Woche mit Einbußen beim Jahreseinkommen von rund 15% verbunden war, lag die Annahme nahe, daß sich die Unzufriedenen vornehmlich aus den unteren Lohn- und Gehaltsgruppen bzw. aus Haushalten mit einem eher unterdurchschnittlichen Haushaltseinkommen rekrutieren. Das Gegenteil ist jedoch der Fall. Je höher das Haushaltsnettoeinkommen bzw. je höher die Eingruppierung ist, desto höher ist die Unzufriedenheit mit der 28,8-Stunden-Woche. Dies wiederum bedeutet allerdings auch, daß gerade die Beschäftigten im unteren und mittleren Einkommensbereich das Volkswagen-Modell besser akzeptieren.

Aus den Umfrageergebnissen war erkennbar, daß der ab 1994 eingeschlagene Volkswagen-Weg in den Augen der Bevölkerung generell im Sinne einer Beschäftigungspolitik mehr und mehr als geeignete Handlungsalternative gesehen und auch von der VW-Belegschaft getragen wird. Dies war eine Basis, auf der man vom Grundsatz her für die Tarifverhandlungen aufbauen konnte.

Andererseits waren aus Unternehmenssicht die Erfahrungen mit der 28,8-Stunden-Woche wie auch die Unternehmenssituation zu berücksichtigen. Eine wichtige Erkenntnis der ersten eineinhalb Jahre mit der 28,8-Stunden-Woche war, daß die betrieblichen Arbeitszeitmodelle zwar zum überwiegenden Teil einen Kapazitätspuffer enthielten, eine flexible Nutzung dieser Reserven aber überwiegend nur mit dem Medium Mehrarbeit umgesetzt werden konnte. Hier galt es – als Ausgangspunkt für die Tarifverhandlungen 1995 – anzusetzen und im Sinne des atmenden Unternehmens beherrschbare und kostengünstige flexible Rahmenbedingungen zu vereinbaren.

Die Analyse der aktuellen Unternehmenssituation im Markt und im Wettbewerb – die entscheidende Basis für die unternehmensseitige Positionierung für die Tarifverhandlungen – zeigte zwar, daß sowohl die bisherigen Beschäftigungssicherungsvereinbarungen als auch die sie begleitenden Unternehmensmaßnahmen zur Konsolidierung und zum „turnaround" bei Volkswagen beigetragen hatten. Eine kritische Beurteilung führte aber auch zu der Feststellung, daß Volkswagen insgesamt erst etwa 20% des Weges der Wende zum Erfolg zurückgelegt hatte.

Von einer Bewältigung oder Überwindung der Strukturkrise konnte keine Rede sein. Dafür waren und sind die Wettbewerbsnachteile noch zu groß, die Auftragseingänge zu labil, die währungsbedingte Gefährdung ganzer Märkte zu akut und die Gewinne zu unbefriedigend.

Im Zusammenhang mit dem Zurücklegen des weiteren Konsolidierungsweges wird es vielmehr erforderlich sein, weitere Produktivitätsfortschritte und Steigerungen der Effizienz zu realisieren. Neue Produkte, die Volkswagen in den nächsten Jahren auf den Markt bringen wird, werden in kürzerer Zeit und mit geringeren Kosten produziert und vertrieben werden müssen. Die vom Unternehmen forcierten Maßnahmen – insbesondere Plattform- und Sourcingstrategien – werden erst bei neuen Produkten mit voller Wirkung greifen. Aus diesem Grund stand fest, daß das Beschäftigungsniveau mittelfristig weiter abnehmen und im überschaubaren Zeitraum der nächsten zwei Jahre in der Volkswagen AG um weitere Beschäftigte zurückgehen wird. Das Dramatische hieran war, daß hierbei schon die Fortführung der 28,8-Stunden-Woche unterstellt worden war. Vor diesem Hintergrund war der zur Verfügung stehende Verteilungsspielraum für die Tarifverhandlungen gleich Null. Eine Besonderheit gegenüber der Verhandlungssituation von 1993 bestand darin, daß die Verhandlungen von vornherein auf zwei Verhandlungsschwerpunkte hinausliefen: Erhöhung der Entgelte und Beschäftigungssicherung.

Die Entgelttarifverträge hatten eine Laufzeit bis zum 31. Juli 1995 und waren zu diesem Termin mit einmonatiger Kündigungsfrist kündbar. Bereits im Vorfeld der Verhandlungsrunde war erkennbar, daß die IG Metall die Verträge kündigen würde, nicht zuletzt wegen des aus ihrer Sicht „erfolgreichen" Abschlusses aus dem Frühjahr in der Metall- und Elektroindustrie. Aber auch die bisherige Entgeltentwicklung bei Volkswagen in den letzten drei Jahren bot Anlaß zu dieser Annahme. Die Tarifvertragsparteien hatten 1994 zwar eine Entgelttarifverhandlung geführt und eine 1%ige Tariferhöhung ab 1. August 1994 vereinbart. Die Realeinkommen blieben jedoch unverändert, weil zum gleichen Zeitpunkt die im Zusammenhang mit der „4-Tage-Wochen"-Vereinbarung als sogenannter „Vorgriff auf die '94er Tarifrunde" vereinbarte 1%ige Zulage entfallen war.

Läßt man die mit der Einführung der 4-Tage-Woche eingetretene Jahreseinkommensreduzierung außer Betracht, so muß man als Ausgangspunkt doch konstatieren: Die letzte Tariferhöhung bei Volkswagen hatte im November 1992 stattgefunden und lag damit fast drei Jahre zurück. Seit dieser Zeit hatte sich das Monatsbruttoeinkommen der Beschäftigten nicht geändert.

Berücksichtigt man allein die Veränderungen seit 1993 in der Sozialversicherung (Anhebung der Beitragsbemessungsgrenzen, Veränderungen der Beitragssätze und Einführung der Pflegeversicherung) und die Einführung des Solidaritätszuschlages, so hatten sich von Januar 1993 bis Januar 1995 die Monatsnettoeinkommen bei Verheirateten im gewerblichen Bereich um rund 3,25% und im Angestelltenbereich um 4,5% reduziert; die entsprechenden Werte bei Ledigen lagen sogar bei rund 4,5% und rund 6,2%.

Es war daher allen Beteiligten klar, daß angesichts dieser Entwicklung seitens der IG Metall – und seitens der Belegschaft – der Einkommensentwicklung eine gewisse Priorität beigemessen wurde. Dies war im übrigen bereits in der Entgeltrunde 1994 angekündigt worden.

Das andere Schwerpunktthema der Verhandlungen bestand in der Fortführung, Erneuerung und Verlängerung der Beschäftigungssicherungsvereinbarung. Zwar hatten die Vereinbarungen zur Sicherung der Standorte und der Beschäftigung eine Mindestlaufzeit bis zum 31. Dezember 1995 und waren erstmals mit dreimonatiger Kündigungsfrist zu diesem Termin kündbar. Zwischen den Tarifvertragsparteien bestand aber auf Vorschlag des Unternehmens frühzeitig Einvernehmen, beide Themenkomplexe zusammen in der Tarifrunde 1995 zu verhandeln. Hierfür gab es mehrere Gründe: Zum einen hatte der Komplex „Beschäftigungssicherung" auch für das Unternehmen eine hohe Priorität. Ursache hierfür war nicht zuletzt das bereits erwähnte erkennbare weitere Beschäftigungsproblem.

Zum anderen beinhaltete die 1993 getroffene Vereinbarung Kostenbestandteile (z. B. den sogenannten „VW-Beitrag" = Zulage 3) bzw. verursachte Folgekosten (sogenannte Remanenzkosten) aus der Beschäftigung von 20 000 Menschen, die unternehmensseitig als Belastungen im Tarifergebnis Berücksichtigung finden mußten.

Vor dem Hintergrund dieser vielschichtigen Ausgangssituation stand für die Unternehmensseite bereits im Vorfeld fest, daß die Tarifrunde '95 bei Volkswagen „Mega-Verhandlungen" werden würden, die nur im Rahmen eines Gesamtpaketes zu bewältigen waren.

Darüber hinaus stand fest, daß auch die weiteren Anpassungsmaßnahmen letztlich dem Ziel der Sicherung der Standorte und damit der Beschäftigung dienen, aber Geld kosten. Die hierfür aufzubringenden finanziellen Mittel standen ebenfalls nicht als Verteilungsmasse zur Verfügung und mußten daher finanziert werden.

Die Verhandlungen konnten nur dann erfolgreich sein, wenn die Bestandteile des Gesamtpaketes nach dem Prinzip kommunizierender Röhren be- und verhandelbar waren. Dies setzte allerdings eine entsprechende Verhandlungsbereitschaft und ein diesbezügliches Rollenverständnis beider Seiten voraus. Anderenfalls würden die Tarifvertragsparteien wie zwei D-Züge auf einem Gleis aufeinanderzurasen und unweigerlich zusammenstoßen.

Volkswagen-Tarifkonzept:
Leistung auslösen – Sicherheit einlösen

Um den absoluten Crash zu verhindern, wurde von Volkswagen ein Gesamttarifkonzept erarbeitet. Prägendes Grundelement des Tarifkonzeptes war der feste Wille, Arbeit und Entgelt an den Standorten der Volkswagen AG sicherer zu machen. Wettbewerbsfähigkeit, Standortsicherung und soziale Verantwortung waren die klaren Kenngrößen des Tarifszenarios. Hieraus wurden Programmsätze formuliert, die sich als roter Faden durch das gesamte Volkswagen-Tarifkonzept zogen und wie folgt zusammengefaßt werden können:

Beschäftigungsprogramm Nummer 1:

- „Wettbewerbsfähigkeit im Weltmaßstab – jedes Auto in 14 Tagen beim Kunden."
- Nicht das Unternehmen, sondern die Kunden sind entscheidend: Beim Kunden muß die Rechnung – im wahrsten Sinne des Wortes – aufgehen.
- Wie attraktiv auch immer ein Produkt ist: Eine Rechnung „teurer, schlechter und langsamer als andere" kann nicht aufgehen.
- Der entgangene Kunde gehört der Vergangenheit an, dies ist der VW-Maßstab.

Dafür braucht Volkswagen die Weiterentwicklung der 28,8-Stunden-Woche zur Volkswagen-Woche.

Beschäftigungsprogramm Nummer 2:

- „Standort Deutschland – keine nachhaltige Vergrößerung des Kostenabstandes".
- Volkswagen will in Deutschland Autos entwickeln und bauen. Gerade deshalb darf man vor der Realität nicht die Augen verschließen: Der Arbeitskostenabstand zu anderen in Europa – ganz zu schweigen im Weltvergleich – ist so groß, daß er nur schwer zu verringern ist.
- Die Wettbewerbslage der deutschen Standorte darf sich nicht nachhaltig verschlechtern, sondern muß sich verbessern.
- Volkswagen braucht Verbesserungen insbesondere auf dem Produktivitätssektor. Dies ist auch durch tarifliche Weiterentwicklungen erreichbar und zumutbar, ohne „den Beschäftigten in die Geldbörse greifen zu müssen".

Beschäftigungsprogramm Nummer 3:

- „Fortsetzung und Erneuerung des gemeinsam begonnenen Volkswagen-Weges".
- Volkswagen weiß um seine regionale Bedeutung als Arbeitgeber und ist sich seiner sozialen Funktion und Verantwortung als Großunternehmen bewußt.
- Beschäftigungssicherung als seriöse und verantwortliche Wahrnehmung von sozial- und gesellschaftspolitischen Funktionen erfordert im Rahmen der Zumutbarkeit Beiträge von allen Beteiligten.
- Dies gilt insbesondere und erneut für eine Fort- und Weiterentwicklung des 1993 gemeinsam eingeschlagenen Volkswagen-Weges mit einer Verlängerung der Beschäftigungsgarantie.

Aus diesen Gründen und angesichts der Komplexität der notwendigen Gesamtkonzeption bereitete sich das Unternehmen „stabsmäßig" auf die Verhandlungen vor. Das Gesamtkonzept zu den Schwerpunkten „Erneuerung der Beschäftigungssicherung" und „Entgelterhöhung" bestand aus insgesamt acht Themenfeldern. Das Unternehmen war überzeugt, daß eine unvoreingenommene und verantwortungsbewußte Verhandlung aller Themenfelder die Möglichkeit bieten würde, sowohl eine Erneuerung

Die Elemente der Tarifrunde 1995

der Beschäftigungssicherung als auch eine angemessene Entgelterhöhung verabreden zu können.

Bei den einzelnen Themenfeldern handelte es sich zum Teil um Überlegungen zur Weiterentwicklung der bisherigen Vereinbarungen (z. B. Volkswagen-Woche und Ausbau der Gleitzeit). Zum Teil jedoch auch um personalpolitische Neuerungen, die 1993 als Rohkonzepte oder als Visionen vorhanden gewesen sind, in der Zwischenzeit aber zu verhandlungsfähigen Bausteinen entwickelt worden waren (z. B. Stafette für Ältere und Beteiligungsrente).

Die Tarifverhandlungen

Die offizielle Tarifrunde wurde eröffnet mit der fristgemäßen Kündigung der Entgelttarifverträge seitens der IG Metall. Im Kündigungsschreiben erklärte die IG Metall ihre Zustimmung, „die Verhandlungen über Entgelte und die Beschäftigungssicherung miteinander zu verbinden“ und sprach ihr Einverständnis aus, „die Vereinbarungen zur Sicherung der Standorte und der Beschäftigung bei Volkswagen – auch ohne ausdrückliche Kündigung – voll inhaltlich zum Verhandlungsgegenstand der Tarifrunde 1995 ab August zu machen“.

Die Kündigung war verbunden mit folgenden Forderungen:

- „1. Erhöhung der Löhne und Gehälter um 6% bei einer Laufzeit von zwölf Monaten ab 1. August 1995.
- 2. Erhöhung der Ausbildungsvergütungen ab 1. August 1995 Anbindung an das Entgeltniveau F
  im 1. Ausbildungsjahr in Höhe von 37%
  im 2. Ausbildungsjahr in Höhe von 37,5%
  im 3. Ausbildungsjahr in Höhe von 38,5%
  im 4. Ausbildungsjahr in Höhe von 40,5%
  Laufzeit: 12 Monate
- 3. Fortführung des Tarifvertrages Vermögenswirksame Leistungen um fünf Jahre ab 1. Januar 1995.
- 4. Fortführung des Beschäftigungssicherungsvertrages.“

Die Tarifrunde 1995 stand unter dem Motto:
Leistung auslösen – Sicherheit einlösen

LEISTUNG AUSLÖSEN SICHERHEIT EINLÖSEN
PERSONALPOLITIK IN DER VOLKSWAGEN - WELT

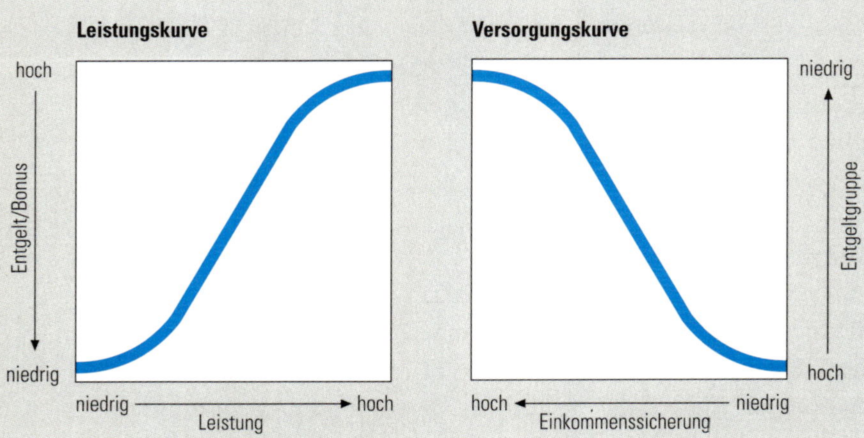

Unmittelbar nach dem Werksurlaub begannen am 9. August die Verhandlungen. Dem ersten Verhandlungstermin folgten im Wochenrhythmus weitere, zum Teil doppeltägige Verhandlungsrunden, ehe in der sechsten Verhandlung am 11. und 12. September ein Verhandlungsergebnis erzielt werden konnte.

Die erste Verhandlung war – neben der Forderungsbegründung durch die IG Metall und der Darstellung der wirtschaftlichen Umfeld- und Unternehmenssituation durch die VW-Tarifkommission – insbesondere geprägt von der Präsentation und ausführlichen Erläuterung des Volkswagen-Tarifkonzeptes „Leistung auslösen – Sicherheit einlösen". Dieser wohl einmalige Vorgang, daß die Arbeitgeberseite nicht mit einem Tabu- oder Abwehrkatalog, sondern mit einem in sich schlüssigen inhaltlichen Konzept offensiv in Tarifverhandlungen hineingeht, hatte die IG Metall offensichtlich in eine für sie ungewohnte Rolle gebracht.

So war die erste Reaktion zwar verhalten, aber positiv: „VW legt Themenkatalog vor: Kein Angebot – aber ein erster Schritt. Positiv ist, daß VW das System der Beschäftigungssicherung fortführen will. Doch klar sein muß, daß die Bedingungen für die Beschäftigten stimmen müssen" (so die Metall-Nachrichten Nr. 4 vom 14. August 1995). Die IG Metall sah sich durch das unternehmensseitige Vorgehen veranlaßt, zu Beginn der zweiten Verhandlung ihrerseits konzeptionell die aus ihrer Sicht zum „Gesamtsystem der Beschäftigungssicherung" zählenden Themenfelder darzustellen und zu erläutern. Es zeigte sich hierbei, daß die von beiden Seiten bezeichneten Themenfelder in vielen Punkten deckungsgleich waren.

Im Verlaufe der Verhandlungen stellte sich aber bald heraus, daß die sich hinter den Themenfeldern verbergenden strategischen Lösungsansätze der Verhandlungsparteien zum Teil äußerst gegensätzlich und kontrovers waren. Dies liegt sicherlich in der Natur des Tarifgeschäfts, zumindest im Sinne des tradierten Rollenverständnisses. Es läßt sich aber offensichtlich auch dann nicht vermeiden, wenn beide Seiten in Verhandlungen stehen und sich zu Anfang darauf verständigen, „mit offenem Visier" zu verhandeln und die sachliche Arbeit in den Vordergrund zu stellen.

Aus der Vielzahl der beiderseitig eingebrachten Themenfelder gab es einige, die sich im weiteren Verlauf der Verhandlungen alsbald als schnell einigungsfähig herauskristallisierten, dies allerdings immer unter dem beiderseitigen Vorbehalt einer Gesamteinigung. Hierzu zählten die komplexe „Wiedereinstellungszusage, Kurzarbeit, Stafette für Ältere" und die Vereinbarung „über die Festsetzung eines Versorgungsaufwandes für eine betriebliche Zusatzversorgung (Beteiligungsrente)".

Bei den meisten Themenkomplexen schienen die Meinungsverschiedenheiten dagegen kaum überbrückbar. Die gegensätzlichen Positionen hierzu traten unmittelbar zu Beginn der Verhandlungen zutage. Der Prozeß des Argumentierens, des Die Gegenseite-Überzeugen-Wollens und Verhandelns zog sich bis zum Schluß wie ein roter Faden durch die Verhandlungsrunden. Diese Themenbereiche waren im wesentlichen folgende:

1. Die Laufzeit und der Rechtscharakter einer neuen Vereinbarung zur Sicherung der Standorte und der Beschäftigung mit den Kerninhalten „28,8-Stunden-Woche" und „Ausschluß betriebsbedingter Kündigungen": Die IG Metall hatte gefordert, eine möglichst unbefristete, zumindest eine erheblich längere (als die bisherige zweijährige) Laufzeit zu vereinbaren und den bisherigen Charakter der 28,8-Stunden-Woche als Sondertarifvertrag aufzugeben. Das hätte bedeutet, daß die 28,8-Stunden-Woche – rechtlich gesehen – die normale tarifliche Arbeitszeit geworden wäre und der sogenannte „Schattentarifvertrag", d.h. u.a. die 35-Stunden-Woche, entfallen wäre. Diese Forderungen waren für die Unternehmensseite aus verschiedenen Gründen absolut nicht akzeptabel.

2. Die Voraussetzungen und die Bedingungen der Einbindung des Samstags in eine flexible Volkswagen-Woche: Um dem dem Volkswagen-Tarifkonzept zugrundeliegenden Beschäftigungsprogramm Nr. 1 „Jedes Auto in 14 Tagen beim Kunden" gerecht werden zu können, hatte das Unternehmen gefordert, bei Bedarf und werksindividuell planbar auch an Samstagen produzieren zu können, wenn entsprechende Kapazitäten an den anderen Werktagen nicht zur Verfügung stehen bzw. ausgeschöpft sind. Entgegen der Darstellung in den Medien hatte das Unternehmen den Samstag nicht als Regelarbeitstag gefordert. Ledig-

lich eine begrenzte Anzahl von Samstagen sollte für das atmende Unternehmen in der Flexibilitätskaskade und der Volkswagen-Woche genutzt und die Zuschläge dafür vermindert werden. Das Verhandlungsergebnis enthält hierzu einen aus Unternehmenssicht akzeptablen Kompromiß.

3. Der Beitrag der Beschäftigten an den Kosten der Beschäftigungssicherung: Da die Beschäftigungssicherungsvereinbarung von 1993 sowohl Kostenbestandteile für Volkswagen enthielt (sogenannter „VW-Beitrag“ = Zulage 3) als auch Folgekosten verursachte (sogenannter Remanenzkosten) und darüber hinaus weitere kostenverursachende Personalanpassungsmaßnahmen erkennbar waren, hatte die Unternehmensseite im Rahmen des Gesamtpaketes einen Beitrag der Beschäftigten gefordert.

Dieser sollte nicht aus einem „Griff in die Geldbörse“ bestehen, sondern für alle Beschäftigungsgruppen aus einer gleichartigen und gleichwertigen nachhaltigen Produktivitätssteigerung: Im Leistungslohn durch Entfall bezahlter Pausen und im Zeitlohn/Gehalt durch eine entsprechende kostenneutrale Mehrleistung bzw. längere Arbeitszeit. Auch hierzu hat es im Verhandlungsergebnis nach langem und zähem Ringen eine akzeptable Kompromißformel gegeben.

4. Die Übernahme der Ausgebildeten: Volkswagen hatte in der Vergangenheit immer über Bedarf ausgebildet, den Auszubildenden eine Spitzenvergütung gezahlt, die Ausgebildeten ausnahmslos in ein unbefristetes Arbeitsverhältnis übernommen und damit einen ständig wachsenden Kostenbedarf bei schrumpfendem Personalbedarf für Altersregelungen übernehmen müssen. Das Unternehmen hat daher u.a. gefordert, die ausnahmslose Praxis der unbefristeten Übernahme zu lockern und die Übernahme zukünftig stärker von der während der Ausbildung nachgewiesenen Eignung für die Automobilindustrie abhängig zu machen. Dieser – sicherlich sozial- und gesellschaftspolitisch brisante – Themenkomplex hat im Tarifergebnis einen sachgerechten Niederschlag gefunden.

Das Tarifergebnis

In der Nacht vom 11. auf den 12. September 1995 konnte zwischen den Tarifvertragsparteien ein Ergebnis zum Gesamtpaket der Tarifrunde '95 erzielt werden. Für das Verhandlungsergebnis war eine Erklärungsfrist bis zum 28. September 1995 vereinbart. Beide Parteien haben innerhalb dieses Zeitraumes die Annahme des Verhandlungsergebnisses erklärt. Alle Bestandteile des Volkswagen-Tarifkonzeptes „Leistung auslösen – Sicherheit einlösen" haben Eingang in das Tarifergebnis gefunden.

Wesentliche Kostenfaktoren der Tarifverhandlungen 1995

Belastung

- Erhöhung der Entgelte
- Beschäftigungssicherung
- Stafette für Ältere
- Übernahme der Ausgebildeten
- Einführung der Beteiligungsrente

Entlastung

- Leistungsbeitrag der Belegschaft
- Volkswagen-Woche
- Reduzierung von Samstagszuschlägen
- Reduzierung von Mehrarbeitszuschlägen
- Entfall der vermögenswirksamen Leistungen

Da die Tarifeinigung '95 zwischen Volkswagen und der IG Metall – sowie die im Nachgang hierzu mit den ebenfalls im Hause vertretenen Gewerkschaften Deutsche Angestellten Gewerkschaft (DAG) und Christliche Gewerkschaft Metall (CGM) inhaltsgleichen Abschlüsse – insgesamt aus einer Vielfalt von neuen Tarifregelungen besteht, sollen die ab 1. Januar 1996 bei Volkswagen geltenden aktuellen Tarifbedingungen nachfolgend dargestellt werden. Der Schwerpunkt des Tarifergebnisses ist die Fortführung des ab 1994 begonnenen Systems der Beschäftigungssicherung.

Ausschluß betriebsbedingter Kündigungen

Für die Zeit ab 1. Januar 1996 hat die 28,8-Stunden-Woche als Maßnahme zur Beschäftigungssicherung weiterhin Gültigkeit. Die Fortführung der 28,8-Stunden-Woche ist wie bisher gekoppelt mit einem grundsätzlichen tarifvertraglichen Ausschluß von betriebsbedingten Kündigungen. Im Gegensatz zur Vorgängervereinbarung, die sich mit dem Satz „Für die Laufzeit der Vereinbarung sind betriebsbedingte Kündigungen ausgeschlossen" begnügte, definiert die neue Beschäftigungssicherungsvereinbarung – neben dem grundsätzlichen Kündigungsausschluß im zitierten Sinne – selbst die zulässigen Ausnahmen.

Es wurde vereinbart, daß der Ausschluß betriebsbedingter Kündigungen nicht gilt für betriebsbedingte Beendigungskündigungen in Verbindung mit sozialverträglichen Maßnahmen wie z. B. Altersregelungen durch Sozialplan und sonstigen Abfindungsregelungen. Durch diese Vertragsklausel ist sichergestellt, daß auch zukünftig erforderliche Personalanpassungsmaßnahmen im Rahmen der gesetzlichen Bestimmungen in der für beide Arbeitsvertragsparteien, Volkswagen und Mitarbeiter, praktikabelsten Form realisiert werden können.

Darüber hinaus ist vereinbart worden, daß mit Zustimmung des Betriebsrates im Einzelfall auch betriebsbedingte Änderungskündigungen zulässig sind. Insbesondere diese Vertragsklausel gewährleistet die mit einer Beschäftigungssicherung verbundene und unmittelbar daraus resultierende notwendige Personalflexibilität und -mobilität. Entsprechende Erfahrungen liegen seit Anfang 1994 vor. Da die Personalüberhänge, die Ende 1993 Motiv und Basis für den ersten Beschäftigungssicherungsvertrag vom Dezember '93 waren, nicht gleichmäßig auf die sechs Standorte verteilt waren, mußten personelle Engpässe durch Umsetzungen und Versetzungen ausgeglichen werden. Dies betraf insbesondere das Nutzfahrzeugwerk in Hannover, in dem als Folge einer verstärkten Kundennachfrage vorübergehend ein nicht unerheblicher Personalbedarf entstand.

Durch Umsetzungen und Versetzungen aus anderen Standorten waren seit Ende 1994 rund 1240 Mitarbeiter und Mitarbeiterinnen aus den Standorten Wolfsburg, Salzgitter, Emden und Braunschweig in Hannover tätig; davon allein insgesamt rund 550 Ausgebildete, denen nach ihrer Ausbildung unternehmensseitig ein Arbeitsverhältnis unmittelbar in Hannover angeboten wurde. Umsetzungen und Versetzungen, auch das haben die Erfahrungen gezeigt, sind in der Praxis nicht immer problemlos zu realisieren. Sie sind aber erforderlich, um überhaupt ein System der Beschäftigungssicherung einführen und aufrechterhalten zu können. Aus diesem Grund muß der notwendige Flexibilitäts- und Mobilitätsrahmen vorhanden sein. Dazu gehört – quasi als letztes Mittel – auch das arbeitsrechtliche Instrument betriebsbedingter Änderungskündigungen. Selbst wenn man das Instrument nicht anwenden will, so dürfen betriebsbedingte Änderungskündigungen nicht von vornherein ausgeschlossen sein.

Charakter der Beschäftigungssicherung

Wichtige Aspekte im Zusammenhang mit der Vereinbarung der Beschäftigungssicherung waren natürlich die Fragen der möglichen Laufzeit sowie des tariflichen Charakters der getroffenen Vereinbarungen. Beide Gesichtspunkte sind deshalb von eminenter Bedeutung, weil die Beschäftigungssicherungsvereinbarungen alt und neu mit einem tarifvertraglichen Ausschluß betriebsbedingter Kündigungen verbunden sind und das Eingehen von vertraglichen Beschäftigungsgarantien – gerade in der heutigen Zeit – sehr wohl überlegt und abgewogen sein muß und nur für einen überschaubaren und planbaren Zeitraum seriös in Frage kommen kann. Es existieren klare vertragliche Bestimmungen. Die neue Beschäftigungssicherungsvereinbarung ist am 1. Januar 1996 in Kraft getreten und kann „mit einer Frist von drei Monaten zum Jahresende, erstmals zum 31. Dezember 1997, gekündigt werden".

Des weiteren haben die Tarifvertragsparteien – neben einer unverzüglichen Verpflichtung zur Aufnahme von Verhandlungen über eine Nachfolgeregelung im Falle einer Kündigung – in § 7.3 der neuen Beschäftigungssicherungsvereinbarung folgendes festgelegt: „Kommt eine Einigung (Anmerkung: über eine Anschlußregelung) nicht zustande, so endet die Nachwirkung dieser Tarifvereinbarung jeweils sechs Monate nach Ablauf der Vereinbarung, frühestens am 30. Juni 1998. In diesem Fall treten die normalen tariflichen Regelungen (einschließlich § 4.1 dieser Vereinbarung) in ihrer dann gültigen Fassung in Kraft".

Aus diesen Vertragsbestimmungen zur Vertragsdauer folgt, daß die neue Beschäftigungssicherungsvereinbarung – rechtstechnisch gesehen – eine zunächst auf Dauer angelegte Regelung darstellt. Gegenüber einer rein befristeten Regelung, die in der Regel nur für einen bestimmten Zeitraum Gültigkeit beansprucht, ergibt sich das allein aus der Tatsache, daß die Vereinbarung selbst keinen bestimmten Endtermin enthält, sondern ihre Beendigung ein Tätigwerden einer der Vertragsparteien, nämlich eine Kündigung, voraussetzt.

Durch die vertraglich eingeräumte Möglichkeit der Kündigung und speziell durch die Klausel, nach der im Falle der Nichteinigung über eine Anschlußregelung die normalen tariflichen Regelungen wieder in Kraft treten, wird jedoch klargestellt, daß die Beschäftigungssicherungsvereinbarung mit ihren Vertragsinhalten – rechtlich gesehen – in Wahrheit keine normale tarifvertragliche Dauerregelung ist. Sie stellt vielmehr eine unter einer auflösenden Bedingung stehende und mit einer zeitlichen Kündigungsbeschränkung versehene Tarifvereinbarung mit besonderen Arbeitszeit- und Bezahlungsregelungen dar. Sie kann im Zweifel von jeder Seite einseitig beendet werden und hat daher im weitesten Sinne befristeten Charakter. Der Sondercharakter der Bestimmungen der neuen Beschäftigungssicherungsvereinbarung gegenüber den „normalen" tariflichen Verträgen ergibt sich auch aus § 6. Hiernach gelten die Bestimmungen der übrigen Tarifverträge weiter, soweit in dieser Vereinbarung nichts anderes bestimmt ist. Diese in der neuen Beschäftigungssicherungsvereinbarung gewählte Rechtskonstruktion und -qualität entspricht im übrigen der Vorgängervereinbarung von 1993.

Auch hier hatten sich die Tarifvertragsparteien – allerdings mit anderen zeitlichen Daten – geeinigt, daß die Vereinbarung nach ihrem Inkrafttreten mit einer Frist von drei Monaten zum Jahresende, erstmals zum 31. Dezember 1995, gekündigt werden kann und die normalen tariflichen Regelungen sechs Monate nach Ablauf der Vereinbarung wieder in Kraft treten, wenn in diesem Zeitraum zwischen den Parteien eine Nachfolgeregelung nicht zustande gekommen ist.

Ebenso wie die alte Vereinbarung enthält die neue Beschäftigungssicherungsvereinbarung also besondere tarifvertragliche Arbeitszeit- und Bezahlungsregelungen und verbindet dies mit einer vertraglichen Beschäftigungsgarantie für einen überschaubaren und vertretbaren Zeitraum von zweieinhalb Jahren. Je nach Entwicklung bietet die gewählte und bewährte Vertragskonstruktion beiden Seiten die Option, 1997 unter Berücksichtigung der dann anzutreffenden und zu beurteilenden Rahmenbedingungen die dann richtige Entscheidung gemeinsam zu treffen.

Die Volkswagen-Woche: Weiterentwicklung der 4-Tage-Woche

Die Einführung der 4-Tage-Woche ab Januar 1994 war eine aus der Not geborene Lösung. Angesichts weiterer Beschäftigungssorgen und einer effektiven Arbeitszeit (inklusive angefallener Mehrarbeit) von nur knapp über 28,8 Stunden im Jahr 1994 in den sechs westdeutschen VW-Werken hatte sich die mutige, unkonventionelle Entscheidung vom Dezember 1993 als richtiger, wegweisender Schritt erwiesen. Gleichzeitig war seit der betrieblichen Umsetzung des Tarifvertrages sichtbar geworden, daß die bisherigen Regelungen an ihre Grenzen stoßen. Vor diesem Hintergrund und der Tatsache, daß das Automobilgeschäft einem ungleichmäßigen Verlauf mit saisonalen Schwankungen folgt, galt es, die 28,8-Stunden-Woche weiterzuentwickeln.

Für ein zwangsläufig vom Markt her geführtes Unternehmen, das sich – um im weltweiten Wettbewerb erfolgreich zu sein – die Zielgröße „Jedem Kunden sein Auto innerhalb von 14 Tagen" gegeben hat, mußte als tarifvertraglich flankierendes Moment die 4-Tage-Woche mit ihrem schon erhöhten Grad an Flexibilität jetzt zu einem echten Vorteil ausgebaut werden.

So entstand die Volkswagen-Woche. Basis für die Volkswagen-Woche im atmenden Unternehmen ist die Auftragseingangssituation. Wichtigstes Element hierbei ist die durchlaufende, atmende Arbeitszeit in Bandbreiten, deren Flexibilität über Prioritätsstufen immer nur so weit geöffnet wird, wie sie für den Kunden benötigt wird. Die Volkswagen-Woche wird dadurch berechenbar und der Willkür entzogen. Kernstück der Volkswagen-Woche ist die 28,8-Stunden-Woche. Neu ist die Flexibilitätskaskade, die für die betriebliche Entscheidung über die Festlegung der Arbeitszeit maßgeblich ist und in der eine strikte Prioritätenfolge eingehalten wird.

Diese Prioritätenfolge vollzieht sich über fünf Stufen: Erst wenn die Flexibilität in Stunden pro Tag (erste Priorität) ausgeschöpft ist, geht es in die ungünstigeren Schichten pro Tag (zweite Priorität). Erst wenn die Schichten pro Tag ausgeschöpft sind,

Die Volkswagen-Woche
Die Flexibilitätskaskade mit Prioritätenfolge

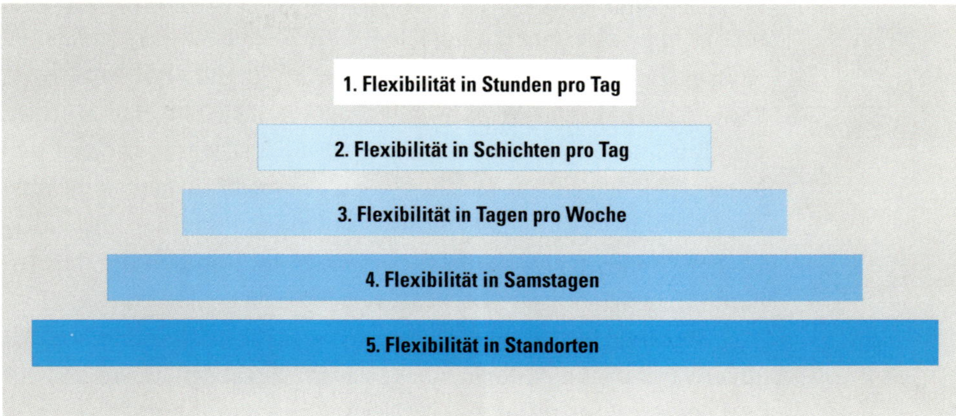

geht es in die Flexibilität in Tagen (dritte Priorität). Erst wenn die Arbeitstage von Montag bis Freitag ausgeschöpft sind, geht es in den ungünstigeren Samstag (vierte Priorität). Erst wenn alle vorgenannten Stufen dieser Kaskade ausgeschöpft sind, greift die letzte Priorität, die Flexibilität in Standorten: Produktionsvolumen wird dann an einen anderen Standort vergeben (fünfte Priorität).

Die Volkswagen-Woche findet per Tarifvertrag vor allem in Produktionsbetrieben sowie produktionsabhängigen Bereichen Anwendung. Durch betriebliche Regelungen kann die Volkswagen-Woche aber auch in anderen Bereichen praktiziert werden. Die wöchentliche Arbeitszeit wird grundsätzlich per Schichtplan mit dem betrieblichen Partner auf vier oder fünf Arbeitstage verteilt (in der Regel von Montag bis Freitag). Dies war bisher schon Praxis, allerdings mit einem besonderen Nachteil: Die Schichtpläne liefen über das ganze Jahr konstant. Abweichungen – etwa bei erhöhter Nachfrage – waren nur möglich über das Instrument Mehrarbeit. Zwar waren bei Volkswagen seit Einführung der 4-Tage-Woche nicht die Kosten das Problem der Mehrarbeit, da es Zuschläge erst ab der 36. Stunde pro Woche gibt. Doch war Mehrarbeit in der Regel in jedem Einzelfall vorher von der Zustimmung des Betriebsrats abhängig und dabei in der großen Organisation nicht immer kurzfristig für eine atmende Fahrweise zu nutzen.

Im Rahmen der jährlichen Programm- und Arbeitszeitplanung ist es nunmehr nach der neuen Beschäftigungssicherungsvereinbarung möglich, die wöchentliche Arbeitszeit ungleichmäßig über das Jahr zu verteilen und so den unterschiedlichen Auftragsbeständen anzupassen. Die wöchentliche Arbeitszeit kann innerhalb der Volkswagen-Woche auf bis zu acht Stunden pro Tag und bis zu 38,8 Stunden verlängert werden, ohne daß Mehrarbeitszuschläge anfallen. Und wenn diese Zeit nicht ausreicht, um dem Kunden sein Auto zu bauen, erlaubt es die Volkswagen-Woche, werkspezifisch Samstage im Rahmen der Jahresplanung mit dem Betriebsrat zu vereinbaren.

Darüber hinaus bleibt natürlich – insbesondere bei kurzfristigem Bedarf – die Möglichkeit, weitere Zusatzschichten im Verlauf eines Jahres mit dem Betriebsrat zu vereinbaren. Neu geregelt wurden in diesem Zusammenhang die Bedingungen für Samstags- und Mehrarbeit. Nunmehr beträgt der tarifliche Zuschlag für Samstags- und Mehrarbeit (ab der 36. Stunde/Woche) einheitlich 30%, während in der Vergangenheit am Samstag noch ein 50%iger Zuschlag und für Mehrarbeit von Montag bis Freitag ein 40%iger Zuschlag gezahlt wurde (für schichtplan-

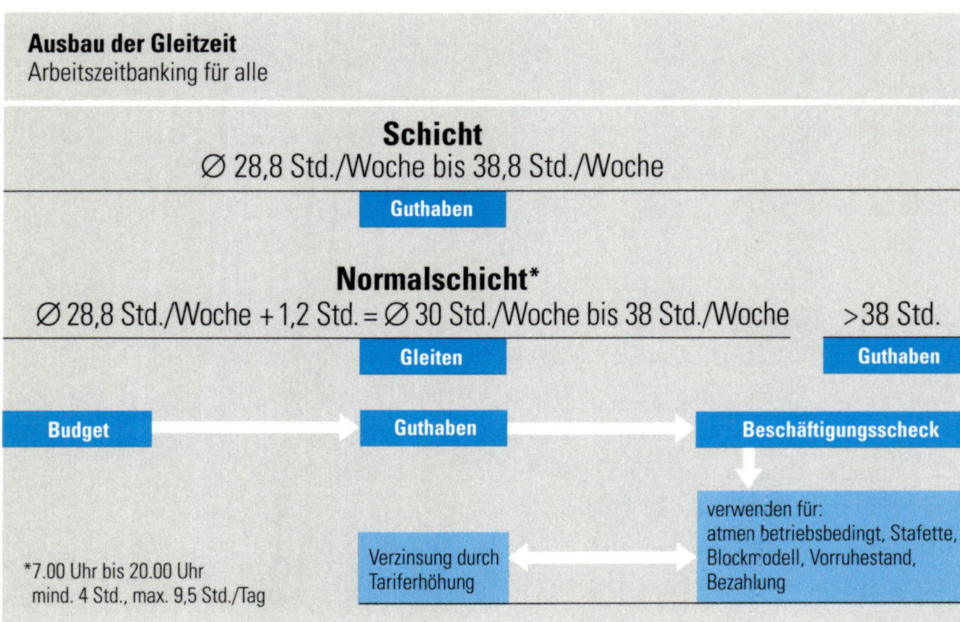

mäßige Samstagsarbeit – beispielsweise in vollkontinuierlichen Schichtsystemen – ist es bei dem 50%-Zuschlag am Samstag geblieben).

Auch bei einer ungleichmäßigen Verteilung der Arbeitszeit im Rahmen der Volkswagen-Woche bleibt die Höhe des Monatsentgelts unverändert, unabhängig davon, ob – auftragsorientiert – mehr oder weniger gearbeitet wird. Basis sind die 28,8 Stunden pro Woche, die im Jahresdurchschnitt eingehalten werden. Um dieses „Arbeitszeitbanking" einhalten zu können, sieht der Tarifvertrag die Einrichtung eines individuellen Arbeitszeitkontos vor, auf dem Gutschriften und Lastschriften zum Zweck des späteren Ausgleichs festgehalten werden. Abweichungen vom festgelegten Jahresfahrplan, z. B. infolge veränderter Auftragseingangssituationen, erfolgen nach Abstimmung mit dem Betriebsrat und sind den betroffenen Mitarbeitern grundsätzlich zwei Monate vor dem Ereignis anzukündigen.

Die Volkswagen-Woche erlaubt, mit dem Markt zu atmen. Sie ermöglicht als Teil der Standort- und Beschäftigungssicherung eine weitestgehend kostenneutrale Arbeitszeitflexibilität. Mit der Volkswagen-Woche sind wir unseren Kunden ein gutes Stück näher gekommen.

Das Undenkbare wagen: Der mündige Umgang mit Zeit

Dort, wo wir unseren Mitarbeitern und Mitarbeiterinnen Verantwortung übertragen und sie nicht entmündigen, werden sie für den Unternehmenserfolg wichtiger denn je. Das zeigen durchweg die Prozesse, bei denen Mitarbeiter selbstverantwortlich beteiligt werden und ihnen die Möglichkeit eröffnet wird mitzugestalten. Beispiele hierfür sind die rund 14000 KVP²-Workshops und neue Formen der Arbeitsorganisation wie Gruppen-, Team- und Projektarbeit. Auch deswegen beinhaltet das Mitarbeiterprofil M4 die Erwartung, die eigene Arbeit mitzugestalten.

Kennzeichnend für die VW-Beteiligungsformen ist immer ein hoher Grad von Vertrauen zwischen Unternehmen und Beschäftigten. Das Vertrauen wird die in vielen Feldern über Jahrzehnte traditionell ausgeübte Kontrolle zwangsläufig verdrängen. Ein Beispiel: wer sein Unternehmen und seine Mitarbeiter und Mitarbeiterinnen an Prozessen und Wertschöpfung orientiert, kann nicht gleichzeitig an starrer Zeitkontrolle per Stempelkarte festhalten. Vor dem Hintergrund dieses Wandels war es folgerichtig, bei unseren Mitarbeitern auf Eigenverantwortung und Vertrauen zu setzen und den längst fälligen Paradigmenwechsel zu vollziehen: von der Anwesenheit zu Funktion und Prozeßaufgabe überzugehen – von der Zeitkontrolle zur zeitsouveränen Arbeit.

Durch Zielvereinbarungen lassen sich Aufgaben und Prozesse besser steuern als durch Stempelkarten. Der mündige Umgang mit Zeit hat in der Volkswagen-Welt flächendeckend Einzug gehalten. Die Tarifrunde '95 bot Gelegenheit, die tarifvertraglichen Gleitzeitregelungen dazu neu zu überdenken und den veränderten Verhältnissen und Anforderungen anzupassen. Die Tarifvertragsparteien waren sich einig, daß ein Ausbau der Gleitzeit zur Verbesserung der Wettbewerbsfähigkeit und zur Sicherung der Standorte und der Beschäftigung einen flexibleren Arbeitszeitrahmen erfordert.

Was für unser Management gut ist, ist ebenso für jeden Mitarbeiter und die gesamte Belegschaft gut. So, wie Volkswagen seinem Management den mündigen Umgang mit Zeit zutraut, so auch der gesamten Belegschaft!

Dieser Arbeitszeitrahmen wird, unter Gewährleistung einer kunden- und termingerechten Aufgabenerfüllung, in Abstimmung zwischen den Mitarbeiterinnen bzw. Mitarbeitern und dem Management eigenverantwortlich und individuell unter Berücksichtigung der betrieblichen Erfordernisse

Gleitende Arbeitszeit
Wesentliche Veränderungen des Tarifergebnisses von 1995 zu 1993

	Alt	Neu
Arbeitszeit	28,8-Std.-Woche im Jahresdurchschnitt	28,8-Std.-Woche im Jahresdurchschnitt + 1,2 Std. Leistungsbeitrag pro Woche
Sollarbeitszeit		
4-Tage-Woche	7,2 Std.	7,5 Std.
5-Tage-Woche	5,76 Std.	6 Std.
Arbeitszeiterfassung	Stempelkarte	unternehmensseitige Erfassung entfällt
Arbeitszeit (minimum)	5 Std. 48 Min.	4 Std.
Arbeitszeit (maximum)	9,5 Std.	9,5 Std. im Zeitrahmen von 13 Std. (07.00-20.00 Uhr)

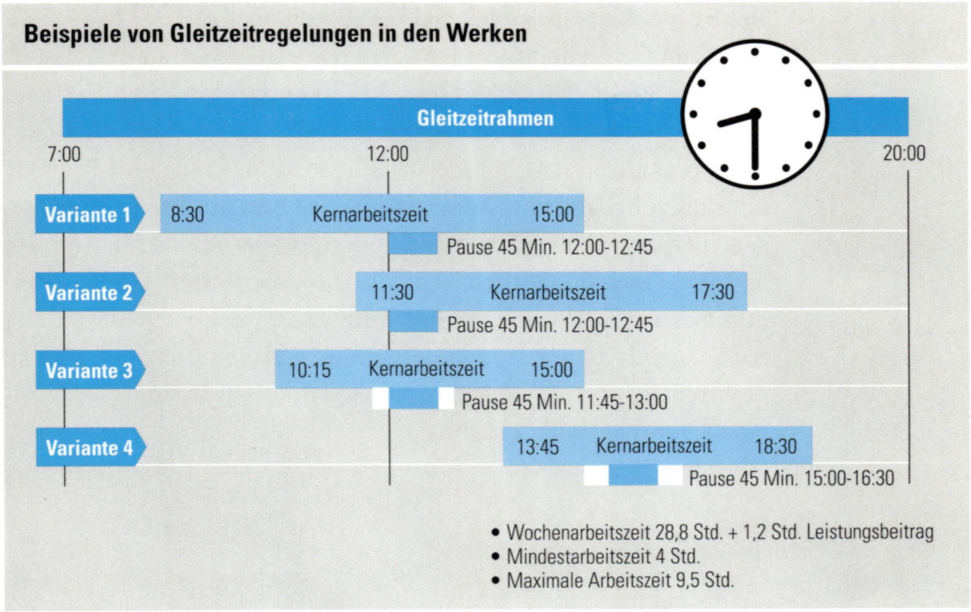

(das heißt aufgaben- und prozeßorientiert) und der persönlichen Belange des Arbeitnehmers ausgefüllt. Auch hier wurde – wie im Verlauf des Jahres 1995 im Schichtbetrieb – die Stempeluhr abgeschafft.

Die Festlegung der Kernzeiten – wo erforderlich – wird auf die Arbeitsebene delegiert, die sie kundenfreundlicher nach Bedarf und Berücksichtigung der individuellen Interessen festlegen kann. Der im Tarifvertrag vorgesehene Arbeitszeitrahmen beträgt am Tag maximal 13 Stunden und ist, wie die Verteilung auf die Wochentage, wie Beginn und Ende des Gleitzeitrahmens und ggf. Festlegung einer Kernarbeitszeit, per Betriebsvereinbarung zu definieren.

Je nach Auftragslage kann jeder Mitarbeiter im Rahmen dieser Regelungen selbständig Beginn und Ende seiner Arbeitszeit bestimmen. Die tägliche Arbeitszeit beträgt mindestens vier und maximal 9,5 Stunden. Durch den Leistungsbeitrag für den indirekten Bereich werden nunmehr Arbeitszeiten ab der 30. Stunde relevant für Zeitausgleiche. Jeder Mitarbeiter, jede Mitarbeiterin gleitet so mit einem hohen Freiheitsgrad, orientiert an den Kundenbedürfnissen durch die Volkswagen-Woche.

Der Beschäftigungsscheck: Ein Zeit-Wertpapier

Trotz noch so präziser Planungen wird es gerade bei Unternehmen, die global tätig sind und in einem weltweiten Verbund auch nicht beeinflußbaren Abhängigkeiten unterliegen, durch unvorhersehbare Absatzchancen, Entwicklungsaufträge, Projekte oder auch Engpässe bei der Zulieferung und ähnlichen Ereignissen immer wieder Situationen geben, die es erfordern, von der einmal gemachten Arbeitszeitplanung abzurücken. Um Mehrvolumina zu schaffen und um den Kunden zufriedenzustellen, bleibt nach Ausschöpfung aller anderen Möglichkeiten, nur der Weg zu Mehrarbeit, d.h. in Arbeitsvolumen, die von der durchschnittlichen Jahresarbeitszeit abweichen.

Der Beschäftigungsscheck
Das Zeit-Wertpapier für die Zukunft

Bei Volkswagen ist Mehrarbeit grundsätzlich durch bezahlte Freistellung abzugelten, nur in Ausnahmefällen sieht der Tarifvertrag Bezahlung von Mehrarbeit vor. Diese Ausnahmefälle sind mit dem betrieblichen Partner zu vereinbaren. Die Tarifvertragsparteien sind hiervon in Kenntnis zu setzen, um Mißbrauchsfälle auszuschließen. Mehrarbeit ist grundsätzlich – und das ist neu – innerhalb von zwölf Monaten auszugleichen (nach dem alten Tarifvertrag waren es sechs Monate). Aber auch über diesen Zeitraum hinaus ist es möglich, bezahlte Freistellung für Mehrarbeit in Anspruch zu nehmen. Voraussetzung ist allerdings, daß sich Mitarbeiter und betrieblicher Vorgesetzter darauf verständigen. Die Tarifvereinbarung spricht hier von „zweckgebundener Freizeitentnahme".

Für die Abgeltung von Mehrarbeit durch bezahlte Freistellung sieht der Tarifvertrag ausdrücklich den „Volkswagen-Beschäftigungsscheck" als ein Organisationsmittel vor. Bei dem „Volkswagen-Beschäftigungsscheck" handelt es sich um ein Zeit-Wertpapier. Die Verzinsung erfolgt durch Tariferhöhungen. Bei Entnahme von Freizeit mit dem „Volkswagen-Beschäftigungs-

Die Volkswagen-Woche
Kundenorientiertes Atmen – auch mit Zeitguthaben

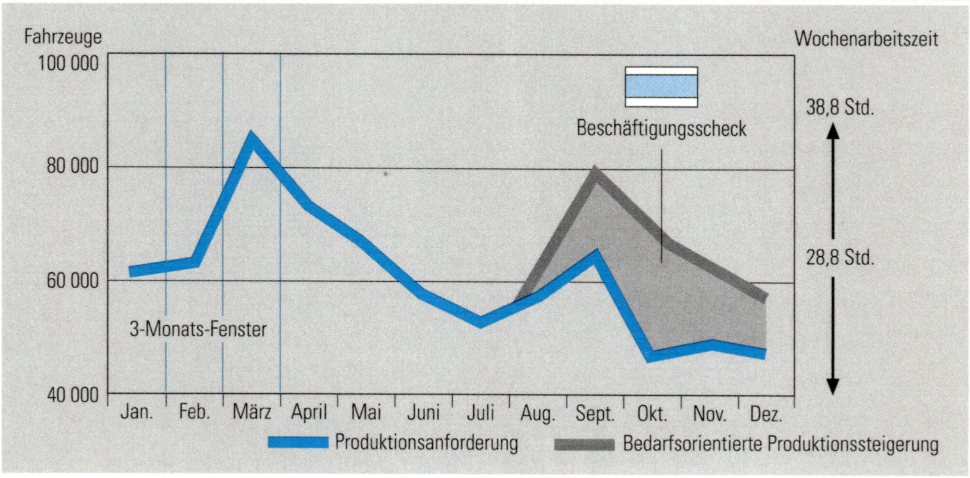

scheck" wird für die Monatsvergütung immer der aktuelle Wert zum Zeitpunkt der Freizeitentnahme zugrunde gelegt. Das gilt auch für Beschäftigungsschecks, die Jahre zuvor ausgestellt wurden. Damit ist sichergestellt, daß der Beschäftigungsscheck keinem Wertverlust unterliegt.

Einzelheiten zum Beschäftigungsscheck sind gemäß Tarifvertrag durch Betriebsvereinbarung zu regeln, wobei der Mindestinhalt tarifvertraglich vorgegeben ist. Auf dieser tarifvertraglichen Basis wurde der „Volkswagen-Beschäftigungsscheck" eingeführt. Das Verfahren stellt sich wie folgt dar:

- Die Anordnung von Mehrarbeit kann nur im Rahmen des genehmigten Budgets erfolgen.
- Jeder betriebliche Vorgesetzte erhält auf der Grundlage des genehmigten Budgets ein Beschäftigungs-Scheckbuch.
- Für Freizeitstunden aus geleisteter Mehrarbeit stellt der betriebliche Vorgesetzte ein Freizeitguthaben in Form des Beschäftigungsschecks aus, in dem der Anspruch auf freie Stunden (Zeitwert) festgehalten wird. Gleichzeitig wird der Zeitwert auf einem individuellen Zeitkonto erfaßt.
- Die Freizeitentnahme kann auf unterschiedliche Weise erfolgen, etwa durch die zweckgebundene Entnahme. Hierunter fallen längere Unterbrechungszeiten und Blockzeiten wie z. B. für Qualifizierungsmaßnahmen, Hausbau, längere Urlaubsreisen oder ähnliches. Weiterhin kann der Beschäftigungsscheck für das Absenken der Arbeitszeit zwecks Übergang in den Ruhestand oder eine zusätzliche Arbeitszeitabsenkung im Rahmen der Stafette für Ältere eingesetzt werden.
- Geplante zweckgebundene Entnahmen kann der Beschäftigte mit dem betrieblichen Vorgesetzten vereinbaren. Die so getroffene Festlegung ist für Unternehmen und Beschäftigte bindend. Zweckgebundene Freizeitentnahmen sind – damit das Unternehmen seriös und überschaubar planen kann – in Abhängigkeit von ihrer Dauer zu beantragen. Bis zu vier Wochen unterliegen hierbei einer Ankündigungsfrist von einem Monat, über vier Wochen bis zu drei Monaten einer Ankündigung von drei Monaten, und wer plant, länger als drei Monate Freizeit zu entnehmen, muß dieses sechs Monate vorher ankündigen.

Der Beschäftigungsscheck ermöglicht so für alle denkbaren Lebenssachverhalte ein Ansparen von Zeitwerten. Heutige unvermeidbare Mehrarbeitsvolumen verwandeln sich so in Beschäftigungssicherung für die Zukunft.

Der Beitrag der Belegschaft zur Beschäftigungssicherung

Die Fortführung der Beschäftigungssicherung bei Volkswagen war unternehmensseitig an einen Beitrag der Mitarbeiter gekoppelt. Das Tarifergebnis enthält zu diesem Komplex zwei

Regelungsinhalte: Zum einen für den direkten Bereich, sprich Leistungslohn, und zum anderen für den indirekten Bereich, sprich Zeitlohn und Gehalt. Vom Effekt her haben die diesbezüglichen Vereinbarungen dasselbe Ziel: Ab 1. Januar 1996 müssen alle Zeitlöhner und Angestellten für das gleiche Entgelt 1,2 Stunden mehr leisten. Für die Leistungslöhner wird eine dementsprechende Mehrleistung ab diesem Zeitpunkt durch eine 50%ige Reduzierung der bisherigen fünfminütigen bezahlten Erholungszeiten auf maximal zweieinhalb Minuten pro Stunde erreicht.

Für den indirekten Bereich haben sich die Tarifvertragsparteien darauf verständigt, daß die wöchentliche Mehrleistung von 1,2 Stunden in unterschiedlicher Form und Ausgestaltung abgeleistet werden kann. Die entsprechende Tarifvereinbarung bietet den Betriebsparteien verschiedene Optionen, um die zu jedem der vielfältigen Arbeitszeitmodelle passende Lösung festlegen zu können. Die Vereinbarung listet in einer beispielhaften, nicht abschließenden Aufzählung folgende Ausgleichsmöglichkeiten auf:

- Leistung und Verrechnung im Rahmen der gleitenden Arbeitszeit, indem z. B. die sich aus einer 28,8-Stunden-Woche rechnerisch ergebende tägliche Soll-Arbeitszeit von 7,2 Stunden oder 7 Stunden 12 Minuten (bei einer 4-Tage-Woche) um 18 Minuten verlängert und mit 7,5 Stunden festgelegt wird.

Leistungsbeitrag der Belegschaft

Mitarbeiter im Produktionsbereich	**Mitarbeiter in Fachabteilungen**
• Pausenentfall	• Zeitplus 1,2 Std./Woche
• Pausenanrechnung	• Zeitsouveränität
• Personalbemessung auf Basis Wettbewerbsfähigkeit	• Zielvereinbarung aufgaben- und funktionsbezogen

- Nachleistung in Form von zusätzlichen Arbeitstagen, in dem z. B. bei einer 4-Tage-Woche im Zeitraum von sechs Wochen (entspricht 24 Arbeitstagen) ein zusätzlicher Arbeitstag geleistet werden muß.
- Verrechnung mit arbeitsfreien Tagen. Diese Alternative bietet sich bei allen Arbeitszeitmodellen an, bei denen die Differenz zwischen schichtplanmäßig festgelegter Arbeitszeit und tariflicher Arbeitszeit durch arbeitsfreie Tage (sogenannte Freischichten) ausgeglichen wird. Dies ist in der betrieblichen Praxis ausnahmslos in vollkontinuierlichen Schichtbetrieben sowie im normalen 3-Schicht-Betrieb der Fall.
- Verrechnung mit geleisteter Mehrarbeit.

Im direkten Bereich wird – wie bereits angedeutet – der Mehrleistungseffekt durch eine Neuregelung der tariflich vereinbarten „persönlichen Bedürfnis- und Erholzeiten" erreicht. Vertragsgrundlage hierfür ist die – ebenfalls im Zusammenhang mit dem Tarifergebnis '95 abgeschlossene – „Vereinbarung über Entlohnungsgrundsätze". Diese Vereinbarung enthält zwei Regelungsinhalte – zum einen die Voraussetzungen und das Verfahren zur Leistungsbestimmung und zur Personalbemessung im Leistungs- und Zeitlohn und zum anderen die bereits angesprochene Neuregelung der persönlichen Bedürfnis- und Erholzeiten im Leistungslohn – und überlagert als Sonderregelung die hierzu im Tarifvertrag über die Grundsätze der Entlohnung („LORA") enthaltenen bisherigen Festlegungen. Dazu hat es unmittelbar nach dem Tarifabschluß in der betrieblichen Praxis zunächst einige Unsicherheiten und Irritationen gegeben. Diese Folge ergibt sich aber eindeutig aus dem Wortlaut der Vereinbarung: Gemäß Ziffer 4. finden die Bestimmungen des Tarifvertrages über die Grundsätze der Entlohnung weiter Anwendung, soweit sie der neuen Vereinbarung nicht widersprechen. Dies bedeutet im Umkehrschluß: soweit in der Vereinbarung über Entlohnungsgrundsätze ausdrücklich etwas vereinbart ist, findet der Tarifvertrag „LORA" keine Anwendung.

Zwischen den Tarifparteien bestand Einigkeit, daß der Tarifvertrag „LORA" mit seinen detaillierten und komplizierten Regularien insgesamt überholt und zu überarbeiten ist. Dies werden die Tarifvertragsparteien separat in Angriff nehmen. Kernpunkte der Entlohnungsmethoden sollten aber sofort neu geregelt werden, um Produktivitätsverbesserungen zu erleichtern. Dies gilt besonders für die Neuregelung der persönlichen Bedürfnis- und Erholzeiten. Sie setzt am 1. Januar 1996 ein und sieht vor, daß im Rahmen der Vereinbarung der Personalbemessung oder des Arbeitspensums persönliche Bedürfnis- und Erholungszeiten angemessen zu berücksichtigen sind. Hierbei kommt es entscheidend auf die Verhältnisse vor Ort an; über die Frage, welches Volumen an Bedürfnis- und Erholzeiten angemessen im Sinne der Vereinbarung ist, ist letztlich im Einzelfall mit dem Betriebsrat Einvernehmen zu erzielen. Kommt ein Einvernehmen nicht zustande, so ist eine persönliche Bedürfniszeit von drei Minuten pro Stunde und eine bezahlte Erholzeit von zweieinhalb Minuten pro Stunde auszuweisen. Im Ergebnis bedeutet dies zunächst, daß im Nichteinigungsfalle das Volumen der persönlichen Bedürfniszeit unverändert bleibt, während das der Erholungszeit um 50% reduziert wird.

Eine entsprechende Regelung in bezug auf die Erholzeiten gilt aber auch für eine andere Konstellation: Sollte nämlich eine längere – konkret: bis zu fünfminütige – Erholzeit pro Stunde erforderlich sein, so sind ab 1. Januar 1996 nur noch zweieinhalb Minuten Erholzeit pro Stunde zu bezahlen. Der darüber hinausgehende Erholzeitanspruch ist unbezahlte Pausenzeit. Weiterhin sieht die Vereinbarung vor, daß Zeiten und Tätigkeiten, die gegenüber einer taktgebundenen Arbeit einen Belastungswechsel beinhalten und erholungswirksam sind (z. B. Überwachungs- und Steuerungsfunktionen, Prüftätigkeiten, Materialtransport und -bereitstellung sowie Wartezeiten z. B. infolge Prozeßzeiten etc.) auf die Erholzeit angerechnet werden. Entsprechendes ist vertraglich vorgesehen für Arbeitsunterbrechungszeiten (z. B. wegen technischer Störungen, logistischer Probleme/Materialmangel, Qualitätsproblemen, Instandhaltungsarbeiten etc.), wenn ihre Mindestdauer fünf Minuten beträgt.

Die Neuregelung der Bedürfnis- und Erholzeiten trägt letztlich den positiven Entwicklungen Rechnung, die durch konsequente Weiterentwicklung von Technik und Arbeitsorganisation mittlerweile zu humaneren Arbeitsbedingungen geführt haben. Im Ergebnis bedeutet die Neuregelung eine pauschale Reduzierung der bezahlten Erholzeiten um 50% und die tarifliche Legitimation, je nach Situation vor Ort erholungswirksame Zeiten und Arbeitsunterbrechungen auf die restlichen 2,5 Minuten Erholungszeit pro Stunde anzurechnen. Eingebettet ist die Neuregelung der Bedürfnis- und Erholzeiten in ein neues System der Leistungs- und Personalbemessung. Hiernach werden im Leistungslohn zukünftig Arbeitspensum bzw. Personalbemessung auf der Grundlage von Planungs- und Referenzdaten zwischen Unternehmen und Betriebsrat vereinbart. Dies gilt auch für Veränderungen, die sich im Rahmen des laufenden kontinuierlichen Verbesserungsprozesses ergeben.

Für den Zeitlohn, der bisher tarifvertraglich gar nicht geregelt war, bestimmt die Vereinbarung über Entlohnungsgrundsätze, daß über Leistung und Leistungsziele zwischen dem betrieblichen Vorgesetzten und den Beschäftigten Absprachen getroffen werden sollen. Die „Vereinbarung über Entlohnungsgrundsätze“ ist insgesamt eine tarifliche Reaktion auf die zwischenzeitlich veränderten wirtschaftlichen Rahmen- und Arbeitsbedingungen. Sie beinhaltet einen kurzfristigen Effekt – die Erholzeitanpassung bedeutet für das Unternehmen einen Produktivitätssprung von rund 4,2% – und enthält die tariflichen Rahmenbedingungen, die zur weiteren Produktivitätssteigerung und damit zum mittelfristigen Erreichen der Wettbewerbsfähigkeit erforderlich sind.

Die Umsetzung des gesamten Vereinbarungsinhalts, insbesondere der Personalbemessung, wird viel Engagement erfordern – setzt er doch ein grundsätzliches Umdenken voraus. Es bedarf einer methodischen Vorgehensweise, Schritt für Schritt durch die Fabriken zu gehen und nach genauer Analyse vor Ort die entsprechenden Entscheidungen gemeinsam mit dem Betriebsrat zu treffen. Aus der Fortschreibung der 28,8-Stunden-Woche, der Tarifierung der Volkswagen-Woche, der Vereinbarung der Soll-Leistung im indirekten Bereich und der neuen Bedürfnis- und Erholzeitregelung resultierte unmittelbarer Handlungsbedarf zum 1. Januar 1996. Die betrieblichen Arbeitszeit- und Pausenfestlegungen waren zu überarbeiten.

Für jedes Arbeitszeitmodell werden Anpassungsvereinbarungen zwischen Werksmanagement und Betriebsrat erforderlich. Vom Grundsatz her konnten sich die Betriebsparteien dabei an den bestehenden Arbeitszeitmodellen orientieren. Denn die Vereinbarung zur Sicherung der Standorte und der Beschäftigung vom 28. September 1995 bestimmt als Grundsatz zur Arbeitszeitverteilung, daß das Volumen der wöchentlichen Arbeitszeit – 28,8 Stunden im Jahresdurchschnitt – schichtplanmäßig grundsätzlich auf vier oder fünf Arbeitstage verteilt werden kann. Mit dieser Vertragsklausel haben die Tarifvertragsparteien im übrigen den faktischen Entwicklungen Rechnung getragen. Obwohl die Vorgängervereinbarung den Betriebsparteien eine 4-Tage-Woche als grundsätzliche Arbeitszeitgestaltung vorgab und eine 5-Tage-Woche als Ausnahme mit Zustimmung der Tarifvertragsparteien zuließ, mußte insbesondere für die Produktion im Werk Wolfsburg aufgrund produktionstechnischer und -organisatorischer Erfordernisse für rund 25 000 Beschäftigte von der Ausnahmeregelung – 5-Tage-Woche – mit täglich verkürzter Arbeitszeit Gebrauch gemacht werden. Darüber hinaus waren und sind die Arbeitszeitmodelle weiterzuentwickeln zu einer flexiblen Volkswagen-Woche.

Tarifvereinbarung zur Kurzarbeit

Eine Beschäftigungssicherung, wie sie bei Volkswagen seit 1994 verankert und nunmehr mindestens für die nächsten zweieinhalb Jahre erneuert worden ist, erfordert flankierende personalpolitische Maßnahmen. Bereits im Mai 1994 hatten die Tarifvertragsparteien die Vereinbarungen „Stafette für Ausgebildete" und „Arbeitsfreie Blockzeiten" abgeschlossen.

Beide Vereinbarungen waren auch Gegenstand der Tarifverhandlungen 1995.

Die Vereinbarung über „Arbeitsfreie Blockzeiten" wurde materiell unverändert fortgeschrieben. Die Tarifvertragsparteien sind sich darüber einig, daß insbesondere das Instrument der gesetzlich vorgesehenen Kurzarbeit einen erheblichen Beitrag zur Beschäftigungssicherung im Sinne einer unterstützenden und ergänzenden Funktion leisten kann. Dieses Instrument soll daher bei Bedarf im Rahmen der gesetzlichen Möglichkeiten angewendet werden. Nach dieser Vereinbarung ist – wie bisher – die Einführung von Kurzarbeit möglich, wenn die gesetzlichen Voraussetzungen, d.h. wirtschaftliche oder strukturelle Gründe, vorliegen. In diesem Fall zahlt Volkswagen – ebenfalls wie bisher – vereinbarungsgemäß für den gesamten Zeitraum der Kurzarbeit einen Zuschuß zum gesetzlichen Kurzarbeitergeld, der für die unterschiedlichen Entgeltstufen der tariflichen Lohn- und Gehaltstafel der Höhe nach degressiv gestaffelt ist und den Beschäftigten im Durchschnitt 85% ihres normalen monatlichen Einkommens sichert.

Neu vereinbart wurde in diesem Zusammenhang, daß die sogenannte degressive Zuschußzahlung ab 1. Januar 1996 nunmehr Anwendung findet auf alle Kurzarbeitssachverhalte. Sie ersetzt die bisher im Manteltarifvertrag verankerte tarifliche Zuschußregelung, nach der bei normaler (in der Regel konjunkturell bedingter) Kurzarbeit ein Zuschuß gezahlt wurde, der den Beschäftigten – beschränkt auf maximal zehn Kurzarbeitstage pro Monat – 95% des Monatseinkommens sicherte.

Stafette für Ausgebildete

Die „Stafette für Ausgebildete" wurde durch das Tarifergebnis als ein ergänzendes und bewährtes Instrument ebenfalls im wesentlichen unverändert fortgeschrieben. Gemäß dieser Tarifvereinbarung werden Auszubildende nach erfolgreich bestandener Abschlußprüfung grundsätzlich in ein Arbeitsverhältnis übernommen und im Wege einer kontinuierlich ansteigenden Teilzeitarbeit an ein Vollzeitarbeitsverhältnis herangeführt: Für den unmittelbar an die Prüfung anschließenden Zeitraum von zwei Jahren in einem Teilzeitarbeitsverhältnis mit 20 Stunden in der Woche und für die darauffolgenden eineinhalb Jahre in einem Teilzeitarbeitsverhältnis mit 24 Stunden in der Woche. Nach dreieinhalb Jahren hat ein Ausgebildeter demnach einen Anspruch auf ein Vollzeitarbeitsverhältnis.

Darüber hinaus läßt es die Vereinbarung zu, daß Werksmanagement und Betriebsrat von den grundsätzlich beschriebenen Teilzeit-Übernahmeschritten abweichen können, wenn nach einvernehmlicher Auffassung im Standort ein entsprechender Personalbedarf besteht. Mit dieser Öffnungsklausel können die Betriebsparteien der jeweiligen Beschäftigungssituation ihres Standortes flexibel Rechnung tragen, in dem sie z. B. die Zeiträume der Teilzeitschritte verkürzen oder – in Extremfällen – eine Übernahme der Ausgebildeten in Vollzeit vereinbaren. Letzteres ist allerdings nur beschränkt möglich: Die Vereinbarung erlaubt dies nur für einen Zeitraum von maximal einem Jahr.

Des weiteren regelt die Vereinbarung die Voraussetzungen der Mobilität. Danach erfüllt ein unternehmensseitiges Angebot auf Übernahme in ein Arbeitsverhältnis in einem anderen Werk die tariflich vorgesehene Übernahme, wenn dies nach den – im übrigen für alle Beschäftigten geltenden – Kriterien und Grundsätzen zumutbar ist. In diesem Fall sind die Betroffenen gehalten, das Arbeitsvertragsangebot in dem anderen Werk anzunehmen. Anderenfalls kommt ein Arbeitsverhältnis nicht zustande. Um den Ausgebildeten hierzu einen Anreiz zu geben, werden sie – vereinbarungsgemäß – in diesem Fall auf Dauer von der Stafettenregelung ausgenommen.

Völlig neu geregelt wurde in diesem Zusammenhang die – bei Volkswagen seit gut 40 Jahren – tariflich geregelte Übernahme der Ausgebildeten. Dies war einer der kontroversesten Punkte der Verhandlungen. Für das Unternehmen stand dabei nicht im Vordergrund, zukünftig die Auszubildenden nicht mehr übernehmen zu wollen. Ansatzpunkte waren vielmehr, durch den unternehmensseitig vorgeschlagenen kontinuierlichen Beurteilungsprozeß während der Ausbildungszeit (Automobiltauglichkeit) einerseits die Ausbildungs- und die Übernahmequalität weiter zu steigern und andererseits durch eine Kombination der Faktoren „Ausbildungsplätze – Vergütung – Übernahme – Altersregelung" auch zukünftig eine Ausbildung auf hohem Niveau anbieten zu können, allerdings mit vertretbaren und nicht ständig steigenden Kosten.

Nach dem Tarifergebnis besteht ein grundsätzlicher Anspruch der Ausgebildeten auf Übernahme in ein Arbeitsverhältnis. Dies gilt jedoch nicht, wenn im Einzelfall ein wichtiger, in der Leistung oder im Verhalten des Ausgebildeten liegender Grund vorliegt. Ergänzend wurde durch eine Betriebsvereinbarung der vorgesehene kontinuierliche Beurteilungsprozeß während der Ausbildungszeit eingeführt. Auf der Basis differenzierter Ausbildungskriterien werden halbjährlich Lernzielkontrollen vorgenommen und Fördergespräche geführt. Zusätzlich zu den Prüfungsergebnissen wird der Entwicklungsprozeß in die Übernahmeempfehlung einbezogen.

Stafette für Ältere

Die bisher bereits praktizierte Flankierung der Beschäftigungssicherung durch das Modell „Stafette für Ausgebildete“ ist in der Tarifrunde um die Vereinbarung „Stafette für Ältere“ ergänzt worden. Damit ist die – bereits 1993 als Konzept existierende – „Stafette der Generationen“ Tarifwirklichkeit geworden. Durch einen gleitenden Übergang in den Ruhestand werden schrittweise die Arbeitsplätze frei für einen gleitenden Berufsbeginn. Nach dieser neuen Vereinbarung können Mitarbeiter und Mitarbeiterinnen bei Volkswagen ab 1. Januar 1996 gleitend in drei Teilzeitschritten in den Ruhestand wechseln. Zunächst mit einer Arbeitszeit von 24 Stunden pro Woche, dann mit 20 Stunden pro Woche und schließlich mit 18 Stunden in der Woche.

Mit der Neuregelung wurde gleichzeitig klargestellt, daß Frühverrentungs- oder Altersteilzeitregelungen keine Sozialleistungen mit individuellem Anspruchscharakter sind. Verbunden mit Beschäftigungsscheck und Beteiligungsrente bietet die Altersstafette insgesamt ein völlig neues Konzept für den Übergang in den Ruhestand.

Für den Zeitraum des gleitenden Übergangs in den Ruhestand erhält der Betroffene eine begrenzte Einkommenssicherung durch einen vom Unternehmen gezahlten Zuschuß zu seinem Teilzeitarbeitsentgelt. Dieser Zuschuß bemißt sich – wie auch bei Kurzarbeitssachverhalten – ebenfalls nach der degressiven Zumutbarkeitskurve, d.h. er ist nach den Entgeltstufen degressiv gestaffelt und sichert den Beschäftigten im Durchschnitt 85% ihres ehemaligen Vollzeiteinkommens.

Der gleitende Übergang in den Ruhestand mit der begrenzten Einkommenssicherung soll diejenigen ansprechen, die einen längeren Übergang in den Ruhestand z. B. aus persönlichen Gründen wünschen. Adressaten sind aber auch diejenigen, deren Know-how für das Unternehmen derzeit unverzichtbar ist, weil es z. B. für besondere Projekte dringend benötigt wird oder im Rahmen längerer Einarbeitungs- und Übergabezeiten erst an Jüngere weitergegeben werden soll.

Die Entscheidung über den Eintritt eines Beschäftigten kann dabei nur nach Bedarf und Disposition des Arbeitgebers erfolgen. Hierbei sind natürlich neben den betrieblichen Bedürfnissen auch die persönlichen Belange des einzelnen zu berücksichtigen.

Entsprechend dieses Entscheidungsmusters gilt für die „Stafette für Ältere“: Ein individueller Anspruch des einzelnen auf Eintritt in den gleitenden Übergang in den Ruhestand ist ausdrücklich ausgeschlossen. Die Entscheidung hierüber trifft vielmehr das Unternehmen unter Berücksichtigung der betrieblichen Bedürfnisse und der persönlichen Belange des einzelnen in Abstimmung mit dem Betriebsrat.

Angesichts der anstehenden gesetzlichen Regelung eines gleitenden Vorruhestands haben die Tarifparteien nur eine tarifliche Rahmenvereinbarung abgeschlossen und weitere Einzelheiten der neuen VW-Altersteilzeit (z. B. frühestmögliches Eintrittsalter, Zeitdauer der Teilzeitschritte etc.) auf die Betriebsparteien delegiert.

Wiedereinstellungszusage

In den Tarifverhandlungen haben die Tarifvertragsparteien über diesen Rahmen hinaus ein schon 1990 vereinbartes Instrument unter beschäftigungspolitischen Gesichtspunkten geöffnet. Ab 1. Januar 1996 können Mitarbeiter und Mitarbeiterinnen auf Antrag bis zu fünf Jahre aus dem Unternehmen ausscheiden. Voraussetzung ist, daß dem Ausscheiden keine betrieblichen Gründe entgegenstehen. Sie erhalten in diesem Fall eine Wiedereinstellungszusage für eine ihrer bisherigen Beschäftigung gleichartige und gleichwertige Tätigkeit. Der Tarifvertrag eröffnete in der Vergangenheit die Möglichkeit des befristeten Ausscheidens mit Wiedereinstellungszusage nur in bestimmten Fällen:

- zur Pflege von Kindern und Familienangehörigen,
- zur Erziehung von Kindern – z. B. im Anschluß an den gesetzlichen Erziehungsurlaub
- oder zur Weiterqualifizierung.

Das tarifliche Instrument der Wiedereinstellungszusage war daher in der Vergangenheit vornehmlich gesellschaftspolitisch motiviert und ist nun vor dem Hintergrund neuer flexibler Bindungsdefinitionen der weiter entwickelten Personalpolitik um den

Beschäftigungssicherungs- und Kostenentlastungsaspekt erweitert worden: Ein Ausscheiden mit Wiedereinstellungszusage ist nunmehr möglich, ohne daß einer der vorgenannten Gründe vorliegt bzw. geltend gemacht werden muß. Damit eröffnen sich dem einzelnen Wege und Chancen, die er bisher nicht gehabt hat, vielleicht aber gern wahrgenommen hätte.

Da auch dieses Instrument im weitesten Sinne flankierende Beiträge zur Sicherung der Beschäftigung leistet, bleibt eines natürlich ausgeschlossen: Die Wiedereinstellungszusage war und ist weiterhin daran gekoppelt, daß während des Zeitraums der Freistellung keine sozialversicherungspflichtige Beschäftigung bei einem anderen Arbeitgeber oder eine selbständige Tätigkeit aufgenommen wird. Geschieht dies dennoch, so verliert die Wiedereinstellungszusage ihre rechtliche Bindung.

Ein befristetes Aussteigen aus dem Berufsleben mit der Gewißheit auf einen festen Job bei seinem alten Arbeitgeber. Mit dieser Option sind möglicherweise bisher lediglich als Träume existierende individuelle Vorstellungen plötzlich in realistische Nähe gerückt.

Dies ist auch konsequent: Das Ausscheiden mit Wiedereinstellungszusage, das nunmehr ohne besonderen Grund möglich ist, verschafft dem interessierten Beschäftigten risikolose Freiräume und dem Unternehmen befristete, der Beschäftigungssicherung dienende Personalkostenreduzierungen. Das Instrument kann und will dem möglicherweise abwanderungswilligen Beschäftigten aber nicht das Risiko abnehmen, dem er bei einem Arbeitgeberwechsel überlicherweise durch Probezeiten oder bei einer Existenzgründung als Selbständiger ausgesetzt ist.

Gemeinsamer Entgelttarifvertrag

Die Tarifrunde war insgesamt geprägt von den Schwerpunkten Beschäftigungssicherung und Entgelterhöhung. Im Rahmen des Tarifergebnisses ist es den Tarifvertragsparteien aber auch gelungen, in der qualitativen Entgeltpolitik einen weiteren Schritt voranzukommen bzw. neue Akzente zu setzen.

Die Unterscheidung der Arbeitnehmer in Arbeiter und Angestellte wird seit geraumer Zeit in Frage gestellt und verliert immer mehr an Bedeutung. Dies gilt nicht nur für den Gesetzgeber oder die Rechtsprechung. Beide Instanzen vereinheitlichen die für

Arbeiter und Angestellten geltenden gesetzlichen Bestimmungen in zunehmendem Maße (z. B. Kündigungsfristen; Entgeltfortzahlungsgesetz im Krankheitsfalle etc.) oder aber erklären – insbesondere die Arbeitsgerichte – noch bestehende unterschiedliche Regelungen in den meisten Fällen für rechtswidrig. Hauptargument für die Arbeitsgerichte ist dabei der arbeitsrechtliche Gleichbehandlungsgrundsatz und die Feststellung, daß allein die Differenzierung der Arbeitnehmer in Arbeiter und Angestellte kein rechtlich anzuerkennender Grund ist, für Arbeiter und Angestellte unterschiedliche Regelungsinhalte zu vereinbaren.

Nach der Rechtsprechung muß dafür vielmehr ein nachvollziehbarer, vernünftiger und sachlicher Grund vorhanden sein. Dies soll am Beispiel der Rechtsprechung zu den Kündigungsfristen verdeutlicht werden: Die Rechtsprechung erkennt unterschiedliche Kündigungsfristen für Arbeiter und Angestellte grundsätzlich nicht (mehr) an, wenn – mit Ausnahme der arbeitsrechtlichen Differenzierung in Arbeiter und Angestellte – sonst keine sachlichen Unterscheidungsmerkmale vorliegen. Die Rechtsprechung hat als sachlichen Grund beispielsweise anerkannt, daß ein Arbeitgeber auf konjunkturell bedingte Beschäftigungsprobleme in seinem Betrieb schnell reagieren und hier auch differenzieren können muß. Aus diesem Grund hat sie u.a. kürzere Kündigungsfristen für die in der Produktion Beschäftigten (gegenüber den in der Verwaltung Beschäftigten) für rechtlich zulässig erklärt. Als Begründung hat sie darauf verwiesen, daß konjunkturell bedingten Beschäftigungsproblemen aller Erfahrung nach rascher in der Produktion begegnet werden muß als in der Verwaltung. Dieses Recht müsse dem Arbeitgeber zustehen. Wenn nun – so die Rechtsprechung sinngemäß weiter – in der Produktion fast ausschließlich Arbeiter und in der Verwaltung fast ausschließlich Angestellte beschäftigt seien, so liege zwar eine zwischen Arbeitern und Angestellten differenzierende Regelung vor, der Differenzierungsgrund sei aber letztlich nicht der Arbeitnehmerstatus, sondern in Wahrheit der rechtlich anzuerkennende Grund zur Differenzierung zwischen Produktions- und Verwaltungsbeschäftigten.

Die Unterscheidung der Arbeitnehmer in Arbeiter und Angestellte verliert aber nicht nur in rechtlicher Hinsicht an Bedeutung, sie verwischt sich besonders auch in der betrieblichen Wirklichkeit.

Neue Techniken und Technologien, neue Formen der Arbeitsorganisation sowie die Umsetzung von Lean manufacturing- und Lean-production-Strategien verlagern Entscheidungskompetenzen vor Ort und stellen neue Qualifikations- und Tätigkeitsanforderungen an die Beschäftigten. Dies betrifft nicht nur den sogenannten Verwaltungs- (sprich: Angestellten-) -bereich, sondern in gleichem Umfang und vermehrt auch den gewerblichen Bereich. Tätigkeiten, Anforderungsprofile und Qualifikationsanforderungen zwischen Angestellten und Arbeitern nähern sich. Diese Entwicklung hat dazu geführt, daß seit ca. zehn Jahren die Thematik eines „Einheitlichen Entgelttarifvertrages für Arbeiter und Angestellte" in den tarifpolitischen Blickpunkt getreten ist. Zum Teil existieren in anderen Branchen bereits gemeinsame Entgelttarifverträge (z. B. Brauindustrie, Chemieindustrie), zum Teil laufen entsprechende Verhandlungen (z. B. Metall- und Elektroindustrie).

Auch bei Volkswagen hatten die Tarifvertragsparteien hier bereits einen ersten Schritt gemacht. In der Tarifrunde 1991 hatten beide Seiten im Rahmen der damaligen Lohn- und Gehaltsrunde eine Anpassung der Lohn- und Gehaltsstruktur vereinbart. In die Gehaltstafel wurden seinerzeit Zwischengehaltsgruppen, sogenannte „L-Stufen", eingebaut; darüber hinaus wurden die

Einheitlicher Entgelttarifvertrag

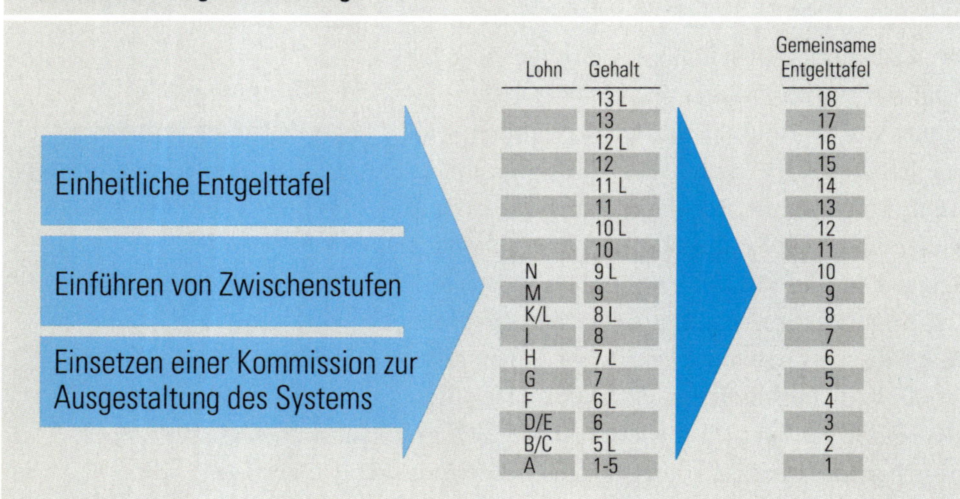

Monatsbeträge der Lohn- und Gehaltsgruppen soweit sie vom Arbeitswert vergleichbar waren, vereinheitlicht. Mit der Angleichung der Lohn- und Gehaltsstrukturen hatten die Tarifvertragsparteien einen ersten Schritt und eine notwendige technisch-organisatorische Voraussetzung für einen gemeinsamen Entgelttarifvertrag für Arbeiter und Angestellte realisiert. Seit dieser Zeit konnten aus verschiedensten Gründen weitere Fortschritte auf diesem Gebiet nicht erzielt werden, obwohl beide Seiten in der Präambel des Verhandlungsergebnisses von 1991 eine Verhandlungsaufnahme über einen gemeinsamen Entgelttarifvertrag verabredet hatten.

Ein weiterer Schritt ist nunmehr durch das Tarifergebnis '95 erfolgt. Es wurde vereinbart, daß ab 1. Januar 1996 die bisherigen getrennten Monatsentgelt- und Gehaltstafeln zusammengeführt und von einer Entgelttafel mit einheitlichen Entgeltstufen von 1 bis 18 ersetzt werden. In diesem Zusammenhang wurde auch vereinbart, daß im Angestelltenbereich die bisherigen „L-Stufen" erstmalig belegt werden. Alle Angestellten, die im Rahmen des bisher gültigen Tarifvertrages über Leistungsbeurteilung eine Leistungszulage erhalten, wurden ab 1. Januar 1996 in die „L-Stufe" umgruppiert. Dafür entfällt das Leistungszulagensystem. Angestellte, die keine Leistungszulage erhalten, können gemäß der neuen Vereinbarung nach spätestens zwei Jahren in die ihrer Grundgehaltsgruppe zugeordnete L-Stufe eingestuft werden.

Die L-Stufen haben durch die neue Vereinbarung den Charakter von „Erfahrungsstufen" erhalten. Der Leistung und der Erfahrung der Angestellten, die sie individuell zeigen und individuell erwerben, soll dadurch Rechnung getragen werden, daß sie zu unterschiedlichen Zeitpunkten umgestuft werden können und insofern mehr verdienen als die nicht so leistungsstarken und erfahrenen Angestellten. Die jetzt vereinbarten Regelungen sind eine Übergangslösung für eine Übergangsphase. Ein einheitlicher Tarifvertrag mit seinen Kernbestandteilen „Arbeits- und Entgeltbewertung nach gleichen Kriterien und Verfahren" ist noch zu verwirklichen.

Diese Aufgabe ist einer paritätisch besetzten Kommission übertragen worden. Sie wird insgesamt eine Lösung erarbeiten müssen, die einerseits als eine gerechte und moderne Lohnordnung akzeptiert wird, andererseits den zu berücksichtigenden wettbewerbsbedingten Kostengesichtspunkten Rechnung trägt und darüber hinaus auch die zur Zeit noch unterschiedlichen Regelungen (z. B. bei Vertretungen und Einarbeitungszeiten etc.) vereinheitlicht. Um diese Aufgabe sachgerecht bewältigen zu können, wird es detaillierter und zeitintensiver Gespräche und Verhandlungen bedürfen.

Beteiligungsrente

Der andere völlig neue qualitative Aspekt der tariflichen Entgeltpolitik ist die im Zusammenhang mit dem Gesamttarifpaket vereinbarte Beteiligungsrente. Die Vorteile einer betrieblichen Zusatzversorgung gegenüber alternativer Vorsorgeformen waren zwischen den Tarifvertragsparteien unbestritten. Einvernehmen bestand auch über die Versorgungslücken und -risiken des einzelnen, die im wesentlichen auf bisherigen gesetzlichen Eingriffen (u.a. Rentenreformgesetz 1992) beruhen, und über die Einschätzung, daß der Trend nach weiteren Leistungseinschränkungen noch nicht gestoppt ist.

Im Ergebnis waren sich beide Seiten relativ schnell einig, daß die Einführung einer betrieblichen Zusatzversorgung tarifpolitisch richtig und wichtig sei. Unterschiedliche Einschätzungen

Beteiligungsrente
Gestaltungsform der betrieblichen Altersversorgung für neue Arbeitszeitmodelle

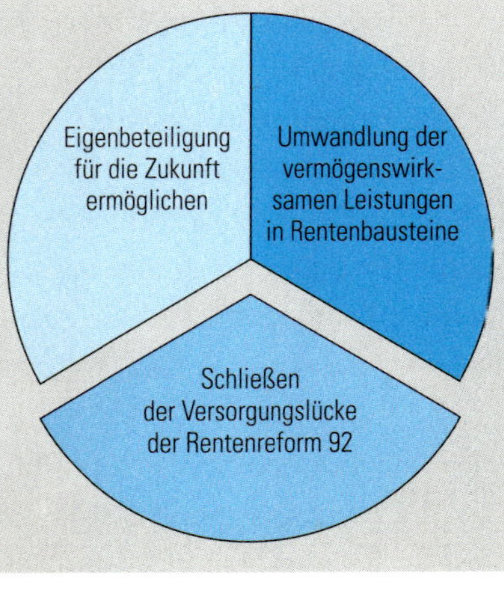

bestanden lediglich über den Weg der Finanzierung dieser Beteiligungsrente. Während die Unternehmensseite auch eine Umwandlung von beispielsweise 0,5% oder 1% der zu vereinbarenden Lohnerhöhung von Bar- in Versorgungslohn für realistisch hielt, erklärte die IG Metall aus ihrer Sicht die Umwandlung der vermögenswirksamen Leistung zur einzig möglichen Alternative. Dieser Tarifvertrag war bis Ende '94 befristet, seine Verlängerung war Gegenstand der Tarifforderung und -verhandlung. Die IG Metall erklärte, daß sie über eine Fortführung dieses Tarifvertrages in Form einer Zusatzversorgung verhandlungsbereit sei. Grundvoraussetzung sei allerdings, daß eine Verständigung über eine zumutbare Übergangsregelung gelinge, die den Beschäftigten eine angemessene und vernünftige Fortführung oder Beendigung eines laufenden Vermögensbildungsvertrages ermöglicht.

Vor dieser Ausgangssituation vereinbarten die Tarifvertragsparteien, daß der bisher unternehmensseitig als vermögenswirksame Leistungen gezahlte Betrag von 52 DM/Monat ab 1. Januar 1996 grundsätzlich entfällt und durch einen zusätzlichen Versorgungsaufwand ersetzt wird. Aus diesem Versorgungsaufwand wird nach versicherungsmathematischen Grundsätzen eine zusätzliche Betriebsrente aufgebaut. Anders als bei vermögenswirksamen Leistungen hat der einzelne keine Disposition über das „Rentenkapital". Dies ist insbesondere für die rechtliche Qualität der Vereinbarung im Sinne des Gesetzes zur Verbesserung der betrieblichen Altersversorgung ausschlaggebend. Eine Übergangsregelung stellt sicher, daß beim Übergang vom System der vermögenswirksamen Leistungen zum Beteiligungsrentenmodell individuelle Härten nicht auftreten können. So hat jeder Beschäftigte für maximal eineinhalb Jahre die Möglichkeit, seine bisherige, laufende Anlageform mit den unternehmensseitig gezahlten vermögenswirksamen Leistungen fortzuführen. Darüber hinaus können begründete Härtefälle für ein weiteres Jahr als Befreiung von der Beteiligungsrente anerkannt werden. Während die Befreiung für die ersten eineinhalb Jahre lediglich einen Antrag des einzelnen erfordert, setzt eine weitere Befreiung als

Die Beteiligungsrente richtet sich in ihren Leistungszusagen nach der Betriebsvereinbarung zum Bausteinsystem. Es handelt sich um Leistungen, die nur bei Eintritt des Risikofalles Tod, Invalidität oder Erreichen der gesetzlichen Altersgrenze ausgelöst werden.

Härtefall eine positive Entscheidung einer aus Unternehmens- und Betriebsratsvertretern paritätisch besetzten Kommission voraus. Aufgrund dieser ausgewogenen Übergangsregelung wird die betriebliche Zusatzversorgung als qualitativ neues Entgeltmoment in vollem Umfang bis spätestens zum 1. Juli 1998 zum Tragen kommen.

Entgelterhöhung 1996

Die Tarifeinigung zu den Themenfeldern des Gesamtpaketes – insbesondere zur Beschäftigungssicherung – machte den Weg frei für eine angemessene Erhöhung der Löhne und Gehälter. Für die Monate August bis Dezember 1995 wurden zunächst Monatspauschalen von je 200 DM festgelegt. Ab Januar 1996 wurde eine 4%ige Lohn- und Gehaltserhöhung vereinbart. Darüber hinaus wurde die Einmalzahlung (sogenanntes Rest-Tarifurlaubsgeld) von 764 auf 1600 DM ab 1996 angehoben sowie die prozentuale Anhebung des Weihnachtsgeldes bereits auf 1995 vorgezogen. Besondere Vereinbarungen wurden in bezug auf die Auszubildenden getroffen. Die Ausbildungsvergütungen wurden für das zweite, dritte und das vierte Ausbildungsjahr ab 1. Januar 1996 ebenfalls um 4% erhöht. Im ersten Ausbildungsjahr erfolgte keine Erhöhung. Darüber hinaus wurden für alle Ausbildungsjahre die Einmalzahlung und die Weihnachtsgratifikation anteilig angepaßt. Die Laufzeit der Entgelttarifverträge umfaßt den Zeitraum vom 1. August 1995 bis 31. Juli 1997.

Tarifpolitik bei Volkswagen

Die Tarifverhandlungen 1995 bei Volkswagen konnten nach fünfwöchigem Verhandlungsmarathon mit einem Verhandlungsergebnis beendet werden. Die Verhandlungen waren insgesamt schwierig, hart und äußerst zäh. Zum Teil waren Positionsbewegungen der Parteien von einem Verhandlungstermin zum anderen nicht oder kaum erkennbar. Erst in der Schlußphase, in den letzten beiden Verhandlungsrunden, waren Schritte aufeinander zu von beiden Seiten spürbar. Dies war geprägt von der Erkenntnis, daß der Zeitpunkt der Entscheidung gekommen war: Entweder war ein Abschluß möglich oder aber die Verhandlungen mußten für gescheitert erklärt werden. Ein weiteres Hinausziehen dieser Entscheidung hätte nichts gebracht. Die beiderseitigen Positionen zu den Verhandlungsgegenständen waren ausgiebig und ausführlich ausgetauscht. Diese zugespitzte und angespannte Situation hat letztlich den Boden für das Tarifergebnis bereitet. Ein Tarifergebnis, das in seinem Zustandekommen, der Vielfalt seiner Regelungsinhalte und insbesondere wegen seiner Qualität die Charakterzüge der von beiden Tarifparteien mit dem Abschluß von 1993 begonnenen Volkswagen-Tarifpolitik trägt, ja sie sogar fortentwickelt hat.

Die Tarifpolitik bei Volkswagen „redet“ nicht nur von Solidarität, sondern sie steht für praktizierte Solidarität für die Sicherung und Schaffung von Arbeitsplätzen. Im Sinne der Volkswagen-Tarifpolitik ist nichts tabu, was zumutbar ist: zumutbar für Arbeitgeber, Gewerkschaft und Belegschaft.

Die Volkswagen-Tarifpolitik repräsentiert daher ein bereits praktiziertes beschäftigungsmarktorientiertes Handlungsmuster, das von Politikern, Medien, Verbandsfunktionären der Arbeitgeber- und Gewerkschaftsseite sowie von der Öffentlichkeit der bundesdeutschen Tarifpolitik allgemein als unumgänglich abgefordert wird. In diesem Zusammenhang wird vielfach das Tarifvertragssystem in Deutschland in Frage gestellt, insbesondere das System der Flächentarifverträge. Von der Krise der Flächentarifverträge ist die Rede. Es ist sicherlich richtig, daß sich das Tarifvertragssystem insgesamt zwar bewährt hat und insofern nicht zerschlagen werden sollte. Aber eine Reform der Flächentarifpolitik ist dringend geboten. Die Lösung liegt nicht in einer Zersplitterung der Tarifpolitik. Eine konsequente Dezentralisierung der Tarifpolitik auf die Betriebsebene dürfte das Verhandlungsgleichgewicht zwischen Arbeitgeber und Gewerkschaft verschieben und letztlich mehr Risiken als Chancen in sich bergen. Die Lösung kann daher nur in einem neuen Ranking der Prioritäten und in einer durch die Flächentarifvertragsparteien selbst gestalteten und damit beherrschbaren Öffnung der Tarifvertragsinhalte für betrieblich notwendige Handlungs- und Entscheidungsoptionen liegen.

Der Tarifabschluß bei Volkswagen zeigt, daß eine Neuorientierung der Tarifpolitik möglich ist. Natürlich ist die Entwicklung bei Volkswagen begünstigt durch die Tatsache der Haustarifver-

Übernahme spezieller Elemente des Volkswagen-Modells in Metall- und Elektroindustrie

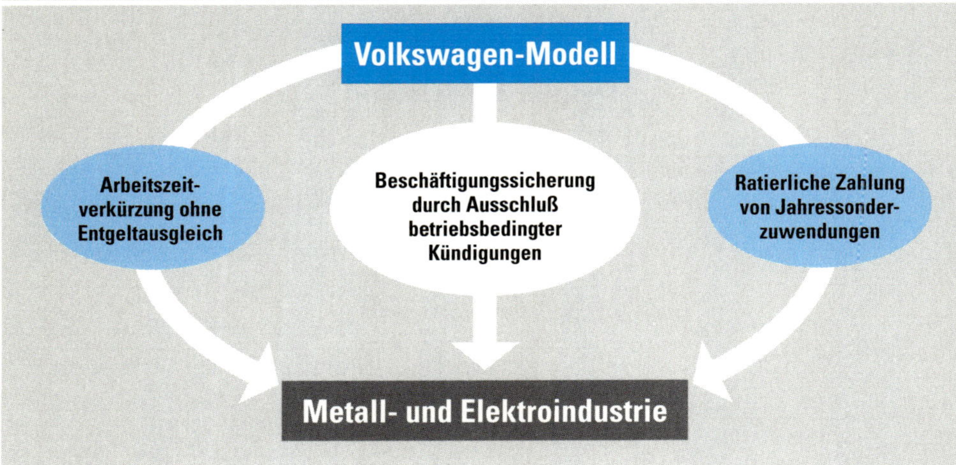

tragssituation. Dieser Haustarifvertrag, von Beginn an bei Volkswagen Tradition und häufig aufs heftigste kritisiert, bietet die Möglichkeit von maßgeschneiderten Lösungen und setzt z. B. nicht – wie in einem Flächentarifvertrag – die Berücksichtigung unterschiedlicher Arbeitgeberstrukturen und -interessen voraus. Eine Neuorientierung der Tarifpolitik bei einem Haustarifvertrag ist daher direkter zu diskutieren und zu realisieren. Nicht zuletzt aus diesen Gründen sieht sich Volkswagen – nach Zeiten heftiger Kritik – mit seinem Haustarifvertrag bestätigt.

Der neue Lebensbogen

Lebensarbeitszeit und Lebenseinkommen als neue Aufgabe

Variable Beschäftigungsverhältnisse und neue Lebensverläufe passen immer weniger zu den bisherigen sozialen Sicherungssystemen. Volkswagen hat dafür ein neues Gesamtkonzept entwickelt, das einen neuen Lebensbogen ermöglicht. Lebenseinkommen und Lebensarbeitszeit können stärker für die Vorsorge im Alter und den Übergang in den Ruhestand herangezogen werden. Aus einem veränderten Bindungsverständnis entsteht die zukünftige Gestaltungsbreite für Ältere: von der besonderen Know-how-Sicherung durch Ältere bis zur Altersstafette, vom variablen zum virtuellen Beschäftigungsmodell, von der Zumutbarkeitskurve im Alter zur Beteiligungsrente im neuen Rentenzeitalter von Volkswagen.

Das Volkswagen-Konzept für Ältere

Der Trend zur älteren Bevölkerung und auch Arbeitnehmerschaft gilt in allen Ländern der Europäischen Union. Die Frage der Älteren im Unternehmen und in der Gesellschaft wird eine hohe Bedeutung erlangen. Ein Paradigmenwechsel zeichnet sich ab, der eine neue Sicht für das Verhältnis von Arbeit und Nichtarbeit im Alter mit sich bringen wird. Noch gehen die gesellschaftlichen Vorstellungen und sozialen Sicherungssysteme von der festen Annahme aus, daß Vollzeitbeschäftigungen über 35 bis 45 Berufsjahre kontinuierlich durchzuhalten sind; daß diese Jahre mit einem stetig wachsenden Einkommensanspruch verbunden sind; und daß höhere Altersgrenzen von 63 oder 65 Jahren wieder zum Regelalter für den Renteneintritt werden könnten.

Die Realität ist eine andere und erweist sich als hartnäckige Herausforderung für die Gestaltung und Belastung aller Sozialsysteme. 25% der Arbeitslosen sind etwa in Westdeutschland Ältere. Die Berufserwartung nach Alter 45 orientiert sich schon am Lebensarbeitsende. Alter wirkt als Einstellungshürde. Langzeitarbeitslose hoffen auf die Rente. Der Vorruhestand gehört mangels Alternativen immer noch zum bestakzeptierten Instrument der Personalanpassung. Eine Erwerbsquote von nur 35% der über 60jährigen deutet dabei aber nicht allein auf das Wirken der Großunternehmen hin, die durch Frühpensionierungen die Sozialkassen belasten.

Statt Einengung auf Langzeitversicherte, starrer Altersgrenze oder pauschaler Spätverrentung sollten Korridore ermöglicht werden, die variable Lebensarbeitszeiten den Vollzeitbiographien grundsätzlich gleichstellen.

Neuüberlegungen kommen nicht daran vorbei, Lebensarbeitseinkommen und Lebensarbeitszeit neu zu bewerten und durch gesetzliche, tarifliche und betriebliche Gestaltungsspielräume die Entscheidung zu ermöglichen: Was brauche ich heute – was benötige ich morgen? Die biographische Vielfalt wird im neuen Lebensbogen als Normalität anerkannt und nicht zur Ausnahme erklärt: Ausbildungs- und Ersatzzeiten, Pflege und Erziehungszeiten oder Aufstiegs-, Abstiegs- und Arbeitslosenphasen, Qualifizierungs-, Sabbatical- und Teilzeitperioden sowie Auslandsvertrag und Arbeitnehmerüberlassung. So viele Lebensabschnitte könnten aus der sozialen Sicherung herausfallen oder nur unterbewertet eingehen. Hier brauchen der Betroffene und das Unternehmen neue Gestaltungsoptionen.

Statt sich am Endalter oder Endgehalt vor Renteneintritt auszurichten, sollten gleitende Übergänge und variable Verläufe ermöglicht werden. Berufliche Entwicklungen streben nicht mehr immer linear dem Höhepunkt vor Alterseintritt zu. Zeit- und Rentenkapital könnte aus wirtschaftlich stärkeren Berufs- und Einkommensphasen oder aus dem Vermögenswechsel zur Erbengeneration zusätzlich aufgebaut werden. Jugend, Single, Familie, Zeit der erwachsenen Kinder, die jungen Alten – Lebensphasen könnten zumutbare Vorsorge leisten oder am variablen Lebensbogen teilhaben.

Human Capital behält trotz vermeintlichem Karriereknick ab 45 seinen Wert und kann bis zum Engagement in virtuellen Beschäftigungen nach Berufsende gesellschaftlich nützlich bleiben. Einem ohnmächtigen Trend sind wir nicht ausgeliefert. Das Volkswagen-Modell nutzt den gesamten Lebensbogen und hat eine neue Personalpolitik für die Generationen eingeleitet.

Volkswagen hat dafür folgende Lösungen vorgesehen oder vereinbart:

Das Bauhof-Modell von Volkswagen als Aktivzentrum für das nachberufliche Leben schafft neue Möglichkeiten zum gesellschaftlichen Engagement und zu virtuellen Beschäftigungsformen im Sympathiekreis des Unternehmens.

- Beschäftigungsperspektiven und planbare Zeiträume für alle Mitarbeiter und Mitarbeiterinnen im Rahmen der „Volkswagen-Woche" statt Entlassungen und arbeitsmarktwirksamer Kündigungen;
- Umsetzung der „Generationenstafette" – gleitender Staffelwechsel zwischen jung und alt – mit längerer Nutzung von Erfahrung und Know-how der Älteren;
- Entwicklung altersadäquater Arbeits- und Lernformen, Schicht- und Blockmodelle;
- Verbindung der Altersstafette mit neuen gesetzlichen Rahmenbedingungen zum gleitenden Vorruhestand;
- Gestaltung des Lebensbogens durch Beschäftigungsscheck, degressive Kurve zumutbarer Einkommenssicherung und Angebote einer Umwandlung von Entgelt in Rente;
- partnerschaftlicher und flexibler Aufbau des zukünftigen Vorsorgekapitals durch Baustein- und Beteiligungsrente;

- Schaffung neuer Bindungsformen für und durch Ältere. Volkswagen hat dazu einen „runden Tisch" geschaffen, der sich unter Mitwirkung von Öffentlichkeit, Gewerkschaften, Kirchen und Institutionen auch besonders um diese Fragen der kreativen Freizeitgestaltung in der dritten Lebensphase kümmert. Diese Initiative nennt sich EASI (Engagiert, Aktiv, Sozial und Interessiert).

Die demographische Herausforderung

Modellrechnungen bestätigen immer wieder die Fortsetzung des Trends zu einer älteren Bevölkerung bis in die Mitte des nächsten Jahrhunderts. Trotz Zuzugs ausländischer Erwerbspersonen und gesamteuropäischer Migrationsbewegungen hat sich die Regenerationsrate der Bevölkerung in Deutschland, aber auch in ganz Westeuropa auf einem sehr niedrigen Niveau stabilisiert. Für ein langfristiges Null-Wachstum müßten statistisch 2,1 Kinder von jeder Frau zwischen 15 und 45 Jahren geboren werden. Der Trend liegt aber bei 1,4 für westdeutsche Frauen und 0,8 für ostdeutsche Frauen. Die Abnahme der Bevölkerung ist dadurch vor-

Entwicklung des Erwerbspersonenpotentials 1990 – 2030
Nach Altersgruppen, 1990 = 100

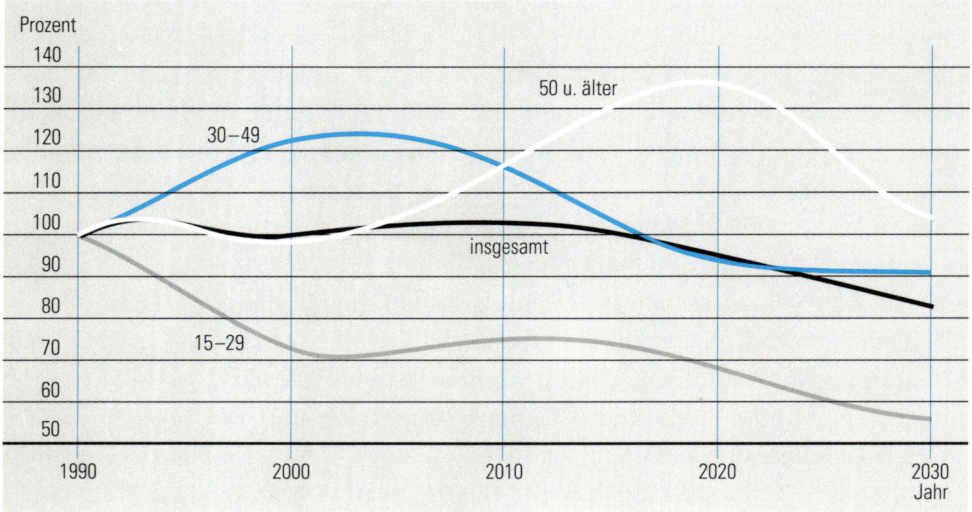

Quelle: IAB 1995

programmiert. Jede Elterngeneration ist inzwischen stärker besetzt als die ihrer Nachkommen. Das Durchschnittsalter der Arbeitnehmer wird dadurch von heute etwa 40 Jahren, auf rund 50 Jahre im Jahr 2040 steigen. Die Zahl der über 65jährigen wird von heute gut 20% rasch auf 50% anwachsen. Die Fakten sind bekannt. Die Folgen auch. Die Umlage wächst sprunghaft, die die Jüngeren für die Älteren über Beiträge in den Zweigen der sozialen Sicherung aufzubringen haben. Beitragssätze zur Rentenversicherung von 27 bis 37% werden in den kommenden 30 Jahren

Altersstruktur der Volkswagen-Familie

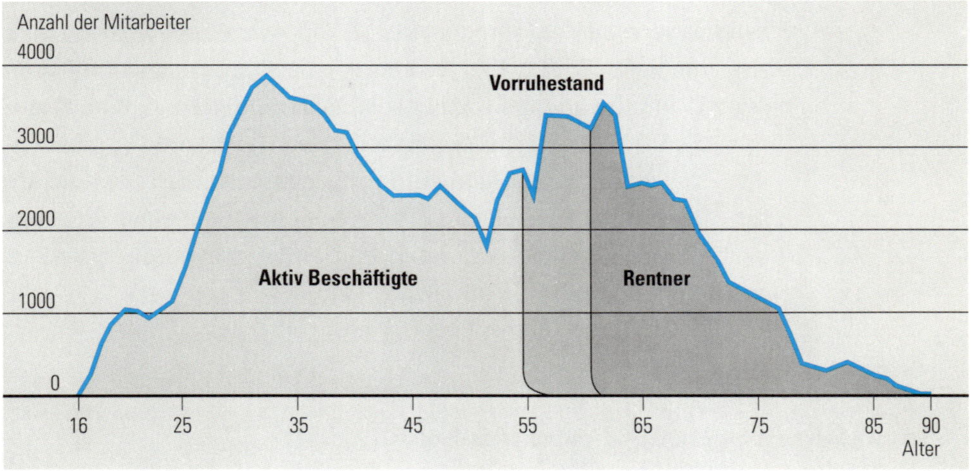

prognostiziert, wenn es nicht noch einmal drastische Absenkungen des gesetzlichen Rentenniveaus geben sollte. Der Generationenvertrag ist eine Nabelschnur mit Gegenstrom. Dennoch ist nichts so sicher an der sozialen Sicherung wie die Versorgungslücke im Alter. Keine Regierung, kein Sozialpartner und kein Unternehmen kann sich diesem langen Blick in die Zukunft heute noch entziehen.

Auch die „Großfamilie" eines Großunternehmens spürt diese Verschiebung der Generationen. Voraussichtlich wird im Jahr 2010 auf jeden Aktiven ein Betriebsrentner kommen. Verteilungskonflikte könnten sich daraus ergeben, wenn die Betriebsrentenanpassung mehr Geld als eine Lohnerhöhung verschlingt. Noch wichtiger ist aber die positive Seite – die Ehemaligen als bedeutendster Teil des Sympathiekreises des Unternehmens. Aber diesen Gedanken gilt es erst wiederzuentdecken.

Beschäftigungsperspektiven für Ältere

Der Beschäftigungserfolg von Käfer und Golf heißt heute: 75 000 VW-Rentner. Diese Entwicklung könnte vielleicht verzögert, aber bis 2040 kaum umgekehrt werden. Selbst bei generellem Heraufsetzen der Altersgrenze auf 63 Jahre wäre der Trend nicht zu stoppen. Allerdings stiege dann das Durchschnittsalter der Belegschaft von heute 38 Jahren schon auf 45 Jahre bis 2005. Das erforderte bis zu 18 000 mehr Arbeitsplätze in den nächsten zehn Jahren an den Standorten der Volkswagen AG im Vergleich zum heutigen Trend. Die Älteren würden dann wieder mit den Jungen um die knappen Arbeitsplätze konkurrieren – eine Situation, die im Volkswagen-Modell gelöst werden konnte.

Aus diesen voraussehbaren Entwicklungen wird ein Konzept für Ältere unausweichlich, das sowohl den Aspekt eines längeren Verbleibens als heute wie auch den eines gleitenden Ausstiegs aus dem Erwerbsleben umfaßt:

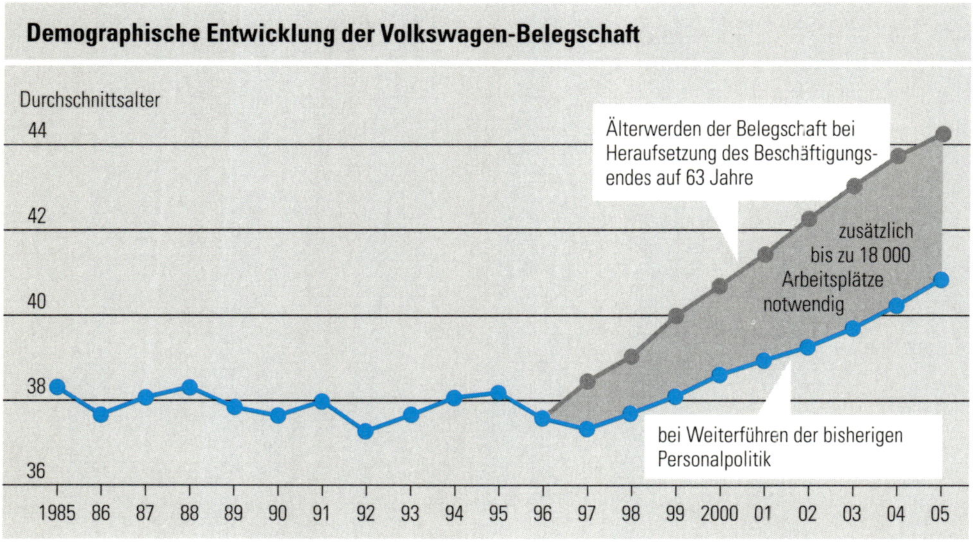

Demographische Entwicklung der Volkswagen-Belegschaft

- Qualifizierung für Ältere
- Nutzung des Persönlichen Entwicklungsplans für Know-how-Sicherung
- Anforderung und Arbeitsgestaltung für die Altersstafette
- Projekt- und Blockmodelle für Personalunterstützung und Know-how-Einsätze
- Gesundheitsbegleitung, vor allem im Schichtbetrieb

Hinzu kommt die Vorbereitung auf den gleitenden Vorruhestand. Hier werden neue Beschäftigungserfahrungen gesammelt, da bisher Modelle der Altersteilzeit in der Wirtschaft und bei den Arbeitnehmern wenig Anklang fanden. Organisatorische Phantasie wird verlangt, um Hunderte und Tausende Altersstafetten eines Jahrgangs umzusetzen. Für Volkswagen ist dies kein Neuland, da bereits mit zwei Jahren Ausgebildetenstafette alles in allem positive Erfahrungen gesammelt werden konnten. Es geht.

Lebenseinkommen und Lebensarbeitszeit als neue Gestaltungsaufgabe

Variable Lebensbögen bleiben ohne entscheidende Innovation und Gegensteuerung unzumutbar für die Alterssicherung. Einkommenseinbuße durch 4-Tage-Woche, abnehmendes Einkom-

Stafette für Generationen: Durch gleitenden Ausstieg den gleitenden Einstieg ermöglichen

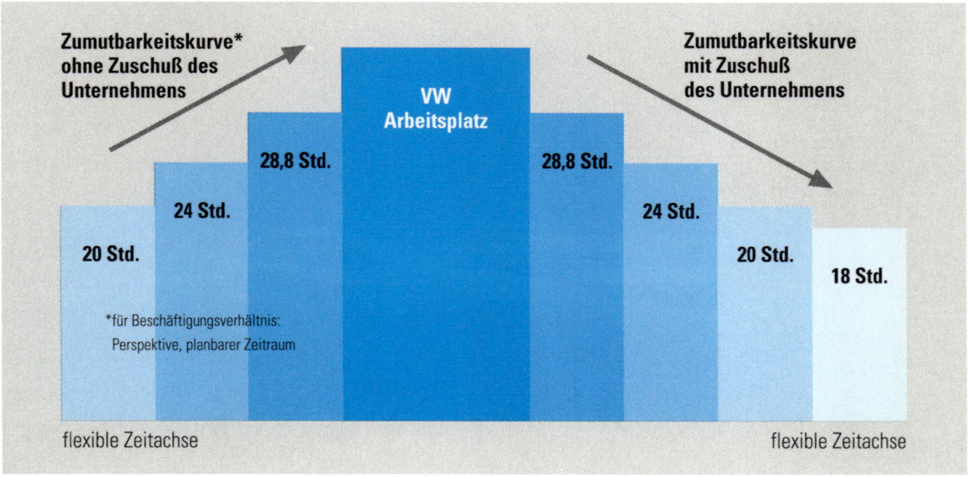

men in der Altersstafette und weitere flexible Elemente nach Lebenssituation verringern die Bemessungsbasis für spätere soziale Leistungen.

Auch die Überbrückungsphase zum gesetzlichen Ruhestand und ihre Dauer bedarf neuer Überlegungen. Wie soll das abgesenkte Einkommen für Ältere in Stafette aufgefüllt werden? Für wie lange ist eine solche Überbrückung durch Zuschußzahlungen ausgleichbar, welchen Beitrag können andere Bausteine leisten?

Die Volkswagen-Lösung lautet: jeder Ältere kann z. B. nach Alter 55 gleitend über drei gleiche Stufen in den Ruhestand treten. Das könnten z.B. jeweils ein Jahr mit 24 Stunden Wochenarbeitszeit oder 20 und 18 sein. Diese Phasen könnten auch als Blockzeiten vereinbart werden. Der Weg in den gleitenden Vorruhestand wird einvernehmlich mit dem Betroffenen und dem Betriebsrat besprochen. Das Unternehmen muß jedoch diese Maßnahmen nach Bedarf auslösen und behält die Disposition. Die Wirtschaftlichkeit der Maßnahme und bei Strukturproblemen auch der Wegfall des Arbeitsplatzes sind zwingende Bedingung für eine Initialzündung.

Für die Altersstafette kommen auch Zuschußzahlungen nach der Zumutbarkeitskurve des Unternehmens zum Tragen. Und zwar unabhängig von seinem Zeitvolumen erhält der Mitarbeiter den Nettoausgleich, um für den gesamten Übergang zum Ruhestand eine Einkommenssicherung zu erhalten. Dieser Gedanke läßt sich auch davon tragen, daß die Bezugsgröße für diese Nettosicherung das bereits verminderte Entgelt der 4-Tage-Woche ist. Die Werte liegen vor allem dadurch ohnehin deutlich unter früheren Altersregelungen.

Weiterhin können für die Alterstafette auch Beschäftigungsschecks aktiviert werden. Mehrarbeit, die ein Mitarbeiter in den fünf Jahren vor Stafettenbeginn geleistet, aber nicht entnommen hat, hält er in Form von Beschäftigungsschecks in den Händen und kann sie für die Gestaltung des gleitenden Ausstiegs einbringen. Ein schnellerer Durchlauf durch die Zeitstufen der Stafette als auch ein früherer Ausstieg vor gesetzlichem Rentenbeginn wären möglich und im Einzelfall vereinbar. Beschäftigungsschecks bilden das Zeitkapital der Älteren für den Vorruhestand.

Lebensbogen: Vorsorge für das Alter aus Beschäftigungsscheck und Beteiligungsrente

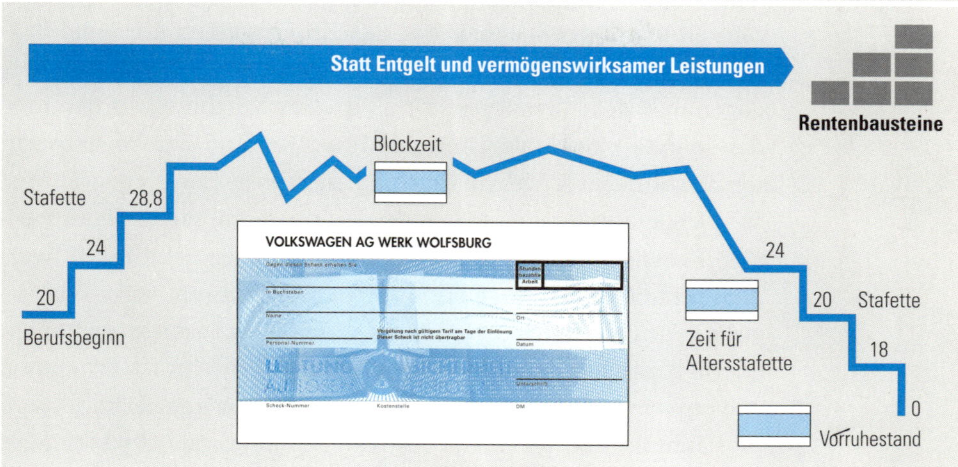

Mit diesem Modell gibt es erstmals umfassende Möglichkeiten, Lebensarbeitszeit und Lebenseinkommen für Probleme des Altersübergangs zu aktivieren. Die Rückstellungen für diese Ansprüche wären später vorhanden – ausgelöst am Zeitpunkt der Zusage.

Der Lebensbogen würde sich für Ältere bei Volkswagen in die magischen Altersjahre 50-55-60-65 aufgliedern: mit 50 Start für das Zeitkapital „Beschäftigungsscheck", mit 55 Gleiten in die Altersstafette, mit 60 Vorruhestand und vorgezogener Rentenbezug sowie ab 65 definitives Berufsende bei Volkswagen.

Das Bausteinsystem

Eines der gravierendsten Probleme bisheriger Sozialleistungssysteme ist ihre mangelnde Gestaltbarkeit und Flexibilität.

Volkswagen praktizierte in der Vergangenheit ein sogenanntes „final pay system", also eine Betriebsrente, die am Entgelt in den letzten zwölf Monaten vor Ausscheiden orientiert war. Die effektive Verpflichtung erfährt das Unternehmen tatsächlich erst am Ende der Dienstzeit. Das Unternehmen muß laufend nachfinanzieren. Schätzungen besagen, daß dabei leicht eine Unterfinanzierung der Betriebsrente von 10 bis 15% entstehen kann. Angesichts dieser Unsicherheit werden Rentenzusagen kaum erhöht, da der ausgelöste Verpflichtungsstrom ausschließlich von der Entgeltentwicklung in der fernen Zukunft beeinflußt wird. Bereits in der Vergangenheit hat das Unternehmen die Final-Pay-Zusage gekürzt, und zwar für Neueintritte ab 1987 um fast 40% gegenüber den Altzusagen. Dreißig Jahre wird diese Drosselung der Dynamik benötigen, um den Hauptbestand der Betriebsrenten auszumachen und voll wirksam zu sein.

Völlig mußte dieses System nun versagen, wenn damit variable Lebensverläufe und vor allem die Altersstafette erfaßt werden sollten. Das Endgehalt in der Altersstafette wäre viel zu gering für eine Betriebsrentenberechnung und würde auch nicht die Gesamtarbeitsleistung über alle Dienstjahre im Unternehmen widerspiegeln. Höchster Handlungsbedarf war angezeigt.

Bereits im Rahmen der Konzeption von 1993 („Jeder Arbeitsplatz hat ein Gesicht“) wurde ein Bausteinmodell als Schlüssel zur Lösung vorgestellt. Inzwischen konnte es vereinbart werden und trat zum Januar 1996 in Kraft.

Grundgedanke des neuen Betriebsrentensystems ist, daß zukünftig jedes Jahr eigenständig bewertet und ein Rentenbaustein gebildet wird. Dabei wird der spätere Rentenanspruch des Mitarbeiters mit der Verzinsung des Kapitals pro Jahr bis zum Rentenbeginn bereits ermittelt und dafür eine Rückstellung gebildet, die den Aufwand voll dem aktuellen Jahr zurechnet. Der Aufwand ist also bekannt und berücksichtigt. Eine Nachfinanzierung für zurückliegende Dienstzeiten durch spätere Tariferhöhungen oder Karrieresprünge entfällt.

Das gesamte Arbeitsleben kann durch Rentenbausteine abgebildet werden: durch gute wirtschaftliche Jahre des Unternehmens ebenso wie durch Rentenbausteine aus Mitarbeiterhand. Keiner geht verloren, jedes Jahr bleibt gestaltbar.

Jedes Jahr ergibt nach dem individuellen Einkommensverlauf nach und nach eine Reihe von Rentenbausteinen, die später als Summe für die Rente zur Verfügung stehen.

Da nun in diesem System der gesamte Lebensbogen die spätere Bausteinsumme bestimmt und kein Rentenbaustein aus vergangenen Tagen verloren geht oder wie im „final pay system“ von späteren Ereignissen ausgelöscht werden kann, ist es geradezu ideal für das Volkswagen-Konzept. Das gesamte Arbeitsleben kann durch Rentenbausteine abgebildet werden: durch gute wirtschaftliche Jahre des

Unternehmens ebenso wie durch Rentenbausteine aus Mitarbeiterhand. Keiner geht verloren, jedes Jahr bleibt gestaltbar.

Ein zentrales Problem der Tarifrunde 1995 konnte damit auch gelöst werden: Besondere Rentenbausteine können die Lücken im Übergang zum Ruhestand auffüllen. Die vereinbarten Rentenbausteine schließen die Lücke, die sonst die Altersstafette im Rentenalter aufgerissen hätte. Bausteine werden wie bei den übrigen Mitarbeitern entsprechend dem verminderten Einkommen der 28,8-Stunden-Woche gebildet.

Weitere Vorteile des neuen Systems liegen auch in der einheitlichen Philosophie, anstelle der Statusgruppe die Leistungs- und Einkommenskurve zum Angelpunkt der Rentendifferenzierung zu nehmen.

Wer über seine Gesamtlebensarbeitszeit bei Volkswagen eine überdurchschnittliche Leistung gebracht hat, hat seine überdurchschnittliche Bausteinrente sicher – unabhängig davon, ob er später die Altersstafette auf sich nimmt. Für alle Führungskräfte und alle Mitarbeiter gelten nach der Umstellung die gleichen Parameter: Gleiche Verrentungstabelle, gleicher versicherungsmathematischer Abschlag, gleiches Leistungspektrum – nur die Bemessungsgrundlage aus dem Jahreseinkommen wird differenziert. Dies trägt aber dem Umstand auch Rechnung, daß ein erheblicher Teil der Jahresbezüge von Führungskräften bonusabhängig ist und sich nicht durch das Monatseinkommen in der Bemessungsbasis widerspiegeln kann.

Die alten Versorgungsordnungen wurden als Basisbaustein mit Dynamisierung in das neue System integriert. Alle Mitarbeiter unter 55 Jahren konnten so umgestellt werden. Vergleichsrechnungen haben die Leistungsfähigkeit des neuen Systems untermauert. Generell gilt: je länger jemand im Bausteinsystem ist, um so besser stellt er sich in der Vergleichsrechnung.

Beteiligungsrente

Das Bausteinsystem ist maßgeschneidert für Zusatzbausteine aus Mitarbeiterbeteiligung. Die Beteiligungsrente bietet das. Im Volkswagen-Modell beinhaltet sie identische Leistungen für den gleichen Versorgungsaufwand wie im Bausteinsystem. Sie ist das erste Sozialleistungssystem für einen neuen Lebensbogen.

Angesichts der hohen Belastung der Einkommen mit Steuern und Abgaben erreicht die Eigenvorsorge aus dem verfügbaren Nettoeinkommen nicht die Wirkung und Gestaltungsfähigkeit, die für die Schließung der Versorgungslücke wirklich erforderlich wäre.

Grundprinzip der Beteiligungsrente ist der Ersatz eines Anspruchs auf Entgelt oder Sozialleistung heute durch einen Rentenbaustein morgen. Es muß sich um noch nicht zugeflossene Leistungen handeln sowie Anwartschaften, über die der einzelne nicht wie über Sparkapital verfügen kann. Sie müssen für den Risikofall Tod, Invalidität und Ruhestand reserviert sein. Aus unversteuertem Einkommen kann diese weitere Säule der Vorsorge aufgebaut werden. Sie ist damit ergiebiger als jede andere Anlageform.

Die Beteiligungsrente kann durch Ersatz von tarflichen Entgeltansprüchen oder auch von Nebenleistungen wie den vermögenswirksamen Leistungen gebildet werden. Das Volkswagen-Modell hat den Einstieg in die Beteiligungsrente gefunden. Es konnte der Tarifvertrag über vermögenswirksame Leistungen abgelöst werden, und es besteht die Hoffnung, daß dies eine Lösung auf Dauer wird.

Die Beteiligungsrente
Ein neuer Baustein der Altersversorgung bei Volkswagen

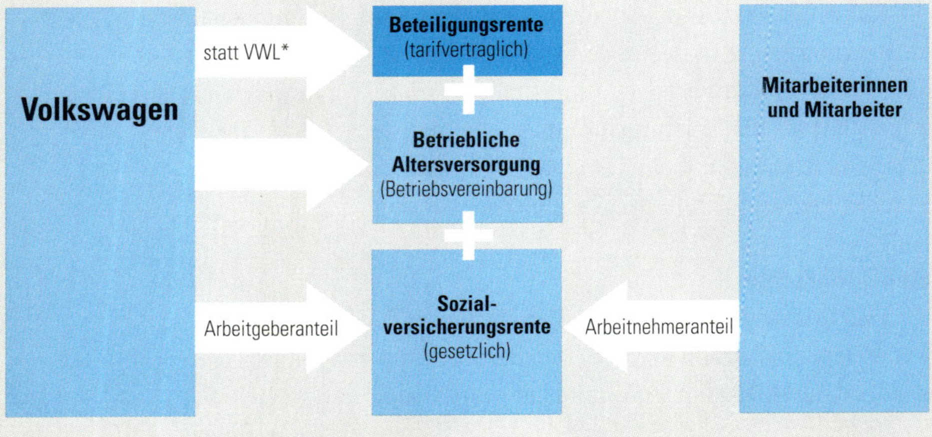

*Vermögenswirksame Leistungen

Mit einem Nettoverzicht von 32 DM im Monat (also Brutto 52 DM vermögenswirksame Leistung) kann auf Dauer eine zusätzliche Betriebsrente von 140 bis 625 DM erworben werden. Der 25jährige gewinnt wegen der längeren Laufzeit die höhere Rente gegenüber dem 45jährigen in diesem Zahlenbeispiel.

Ebenso attraktiv könnte sich die Beteiligungsrente im Rahmen von Tarifverhandlungen entwickeln, weil mit ihrer außerordentlichen Hebelwirkung ein Konsens schneller zu erreichen ist als bei anderen Themen. Die gesamte betriebliche Altersversorgung von Volkswagen mit 5 Mrd. DM Anwärterrückstellung hätte

Die Beteiligungsrente bei Volkswagen im Vergleich zu anderen Vorsorgeformen

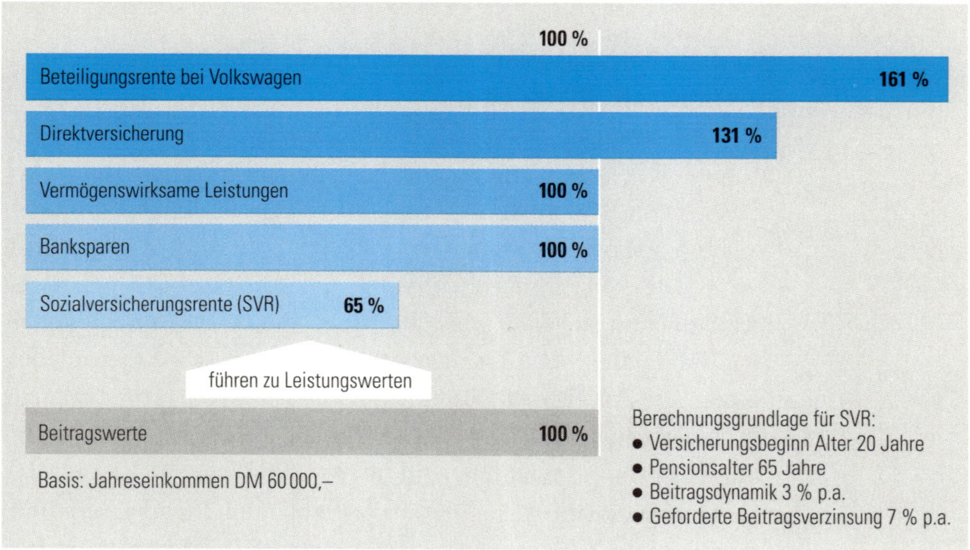

Quelle: Berechnung Dr. Bode/Dr. Grabner u. Partner

sich aus der Umwandlung von drei bis vier Prozentpunkten einer Tariferhöhung in der Vergangenheit aufbauen lassen. Die Beteiligungsrente macht aus einem Prozentpunkt Tariferhöhung 1,5 bis 1,6% für den Arbeitnehmer. Kein anderes Instrument ist so leistungsfähig wie diese Kombination von Verzinsung mit dem langfristigen Kapitalmarktzins von 7,5% und Finanzierung vor Steuern und Abgaben.

Mittelfristig wächst auch dem Unternehmen aus Bausteinsystem und Beteiligungsrente ein Zusatzkapital zur Unternehmensfinanzierung zu: Gleichzeitig bleiben die Kosten stabil, da nachträgliche Aufwertungen bereits erworbener Anwartschaften ausgeschlossen sind.

Volkswagen hat erstmalig in Deutschland eine tarifliche Öffnung für dieses innovative Konzept der Zukunftssicherung vereinbaren können.

Mit Blick auf die dunklen Wolken über der gesetzlichen Rente rückt die Frage immer stärker in den Vordergrund: Wie können die Betroffenen noch aktiv auf die spätere Rentenhöhe Einfluß nehmen? Mit der Beteiligungsrente und dem Bausteinsystem kann der Entgeltmix „Was heute – was morgen" erstmals bewußt gesteuert werden.

Die neue Bindungsdefinition: Für ein neues Verhältnis von Arbeit und Nichtarbeit

Im Lebensbogen variabler Lebenswelten verändern sich die Anteile von Arbeit und Nichtarbeit laufend gegeneinander. Die Volkswagen-Woche beansprucht im Durchschnitt 28,8 Stunden von 168 der Arbeitswochen des einzelnen. Im Alter würden dann auch Jahresverteilungen kommen, die konzentrierte Arbeit im Frühjahr und vielleicht sogar in der normalen Urlaubszeit vorsehen, dafür aber viele Wochen bereits einen Ruhestand genießen lassen. Die Zeit für neue Bindungen außerhalb des Arbeitsplatzes ist enorm gewachsen. Doch bewahren die älteren Mitarbeiter und Mitarbeiterinnen noch bis zum letzten Arbeitstag das Band, das sie so viele Jahre mit anderen verband und Nachbarschaften, Familien und Kollegengenerationen prägte. Das letzte Band loszulassen fällt jedem schwer, der Jahrzehnte mit innerer Anteilnahme für die gemeinsame Sache einstand. Dieses Gefühl der Wertschätzung und des Stückes Volkswagen, das der eigene Arbeitsplatz bedeutete, schafft einen inneren Sympathiekreis durch die Bevölkerung am Standort. Das Mitreden hört nicht auf und reicht bis in den kleinsten Verein und die entfernteste Fahrgemeinschaft. Unternehmenskultur und Umfeldkultur beeinflussen sich und überschneiden sich im Sympathiekreis. Er erlaubt Bindungsformen mit dem Unternehmen auch außerhalb der Arbeit. Sie gilt es zu erkennen und besonders in der Vorbereitung auf den Ruhestand und der aktiven Begleitung der Zeit danach zu festigen und für neue Ideen zu nutzen.

Für ein neues Verständnis des Älterwerdens: Aktivzentrum Bauhof

Die nachberufliche Lebensphase bedeutet Neuorientierung. Um einen Beitrag dazu zu leisten, hat Volkswagen mit der Initiative EASI begonnen, über die neuen Bindungsformen und Lebensperpektiven der „jungen Alten“ zu reden. Allein bei Volks-

BAUHOF
Zentrum
für aktive
Gesundheitsförderung

wagen gibt es 25 000 dieser Gruppe, die nicht mehr arbeiten, aber noch über 20 Jahre Lebenserwartung vor sich haben. In Wolfsburg beispielsweise sind inzwischen 36% der Bevölkerung über 50 Jahre alt. Ziel dieser Diskussion ist es, die Produktivität des Alters neu zu entdecken und in gesellschaftliche Projekte umzusetzen. Hier könnten dann auch befreit von den Zwängen des betrieblichen Ablaufs das „Miteinander“ und der „Spaß der Selbstorganisation“ zum Zuge kommen. Treffpunkt, Informationsstelle, Projekte, Beratung und Gesundheit wären die Felder einer solchen Konzeption vom Aktivzentrum Bauhof. Zusammen mit der Volkswagen BKK sowie der Stadt Wolfsburg wird das bahnbrechende Projekt 1996/97 umgesetzt.

Die Zukunft der Alterssicherung

Die demographische Entwicklung, eine höhere Lebenserwartung sowie der Trend zu variablen Lebensarbeitszeiten erfordern eine Fortbildung der Systeme der Alterssicherung. Die Verdoppelung des Anteils der älteren Bevölkerung in den kommenden Jahrzehnten führt zwangsläufig entweder zur Verdoppelung der Beitragssätze zur Rentenversicherung oder zur Halbierung ihrer Leistungen. Weiterhin haben die Systeme der Alterssicherung die Folgen der deutschen Einigung wie auch der Integration von Aussiedlern zu tragen. Diesen zusätzlichen Lasten stehen keine Beiträge gegenüber, die dafür geleistet wurden. Zusätzlich wirken sich die verstärkten Alterszugänge wegen verminderter Erwerbsfähigkeit und Arbeitslosigkeit aus. Vor allem ist die Praxis des Vorruhestandes in den Mittelpunkt von Neuüberlegungen gekommen. Die Möglichkeiten des Vorruhestandes sind in der Vergangenheit durch Gesetzgebung und Rechtsprechung weiter eingeengt oder verteuert worden.

Volkswagen hat in dieser Situation selbst Vorschläge entwickelt, wie eine neue Balance zwischen den verschiedenen Interessen gefunden werden kann, die bei einer Neugestaltung mitwirken sollten. Ohne Lösung der Vorruhestandsfrage könnte das Problem einer Zusatzarbeitslosigkeit in Millionenhöhe entstehen, da auch in den neuen Bundesländern der Frühruhestand eine – allerdings gesetzlich unterstützte – Form der Beschäftigungspolitik war.

Angesichts der fortbestehenden hohen Arbeitslosigkeit und des zu geringen Wachstums neuer Arbeitsplätze erscheint es wenig zweckmäßig, einen Vorruhestand grundsätzlich gesetzlich auszuschließen. Dies führte nur dazu, daß anstelle der im Vorruhestand befindlichen mehreren Hunderttausend „Jungsenioren" jüngere Arbeitnehmer den Arbeitsmarkt zusätzlich belasten.

Unter der Voraussetzung, daß jeder Vorruheständler doch bis zur flexiblen Altersgrenze arbeiten müßte, würde sich allein aus der fünf- bis achtjährigen Bindung von Arbeitsplätzen eine erhebliche Wirkung auf die Arbeitslosigkeit ergeben (Rückstaueffekt). Hinzu kommt, daß eine zusätzliche Arbeitslosigkeit jüngerer Arbeitnehmer einen sehr viel höheren sozialen Sprengstoff bewirkt als die sozialverträgliche Gestaltung über den Vorruhestand. Diese wesentliche Erkenntnis, die auch der Volkswagen-Lösung zugrundeliegt, führt zur Suche nach Auswegen, die für alle Beteiligten zumutbare Beiträge, insgesamt aber eine realistische Alternative zum Vorruhestand heutiger Prägung darstellt. Sicher ist dabei, daß unter dem Strich eine Entlastung der Sozialkassen in der Gesamtwirkung erzielt werden sollte.

Auf dieser Basis hat Volkswagen bereits im Frühjahr 1995 Vorschläge zur Lösung der Alterssicherung gemacht. Die Generationenstafette – das Modell zielt darauf, die Möglichkeit des vorzeitigen und variablen Ausscheidens älterer Arbeitnehmer mit der Sicherung der Arbeitsplätze für jüngere Arbeitnehmer zu verbinden. Der Grundgedanke des Modells beruht darauf, daß mit zumutbaren Beiträgen aller Beteiligten größere Nachteile jeweils abgewendet werden. Für die Politik und die sozialen Sicherungssysteme wäre dies die Verminderung der Finanzlast bei gleichzeitigem Beibehalten einer akzeptanzfähigen Lösung für die anderen Partner. Für die Arbeitnehmer müßte der Beitrag in dem zumutbaren Einkommensverlust im Übergang zum Ruhestand bestehen und der Bereitschaft, über Eigenvorsorge einen Teil der Zusatzlast selbst vorzufinanzieren. Sie gewännen die planbare Perspektive eines würdevollen Übergangs in den Ruhestand ohne vorgeschaltete Arbeitslosigkeit. Auch würden die Eltern Arbeitsplätze freimachen, damit ihre Kinder und Enkel nachrücken können. Die Drehscheibe des Arbeitsmarktes zwischen den Generationen käme nicht zum Stillstand.

Der Vorschlag beinhaltet die Einführung einer Stafette für Generationen, die an die Diskussionen und Erfahrungen bei Volkswagen anknüpft. Politik, Unternehmen und Arbeitnehmer müßten in diesem Modell einen Beitrag leisten, gewännen aber gleichwohl durch die Wirksamkeit der Lösung die Entlastung des Arbeitsmarktes und die Schonung der Systeme der Sozialversicherung.

Für die Unternehmen müßte es immer noch akzeptabel sein, im Vergleich zu konfliktbeladeneren Sozialplänen für Jüngere einen Beitrag für den Fortbestand des Anpassungs- und Verjüngungsinstruments „Vorruhestand“ zu leisten. Die Elemente der Stafette für Generationen beinhalten:

Der Gesetzgeber hätte – wie bereits in den ersten Novellierungsvorschlägen enthalten – einen früheren Anspruch auf Teilrente und den Zugang zur Rente mit 60 ohne vorausgegangene Arbeitslosigkeit zu ermöglichen. Die Zusatzlasten dieser Flexibilisierung der Alterslasten für ein solches gleitendes Vorruhestandsmodell müßten kompensiert werden, zum Teil durch noch zumutbare versicherungsmathematische Abschläge von der Rente, die aber nur die wirklichen Mehrbelastungen berücksichtigen. Gleichzeitig müßten aber Anreize geschaffen werden für alle Fälle, die mit einer Wiederbesetzung der Arbeitsplätze oder der Beschäf-

Stafette für Generationen

- **Attraktives Modell für alle Beteiligten**
- **Wirkungsvolle Beschäftigungssicherung**
- **Entlastung der Arbeitsverwaltung und der Staatsfinanzen**

Politik

- Steuererleichterungen oder AFG-Förderung bei Teilzeit ab 55. Lebensjahr
- Flexibilisierung der Altersgrenzen/Entfall der Voraussetzung vorausgegangener Arbeitslosigkeit bei Anspruch auf SV-Rente ab 60. Lebensjahr
- Früherer Anspruch auf Teilrenten ab 58. Lebensjahr

Unternehmen

- Teilnahmevoraussetzung: Verpflichtung zur Übernahme von Auszubildenden oder Arbeitslosen
- Zuschußzahlungen zum Einkommen
- Öffnung für Beitragsaufstockung oder partnerschaftliche Lösungen durch Vorsorgemodelle

Arbeitnehmer

- Flexibilität und zumutbarer Beitrag
- Solidarität mit den Jüngeren
- Mitfinanzierung des Modells, z.B. durch Beteiligungsrente

Modell „Stafette für Generationen"

tigungssicherung verbunden sind. In diesem Fall sichern die weitergeführten Steuer- und Beitragszahlungen die Wirtschaftlichkeit des Modells. Unternehmen müßten in diesem Fall zusätzliche Gestaltungsmöglichkeiten erhalten, durch Steuererleichterung etwa Freibeträge für die Übernahme von Ausgebildeten oder Arbeitslosen bzw. entsprechende Teilzeitförderung (Arbeitsförderverträge) einen Teil der Mehrkosten der Generationenstafette zu finanzieren. Arbeitnehmer könnten durch Zumutbarkeitskurve, Zeitkapital und Beteiligungsrente – wie im VW-Beispiel – auch einen Beitrag leisten. Hier müßten allerdings die Tarifparteien die Weichen stellen und der Gesetzgeber dies durch entsprechende Klarstellungen in den Gesetzen zur betrieblichen Altersversorgung und dem Arbeitsförderungsgesetz (z. B. keine Anrechnung des Zeitsparens bei Kurzarbeit) erleichtern.

Durch die Kombination der verschiedenen Elemente könnte ein neuer tragfähiger Kompromiß entstehen, wie Modellrechnungen unterstreichen. Eine solche Lösung würde eher helfen als ein Gesetz, das sich nicht auf breite Akzeptanz stützt und Gefahr läuft fehlzuschlagen. Angesichts der großen Probleme zur Standortsicherung und Beschäftigung wäre es wert, einen großen Kompromiß zu finden, wie er der Rentenreform von 1992 zugrunde lag.

Die Volkswagen-Welt

Eine Unternehmensverfassung für alle

„In der Volkswagen-Welt wollen wir mit fünf Marken die in der Qualität besten und attraktivsten Autos entwickeln, kostengünstig herstellen und erfolgreich verkaufen. Wir wollen damit den größtmöglichen Erfolg auf den Weltmärkten und für die eingesetzten Ressourcen erreichen. Die Menschen der Volkswagen-Welt wollen sich dadurch stabile Arbeits-, Lern- und Lebensverhältnisse langfristig sichern. Wir wollen diese Erde schonend behandeln, damit sie für unsere Kinder und Enkel bewohnbar bleibt. Dafür wollen wir eintreten."

Das gemeinsame Commitment

In der Volkswagen-Welt arbeiten 240 000 Menschen in 296 Gesellschaften zusammen. Es sind Menschen mit beruflichem Engagement, persönlichen Erwartungen und ihrer familiären Verantwortung. Sie sind das Human Capital des Unternehmens. Sie müssen sich mit ihrer Arbeit und ihrem Unternehmen identifizieren können. Volkswagen will dies mit einer Formulierung erreichen. Sie gilt in der ganzen Volkswagen-Welt. Sie läßt sich in allen Sprachen verstehen. Sie ist ein Übereinkommen aller Marken und Regionen. Das weltweite Top-Management hat sich ausdrücklich auf sie verpflichtet. Die Unternehmenskultur der Volkswagen-Welt ist in einem Commitment zusammengefaßt worden. Mehr als diese Sätze muß niemand kennen, um zu wissen, was unter dem weltweiten Dach von Volkswagen gilt:

Unsere Volkswagen-Welt

„In der Volkswagen-Welt wollen wir mit fünf Marken
die in der Qualität besten und attraktivsten Autos entwickeln, kostengünstig
herstellen und erfolgreich verkaufen.
Wir wollen damit den größtmöglichen Erfolg auf den Weltmärkten und
für die eingesetzten Ressourcen erreichen.
Die Menschen der Volkswagen-Welt wollen sich dadurch stabile
Arbeits-, Lern- und Lebensverhältnisse langfristig sichern.
Wir wollen diese Erde schonend behandeln, damit sie für unsere
Kinder und Enkel bewohnbar bleibt.

Dafür wollen wir eintreten."

Dieses Leitbild für die Volkswagen-Welt wurde 1994 auf der Welt-Unternehmenskonferenz entwickelt und ein Jahr später nach der Diskussion vor Ort noch einmal ausdrücklich bestätigt.

Asien-Pazifik und Nordamerika, Südamerika/Afrika und Europa mit den fünf Marken Volkswagen, Audi, SEAT, Skoda und Nutzfahrzeuge – das Weltunternehmen will in allen Regionen und Marken von den Märkten und Menschen her geführt werden. Mit dem Ziel des größtmöglichen Erfolgs auf den Weltmärkten und dem Ziel, den Menschen ein Zuhause im Unternehmen zu bieten. Dabei soll schonend mit der Umwelt umgegangen werden, um diese Eine Welt den Kindern und Enkeln unzerstört übergeben zu können. Dieses Leitbild soll der Maßstab für die eigene Leistung gegenüber den Menschen und Kunden sein. Es unterstreicht, daß sich Volkswagen als viertgrößter Autohersteller der Welt mit seiner Rolle und Wirkung als Global Player identifiziert.

Es ist die kürzeste Unternehmensvision mit einem anspruchsvollen Selbstverständnis. Es enthält alles Wesentliche, ist in alle Sprachen und Kulturen übersetzbar. Faszinierend ist, daß es von jedem verstanden, bewahrt, weitergegeben und gelebt werden kann.

Die Unternehmensverfassung beruht auf dem Selbstverständnis der Volkswagen-Welt, beinhaltet aber noch mehr, da nicht nur unser Anspruch nach außen, sondern auch ihre Umsetzung nach innen – unter dem Dach Volkswagens zählt. Was wird von den Marken und Regionen, von allen 296 Gesellschaften und den verantwortlichen Top-Managern erwartet? Auch dafür gibt es ein Grundverständnis – die Unternehmensverfassung als Kern konsenspflichtiger Regeln. Sie spiegelt den Auftrag der Eigentümer des Unternehmens wider, den Konzern zu führen und die beschlossenen Ziele zu erreichen. Aufsichtsrat und Vorstand der Volkswagen AG können sich nicht ihrer aktienrechtlichen Verantwortung für das Ganze und seiner Steuerung begeben. Die Steuerung der Beteiligungsgesellschaften gehört etwa zu den Grundpflichten aus dem Eigentümerprinzip. Doch wie das Miteinander zu steuern ist, das macht einen weiteren, ganz wesentlichen Teil der Unternehmenskultur aus. Und das sind die Regeln:

- Wir wollen den Anspruch des Unternehmens mit Kompetenz erfüllen. Für jeden unter dem VW-Dach gilt dabei – ob Marke oder Region, ob Tochtergesellschaft oder Werk – „Jeder ist so frei, wie er gut ist". Durch Kompetenz im Sinne des Leitbildes kann und muß ein hoher Freiheitsgrad im Handeln entstehen; bei zunehmenden Schwierigkeiten kann die Unterstützung bis zum entschlossenen Eingriff und der Direktübernahme der Verantwortung durch den Konzern erfolgen.

Spielregeln der Unternehmensverfassung bei Volkswagen

- Wir wollen den Anspruch des Unternehmens im Konsens erreichen: „Jeder hat sich nach Mindeststandards abzustimmen." Intensität und Inhalte dieser Mindestabstimmung sind für die Schlüsselthemen definiert worden, auch in Personalfragen. Wo ist zu informieren, wo ist einvernehmlich zu beraten, wo eine Zustimmung oder Entscheidung des Konzerns einzuholen? Diese Spielregeln muß jeder beherzigen, um zum Konsens beizutragen.

Das VW-Commitment – oft mit persönlicher Unterschrift – ist das sichtbare Zeichen für den festen Willen, gemeinsam Erarbeitetes verpflichtend zu verwirklichen.

- Wir wollen den Anspruch des Unternehmens durch Kooperation umsetzen: „Alle unterstützen die vernetzte Zusammenarbeit" im Konzern. Strategische Ziele und Unternehmensplanungen werden kooperativ erarbeitet und weiterentwickelt. Alle müssen dahinterstehen können. Die Volkswagen-Welt wird damit auch im Inneren durch ein Vernetzen hin und her zu einem aktiven Prozeß des weiteren Zusammenwachsens. Group Management Conference und Group Executive Forum sind neben Fachsteuerkreisen die zwei Begegnungsformen des Top-Managements, um für die Volkswagen-Welt immer wieder herausfordernde Ziele zu stecken und das Rad des Transformationsprozesses weiterzudrehen.

Transformationsprozeß
Von der funktionalen Organisation zu wertschöpfenden Prozessen

Mindestregeln der Unternehmensverfassung machen das Unternehmen transparent in der notwendigen Zusammenarbeit. Es bleibt beherrschbar. Die Stabilität der Vertrauensverhältnisse bleibt gewahrt. Sie setzt aber auch die persönliche Kenntnis der handelnden Personen untereinander voraus. Vertrauen lebt auch vom Vertrautsein mit den Anforderungen des Geschäfts in globalisierten Märkten, die gleichwohl immer wieder den lokalen Erfolg erfordern.

Globalisierung des Unternehmens – Internationalisierung des Managements

Jede erfolgreiche Globalisierungsstrategie beginnt daheim. Mit der Einsicht, die anderen in der Welt zu brauchen. Mit internationalem Denken und der Bereitschaft, Mitverantwortung für die Weiterentwicklung des Unternehmens in globalen Dimensionen zu übernehmen. Denn der Arbeitsplatz des Top-Managers ist die Volkswagen-Welt. Und der Arbeitsplatz des Mitarbeiters lebt überall von der Volkswagen-Welt: Image, Produkt, Investition, Zulieferung, Vertriebsnetz, Qualitätssicherung und Know-how.

Aktives internationales Denken hält diese Entwicklungsgemeinschaft in Schwung. Welche besten Mitarbeiter können dem Konzernausbau zur Verfügung gestellt werden? Für wen ist auf

Transformationsmanagement heißt Paradigmenwechsel und Verhaltensänderung

Welche Paradigmen?

Detailwissen →	Kontext
Struktur →	Fluß
Macht →	Energie
Beharrung →	Innovation
Logik →	Sinn
Perfektion →	Zeit
Kälte →	Sympathie
Maschine →	Mensch
Tradition →	„Zukunftspräsenz"

Wie?

- Positive Einstellung
- Teamorientiertes Verhalten
- Kohärente Kommunikation
- Begreifbare Information
- Ganzheitliche Entscheidungen
- Erfüllbare Commitments
- Erlebbares „Mit-Kümmern"

dem weiteren Weg bei Volkswagen die Kenntnis des Konzerns und die Arbeit an einem seiner Standorte fundamental wichtig? Wer aus dem Konzern kann ausgebildet werden, für den die Internationalisierung „Deutschland" heißt? Internationalisierung verlangt, sich nach außen zu bewegen, auch über den VW-Kreis hinaus, und Märkte, Wettbewerber und Umfeldbedingungen kennenzulernen. Müssen nicht immer 10 bis 20% der Besten der Volkswagen-Welt für die vernetzte Zusammenarbeit und neue Projekte und Prozesse zur Verfügung gestellt werden? Kann so das zukünftig benötigte Human Capital für die Konzernsteuerung erzeugt werden?

Globalisierung darf nicht im inneren Kreis, vielleicht noch in der Selbstbeschäftigung steckenbleiben. Die Internationalisierung geschieht nicht zum Selbstzweck. Das atmende Unternehmen ist das Kundenversprechen, Wünsche und Aufträge weltweit zu wollen und zu erfüllen.

Ein internationales Management als menschliches Netzwerk der Volkswagen-Welt bedarf der systematischen Entwicklung und Förderung. Profil, Programm und Persönlichkeitsentwicklung für internationale Manager existieren seit langem im Unternehmen. In der Vergangenheit ist im Schwerpunkt das deutsche Management internationalisiert worden. 27% der VW-Führungskräfte können auf internationale Erfahrungen bauen, 20% der VW-Führungsnachwuchskräfte absolvierten bisher internationale Entwicklungsstationen, und es werden ständig mehr. Doch diese Einbahnstraße soll unwiderruflich zu Ende gehen. Der Gegenverkehr ist fest vereinbart. Mit Targets pro Gesellschaft soll eine größere Internationalität aller Führungsteams des Konzern erreicht werden.

Internationale Trainee- und Personnel Development Programme wurden speziell für die Unterstützung einer Internationalisierung ins Leben gerufen. Jeder VW-Trainee führt innerhalb der ersten 18 Monate bei Volkswagen ein Projekt im Ausland durch. Führungsnachwuchskräfte-Programme verpflichten zur Mobilität und Job-Rotation auch ins Ausland. Jahr für Jahr werden Fach- und Führungskräfte für einen internationalen Einsatz per internationaler Stellenausschreibung gesucht. Haupteinsatzländer nach Häufigkeit sind: Tschechische Republik, Mexiko, Spanien, China, Portugal und Brasilien. Nach US-Untersuchungen scheitern ca. 40% der Auslandseinsätze an unterlassener oder mangelhafter Auswahl. Mit einem auf die VW-Orientierungsklausuren für Führungskräfte aufbauenden Personalauswahlsystem für Auslandseinsätze soll die Fehlentscheidungsquote reduziert und der Stellenwert des Auslandseinsatzes erhöht werden.

Internationales Management entwickeln

Dies soll die Akzeptanz der Vertragsangestellten bei den Gesellschaften sowie anschließend die Reintegration der betroffenen Mitarbeiter erleichtern. Ihre spätere Reintegration in ihre Heimatgesellschaft oder ihr Weitersteigen auf der internationalen Karriereleiter gehört zu den neuralgischen Themen, an denen die Glaubwürdigkeit der Internationalisierung hängt. Mobilität darf nicht als Strafaktion oder Handicap im persönlichen Berufsgang erlebt werden. Der Persönliche Entwicklungsplan gehört besonders in die Hand dieser Gruppe der Expatriates, um spätere Möglichkeiten und Zusagen festzuhalten.

Die Internationalisierung deutscher Unternehmen stößt immer noch an die Grenzen der Landesgesetze. Internationalisierung heißt volle Übernahme der Verantwortung und Mitarbeit an dem Platz in der Volkswagen-Welt, wo man gebraucht wird oder entwickelt werden soll. Bevor aber ein Konzern in Deutschland seine internationalen Entwicklungsteams zusammenholt, muß für außereuropäische Manager erst nachgewiesen werden, daß auf dem deutschen Arbeitsmarkt kein Arbeitnehmer mit vergleichbaren Qualifikationen zu identifizieren ist. Kein Mexikaner kann

Der Persönliche Entwicklungsplan ermöglicht Absprachen über Mobilitätsbausteine

Mobilitätsbausteine

Einsatzorte international

	Weltweit	Europa	Nord-Amerika	S.-Amerika/Afrika	Asien-Pazifik
Bisher:		☐	☐	☐	☐
Wunsch/Bereitschaft:	☐ ☐	☐ ☐	☐ ☐	☐ ☐	☐ ☐

Einsatzorte national

Deutschland

Bisher: __________

Wunsch: __________

Job-rotation

geplant (PL) möglich (MÖ) Jahr	1995	1996	1997	1998	1999	2000	2001	2002	2003	2004

Sprachen

0: Muttersprache
1: Verhandlungssprache
2: Umgangssprache
3: Grundkenntnisse

Hier finden die internationalen Einsätze statt

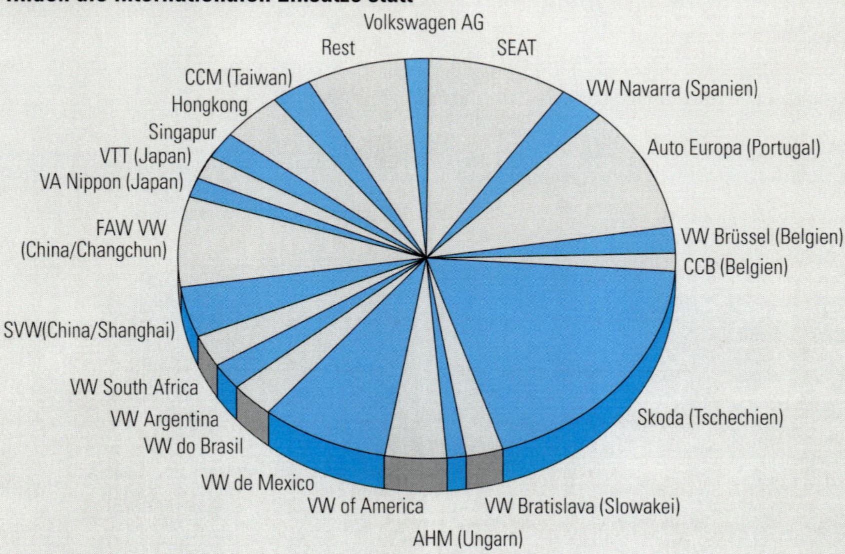

ohne Hürdenlauf mit seinem deutschen Logistikkollegen die Plätze tauschen, damit zukünftig der CKD-Teilefluß durch größeres gegenseitiges Verständnis besser läuft. Nicht alle Nationen haben ihre Gesetze für die Globalisierung im Management eines Global Player schon geöffnet. Bald ist es leichter, über die Infobahn Arbeit um die Welt zu schicken als wirkliche internationale Teamarbeit an einem Standort zu organisieren.

Die Maßnahmen der Group Management Development dienen vor allem der Internationalisierung in der Volkswagen-Welt. Das Group Junior Executive Program läßt junge Führungsnachwuchskräfte mit hohem internationalen Potential neun Monate mit Seminarmodulen und im Netzwerk untereinander Projektarbeit zu Zukunftsthemen leisten. Ein Top-Manager ist jeweils Sponsor und Kunde eines Projektes, das Persönlichkeitsprofile in der internationalen Teamarbeit hervorragend erkennen läßt. Die Bewertungen führen dazu, daß die Besten in die Talentbank für Schlüsselpositionen im Konzern aufgenommen werden. Hinzu kommen die Projekte und Commitments, die im Rahmen von Foren der Senior Executives erarbeitet und angestoßen werden. Wenige Teilnehmer pro Forum und mehrmals pro Jahr erlauben

Vernetzte Zusammenarbeit der Personalwesen im Konzern

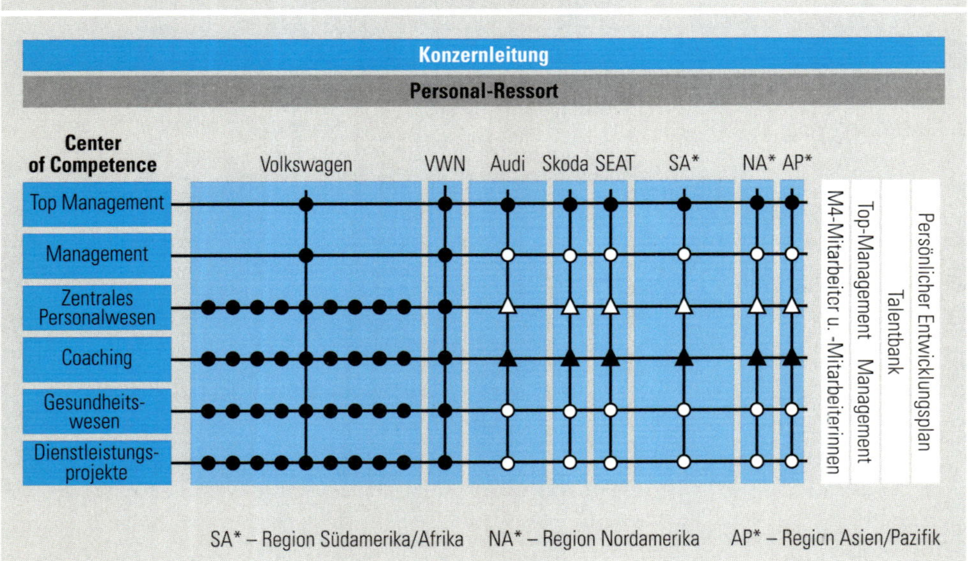

ein sehr gutes Gruppencoaching mit aller Dynamik im Top-Management des Konzerns.

In der Volkswagen-Welt gibt es kein Ausland. Entfernungen werden ignoriert. Ein Kunde in den USA ist genauso wichtig wie ein Kunde in Niedersachsen. Die Volkswagen-Welt rückt mehr und mehr zusammen. Ob Tele-Mail, Videokonferenz oder Flugmeile – jeder Manager, jeder Standort ist heute im Sekunden- bis Tagestakt erreichbar.

Eine neue Qualität im gegenseitigen Lernen und Helfen wächst im Netzwerk des Konzerns heran. Bei Volkswagen kennen sich die Personalmanager weltweit, treffen sich regelmäßig und arbeiten auf der Basis einer vernetzten Zusammenarbeit. Dieses Netzwerk definiert die Verantwortlichkeiten und Verbindungslinien zwischen den Personalmanagern weltweit. Sechs Center of Competence unterstützen fachlich das weltweite Personalmanagement und übernehmen Voll- oder Teilverantwortlichkeit für zentrale Aufgaben, die abstimmungspflichtig sind. Gemeinsam stehen alle Personalmanager für das Prinzip des gegenseitigen Lernens und insbesondere für die Verbesserung der Personalprozesse, den Ausbau der Talentbänke und die Qualität der Belegschaften ein.

Beteiligung der Arbeitnehmer erreicht internationale Dimensionen

Nicht nur das Personalmanagement arbeitet international eng und auf persönlicher Basis zusammen, auch die Arbeitnehmervertreter haben diese Plattformen mit voller Unterstützung der Unternehmensleitung geschaffen. Weltkonferenzen, Eurobetriebsratssitzungen und Konzernbetriebsratstreffen haben die Beteiligung der Arbeitnehmer schon über viele Jahre zu einer Konzernaufgabe gemacht.

Es existiert bei Volkswagen auch eine Volkswagen-Welt der Arbeitnehmer. Der gewerkschaftliche Organisationsgrad beträgt weltweit bei Volkswagen etwa 80% der Belegschaften. Seit 1976 entstanden aus der Volkswagen AG heraus die Bemühungen der Betriebsräte zur internationalen Kooperation, die in die frühe Gründung eines Europäischen Konzernbetriebsrats 1992 mündete. Heute gehören dem Eurobetriebsrat alle europäischen Pro-

Arbeitnehmerbeziehungen auf europäischer Ebene

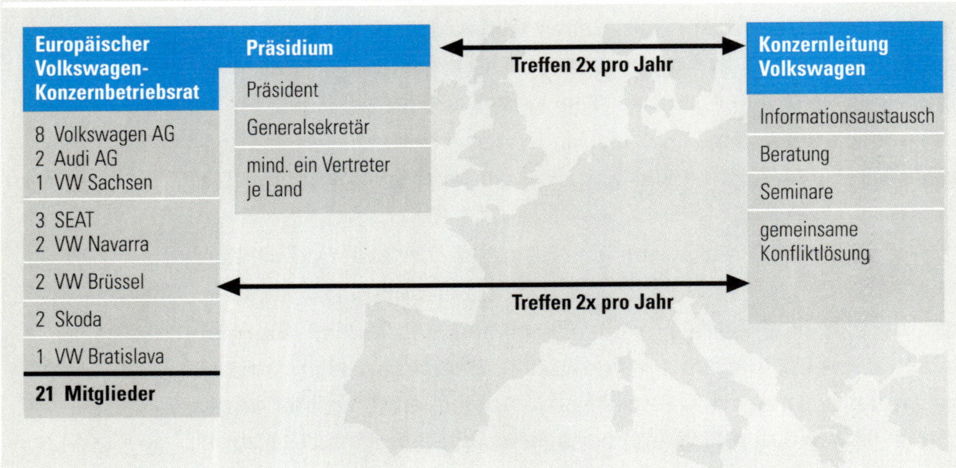

duktionsgesellschaften von Volkswagen an. Der soziale Dialog und die Information über Unternehmensplanungen und neue Personalkonzepte stehen im Vordergrund. Mehrfach wurden Themen zur Konzernstrategie in Seminaren vertieft. In der Präambel der Vereinbarung zwischen Konzernvorstand und Eurobetriebsrat wird als Konsens formuliert, daß die Wettbewerbsfähigkeit durch hohe Produktivität und Flexibilität sowie wachsende Anforderungen an die Qualität und Umweltverträglichkeit der Produkte erreicht werden muß. Dies wird als Voraussetzung für den Erfolg auch in der sozialen Entwicklung und Verpflichtung gegenüber den Belegschaften gemeinsam festgehalten.

Neben der Einbeziehung der internationalen Arbeitnehmervertreter in die Mehrjahresplanung und Strategie des Unternehmens kam es vor allem darauf an, daß Beteiligungsinstrumente zur Wettbewerbsfähigkeit weltweite Akzeptanz finden. Überall sollten die Betriebsräte neue Instrumente wie KVP^2, Global Sourcing oder Business-Pläne der Standorte zur Kosten- und Qualitätsverbesserung vollinhaltlich mittragen. Im Eurobetriebsrat konnten bisher alle neuen Belegungsentscheidungen für die Standorte konstruktiv beraten werden. KVP^2 wird überall eingesetzt mit zum Teil ähnlichen Vereinbarungen. Global Sourcing und Forward Sourcing werden inzwischen akzeptiert. In der Regel wurde eine Art „Last Call" nach dem Muster der deutschen Betriebsvereinbarung abgesprochen, daß also der von einem Beschäftigungsverlust betroffene Standort eine letzte Chance erhält, zusammen mit dem Betriebsrat einen Maßnahmenplan zu erarbeiten, um Fertigungsumfänge durch Verbesserung auf Wettbewerbsniveau zu halten.

In Standortsymposien oder ähnlichen Veranstaltungen zwischen Betriebsrat und Management werden Standortstrategie und Maßnahmenbereiche mindestens einmal jährlich komplett dargestellt und ein Aktivitätenplan diskutiert, wie Standortprobleme bis zum nächsten Symposium gelöst werden können. Die Volkswagen-Welt ist mit diesen Entwicklungen längst nicht mehr nur eine Sache der Manager. Es ist die ausgestreckte Hand an alle, sich gemeinsam für die Unternehmenszukunft einzusetzen. Das M4-Leitbild gilt überall: Mitgestalten bedeutet, die Beteiligung der Mitarbeiter auch überall zuzulassen und aktiv auszubauen; mehrfachqualifiziert beinhaltet auch, Erfahrungserwerb und Know-how-Transfer quer durch die Volkswagen-Welt zu erleichtern; dies schließt Betriebsräte ein. Mobilität wird nicht begrenzt. Wenn verantwortliche Betriebsräte Vorbildliches bei schwierigen Arbeitskonflikten in entfernten Ländern leisten können, dann kann das nur volle Unterstützung erfahren. Das Gefühl, daß in einem Unternehmen Menschen unterschiedlicher Nationalität und Kultur respektiert werden und engagiert als Team wirken, hat Ausstrahlung über die Werkstore hinaus. Volkswagen will mit einem guten Klang auch dafür stehen.

Die Konzeption der Standortsymposien wird inzwischen europaweit im Konzern angewandt, um die Arbeitnehmervertreter stärker in die Prozeßverbesserungen einzubeziehen. Europäische Betriebsräte übernehmen Mitverantwortung für den Unternehmenserfolg und die Standortsicherung – in vielen Ländern sicherlich noch ein ungewöhnlicher Rollenwechsel.

Ausblick

Jeder Arbeitsplatz hat einen Kunden. Ohne Kunde kein Arbeitsplatz. Wie können wir Kunden neu begeistern? Das ist die eigentliche Frage der Arbeitsplätze. Das atmende Unternehmen stellt sie. Und beantwortet sie. Es richtet sich durchgängig aus auf den Kunden. Jeder Erfolg beginnt mit der richtigen Einstellung und der nachfolgenden Transformation aller Produkte, Prozesse und Entwicklungen zu Kundenwerten. Die Erfolgreichsten sind darin nur besser, schneller, preiswerter und innovativer als andere. Sie befinden sich auf der Höhe des Marktes und der Kundenwünsche – sie befinden sich auf der Höhe ihrer Zeit.

Der Weg zu neuen Arbeitsplätzen führt über den Kunden. Die eigentliche Standortdebatte wird vor Kunde geführt und entschieden. Wir wollen, daß der Kunde zurückkommt und nicht das Produkt. Wir wollen, daß wir dem Kunden dienen, dann wenn er möchte. Wir wollen, daß wir Lösungen entwickeln, die noch mehr Kunden anziehen. Wir müssen mit den Kunden atmen lernen, den Puls des Marktes an jedem Arbeitsplatz fühlen. Jeder muß mit seiner Arbeit vor seinem Kunden bestehen können.

Eine Kundenorientierung reicht nicht mehr aus. Wir müssen nicht nur in die richtige Richtung gehen, wir müssen auch beim Kunden wirklich ankommen. Bei einem Kunden, der sich dramatisch im Bild verändert hat. Ein Käufermarkt hat das Sagen. Er hat eine Preisrevolution ausgelöst: Herausgearbeitete Spielräume gehen an den Kunden, nicht an den Mitarbeiter. Er hat eine Qualitätsexplosion verursacht: Was gestern beim Kunden noch gut ankam, auf dem bleibt heute die Mannschaft sitzen. Er hat ein Selbstbewußtsein entwickelt: Mit Mitarbeitern, mit allen kann man Probleme haben – mit Kunden nicht. Einen verlorenen Kunden zurückzugewinnen ist teurer als ihn gleich zufriedenzustellen. Und der Käufermarkt erwartet Zukunft: Jeder Kauf ist eine Investition in die Zukunft. Sie entwertet sich einfach langsamer beim Produkt eines erfolgreichen Unternehmens. Produktimage, Wiederverkauf, Gewährleistungen werden einfach besser eingeschätzt und höher bezahlt.

Man kann vieles tun, um die Standorte zu verbessern und Beschäftigung zu fördern. Nur über den Kunden wird es gelingen. Er ist der unsichtbare Dritte, der bei allen Gesprächen zum „Bündnis für Arbeit", bei allen Tarifrunden und Betriebsvereinbarungen mit am Tisch sitzt. Und der keine Nebenrolle spielt. Da ist es doch gleich besser, über ihn zu reden und darüber, welchen Beitrag man leisten kann, das Marschgepäck der Kundenorientierung zu erleichtern.

Das atmende Unternehmen ist die Chance, gemeinsam zu überlegen, was für die Arbeitnehmer zumutbar, für die Unternehmen machbar ist, um mehr aus den Ressourcen für die Kunden herauszuholen. Durch Zeitflexibilität, durch Produktivität, durch Qualität, durch Kosten statt Köpfe. Sonst bleibt nämlich auch die Kaufkraft in der Tasche. Es ist die Umkehrung der Kaufkraftformel: Da die Kunden eben nicht mehr bereit sind, hinzugeben und hinzunehmen, müssen sie durch Kundenwerte begeistert werden. Das überragende Angebot zählt, das in Teamleistung erarbeitet wurde. Ein kritischer Mitarbeiter ist auch ein kritischer Kunde – wir wollen nur beide Rollen wieder zusammenbringen. Daß das Produkt eines Mitarbeiters vor ihm als Kunden in allen Kategorien standhielte. Dafür muß er mindestens so arbeiten, wie er es als Kunde von einem anderen Unternehmen erwarten würde.

Eine Konvergenz der Interessen ist möglich, Markterfolg und Mitarbeitererfolg zusammenzubringen. Will man das eine, muß man über das andere zu sprechen gewillt sein. Win-Win-Situationen sind erreichbar, wenn neben dem Entgelt auch andere Werte mit in die Waagschale geworfen werden. Der Wert der Beschäftigungssicherung etwa oder der Kundenwert, der für neue Arbeitsplätze zu erzeugen ist.

Eine Vielfalt von Konsensfeldern zwischen den Sozialpartnern ist denkbar, die dem Unternehmen vor Kunde helfen, ohne daß sie weh tun. Qualität, Service, Variabilität und vieles andere gehört dazu.

Ein neues Verständnis unseres Rollenspiels ist wichtig, soll es ein starkes Stück werden. Umfragen zeigen, daß es Zeit ist, darüber nachzudenken. Arbeitnehmer sehen danach Tarifverhandlungen und Gespräche zwischen Sozialpartnern als Ritual, erhoffen sich persönlich wenig Vorteile davon und stehen mehrheitlich dem Ganzen eher skeptisch gegenüber.

Zuversicht geht verloren, daß die anstehenden Probleme ernsthaft angegangen werden. Es gelänge auch gar nicht, wie vielleicht früher, die Rechnung ohne den Kunden zu machen und sich vielleicht noch auf seine Kosten zu einigen. Die Zeit ist vorbei. Kompromisse müssen selbst getragen und können nicht überwälzt werden. Diese Fakten sollten als durchaus positiv empfunden werden. Der Kunde muß an den Tisch. Das atmende Unternehmen fokussiert die Tarifpolitik neu und rückt alle Themen in den Brennpunkt, in denen sich die Partner auf Tarifebene und vor Ort in eine gemeinsame Richtung bewegen könnten.

Bürgermeinung zu Tarifverhandlungen

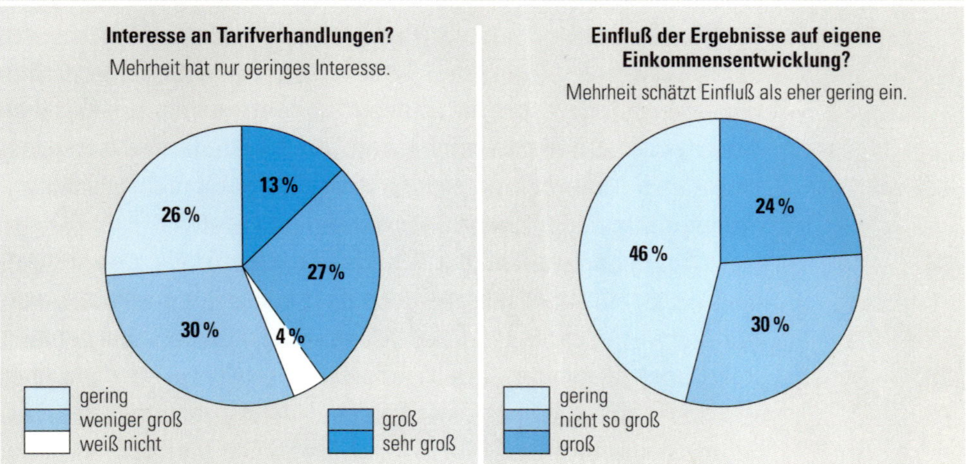

Quelle: FORSA, 1995

Bürgermeinung zu Tarifverhandlungen

Bei Tarifverhandlungen zwischen Arbeitgebern und Gewerkschaften wird ...

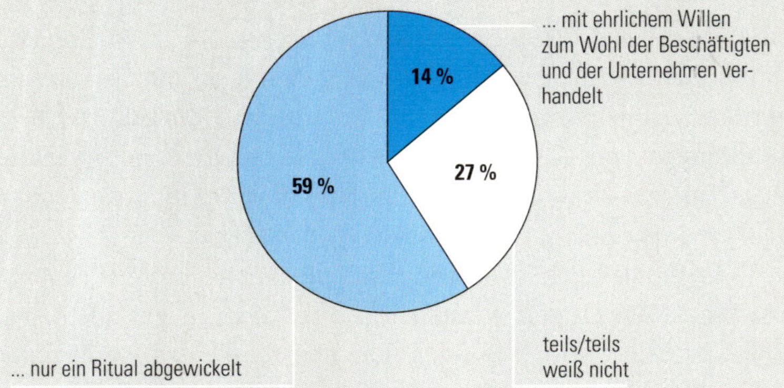

Quelle: FORSA, 1995

Die neuen Konsensfelder zwischen den Sozialpartnern wirken als Klammer. Der Zwang zum Konsens wird unausweichlich. Mehr Gruppenarbeit, Beteiligung am Arbeitsplatz, Mitwirkung in Unternehmensprozessen, Miterarbeitung von Kostenverbesserungen sind alles Schritte zu einer neuen Sinngebung und Selbständigkeit der Arbeit. Erst abgelehnt, dann belächelt – so gehört heute dieser Trend zum gemeinsamen Schatz an Überzeugungen beider Seiten. Dieser Entwicklung entspricht der Führungswandel – von der Befehls- zur Kompetenzhierarchie. Die Unternehmen sind so transparent, daß niemand sich lange hinter purer Autorität verschanzen kann. Commitments ersetzen Weisungen. Unternehmerische Aktivierung zählt mehr als der geordnete Ablauf, der unnötig Wertschöpfung bindet.

Wenn nach allem der Kunde die Hauptrolle übernimmt, müßte sich ein Unternehmen doch noch mehr aus starren Verträgen und Verpflichtungen lösen. Denn das atmende Unternehmen sollte doch besonders anpassungsfähig sein. Um so deutlicher stellt sich dann die Frage, wieweit ein Unternehmen mit Beschäftigungssicherung und 4-Tage-Woche wirklich wettbewerbsfähig sein kann. Wieweit überhaupt ein verantwortungsbewußter Unternehmer die Zusage der Beschäftigungssicherung geben kann. Wirkt das Volkswagen-Modell als Innovationsbremse?

Das Volkswagen-Modell will alles andere als unbeweglich sein, sondern im Gegenteil Zeit in einem früher unvorstellbaren Maß für Gestaltungen freispielen. Mit der Zeitsouveränität gilt darüber hinaus für die besonders kreativen Entwicklungsbereiche eine hohe Gestaltungsautonomie. Der Einsatz der Humanressourcen muß jedoch auch der Disziplin, Kostenschärfe und Budgetstrenge unterworfen werden, will man den stummen Zwang zur Produktivität aufrechterhalten.

Kriterien für die Verantwortbarkeit der Beschäftigungssicherung im Rahmen eines atmenden Unternehmens sind vielfältig.

Für Volkswagen zählten:

- Die Tradition des Volkswagen-Wegs, also die besondere Vertrauenskultur mit den Arbeitnehmern und ihren Vertretern ist ein wertvoller Faktor auch für die Zukunft.
- Das Arbeitsrecht schützt nicht die besten Know-how- und Leistungsträger, sondern die sozial Schwächsten im Unternehmen im Falle von Entlassungen. Die Wichtigsten für die Zukunft des Unternehmens gingen sogar.
- Die Machtverhältnisse sind immer auch ein Stabilitätsfaktor: Gerade wenn Sturm aufkommt, müssen Management und Mannschaft ruhig ihrer wichtigsten Arbeit nachgehen, statt Schiffsmessen abzuhalten.
- Kosten statt Köpfe lautete die Einigungsformel: Die Arbeitnehmervertreter helfen beim Kostenabbau und sichern trotzdem die Arbeitsplätze. Wo hat es in der Welt eine solche Solidarität gegeben, mit erheblichen materiellen Einbußen die Beschäftigung zu sichern?
- Beschäftigungssicherung wird für einen wirklich überschaubaren und planbaren Zeitraum von zwei Jahren zugesagt. Das Risiko wird dadurch vernünftig begrenzt. Dabei kann trotzdem gehandelt werden, aber mit nicht arbeitsmarktwirksamen und sozialverträglichen Maßnahmen.
- Das Unternehmen behält seine volle Handlungsfähigkeit. Es kann jederzeit über die 4-Tage-Woche hinausgehen und nach oben atmen; aber auch nach unten gehen durch Ausbau der

übrigen Elemente des Tarifvertrages (Vorruhestand, Stafette, Kurzarbeit, Beschäftigungsscheck).

- Unternehmer sind ebenso wie Gewerkschafter gefordert, über die Beschäftigungssicherung nachzudenken. Die ethische Verpflichtung besteht angesichts von Millionen Arbeitslosen für beide. Die ethische Vision ist, daß beide Seiten über die Fragen von Lohnkosten und Arbeitszeiten hinausdenken und Konsensfelder entdecken, die Elan und Leistung freispielen.
- Beschäftigungssicherung durch Variabilität und Zumutbarkeit umschließt auch Arbeitsplatzalternativen innerhalb und außerhalb der Unternehmensgrenzen. Die Mobilität, dorthin zu gehen, wo Arbeit ist, ist ein wesentlicher Teil verantwortbarer Beschäftigungssicherung.

Das atmende Unternehmen macht aus der Not die Tugend. Beschäftigung und Arbeitszeit sind mit 28,8 Stunden auf einem unteren Niveau definiert und akzeptiert worden. Ein Atmen nach oben ist jederzeit möglich. Die Volkswagen-Woche soll mit ihren höheren Leistungsbeiträgen den Kompromiß der „ersten Stunde" auf wirtschaftlich und sozial tragfähigen Füßen stabilisieren.

Die Personalmanager und Betriebsräte werden zu Teamleadern dieser Fahrweise. Das atmende Unternehmen hält zukünftig mehrere unternehmerische Rollen bereit: Zeitgestalter, Serviceleister, Coaching-Entwickler, Personaleinsatz-Planer. Kein Humankapital darf für das Atmen verloren gehen. Im Tandem mit den Vorgesetzten vor Ort werden sich diese Instrumente in großer Freiheit bewegen können. Statt Korsett heißt es nun Courage im Umgang mit Personalsystemen und im Einvernehmen mit den M4-Mitarbeitern. Jeder Vorgesetzte wird bei diesem Gewicht des Atmens auf dem Shop Floor zum „Personalchef" – zum Gestalter eines virtuellen Personalwesens. Von A bis Z, von der Arbeitsorganisation bis zur Zeitplanung hat der Vorgesetzte Personalfragen direkt mit den Betroffenen zu lösen und den Betriebsrat einzubinden. Unternehmerische Gesamtverantwortung und mitarbeiternahe Gestaltung – beides geht und ergänzt sich heute.

Der Volkswagen-Weg hat seit 1993 seine schwersten Belastungsproben bestanden. Die seinerzeit weiterentwickelte Personalkonzeption wurde inzwischen fast komplett umgesetzt. Mit der gleichen Energie befinden sich bereits die neuen Gedanken und Vereinbarungen auf dem Weg. Jeder Arbeitsplatz hat ein Gesicht – das war die ausgestreckte Hand zur sozialen Verantwortung in der Krise. Jeder Arbeitsplatz hat einen Kunden – das ist nun die Perspektive für eine langfristige Strategie, den Erfolg durch Leistung vor Kunde auszulösen, der Sicherheit einlösen kann.

Inhaltsübersicht

Anhang

Zum besseren Verständnis des Tarifmodells für das atmende Unternehmen sind nachfolgend die wesentlichen Vereinbarungen zwischen Volkswagen und IG-Metall dargestellt:

Anhang 1

Als Ergebnis der zwischen der Volkswagen AG und der IG Metall geführten Verhandlungsrunde 1995 wurde am 12. September 1995 das nachfolgende Verhandlungsergebnis erzielt. Es beinhaltet u. a. Vereinbarungen zu den Verhandlungsschwerpunkten Fortführung der 28,8-Stunden-Woche, Beschäftigungssicherung, Einführung der Volkswagen-Woche, Erhöhung der Löhne und Gehälter sowie weitere elementare Kernpunkte der Tarifverhandlungen (z. B. Beschäftigungsscheck, Leistungsbeitrag der Beschäftigten, Stafette für Ausgebildete, Stafette für Ältere, Arbeitszeitgrundsätze, Entlohnungsgrundsätze).

Auf der Grundlage dieses Verhandlungsergebnisses erfolgte in der Folgezeit dessen Umsetzung in neue Tarifverträge und -vereinbarungen.

Wichtige Tarifvereinbarungen des Verhandlungsergebnisses 1995

Verhandlungsergebnis

Zwischen den Verhandlungskommissionen der
Volkswagen AG
und der
Industriegewerkschaft Metall
– Bezirksleitung Hannover –

wurde in der 6. Verhandlung am 12. September 1995 in Hannover folgendes Ergebnis erzielt:

1. Vereinbarung zur Sicherung der Standorte und der Beschäftigung

1.1 Tarifvereinbarung vom 15. Dezember 1993

Die Tarifvereinbarung zur 28,8-Stunden-Woche wird in geänderter Fassung verbunden mit dem Ausschluß betriebsbedingter Kündigungen ab 01. Januar 1996 mit einer frühestmöglichen Kündigungsmöglichkeit zum 31. Dezember 1997 wieder in Kraft gesetzt.

1.1.1 Neu geregelt sind die tariflichen Regelungen zur Arbeitszeitverteilung wie folgt:

– Grundsatz

Beginn und Ende der täglichen Arbeitszeit einschließlich der Pausen sowie die Verteilung der wöchentlichen Arbeitszeit auf die einzelnen Wochentage – in der Regel von Montag bis Freitag – werden mit dem Betriebsrat vereinbart. Die wöchentliche Arbeitszeit kann schichtplanmäßig gleichmäßig oder ungleichmäßig-regelmäßig grundsätzlich auf 4 oder 5 Arbeitstage in der Regel von Montag bis Freitag verteilt werden.

– Ungleichmäßige Verteilung

- In Produktionsbereichen sowie produktionsabhängigen Bereichen kann die regelmäßige Arbeitszeit im Rahmen der jährlichen Programm- und Arbeitszeitplanung auf bis zu 8 Stunden pro Tag und bis zu 10 Stunden über die regelmäßige Wochenarbeitszeit von Montag bis Freitag hinaus verteilt werden.

- Von dieser festgelegten Arbeitszeit kann mit Zustimmung des Betriebsrates abgewichen werden.

- Gegenüber den betroffenen Werksangehörigen ist grundsätzlich eine Ankündigungsfrist von 2 Monaten einzuhalten.

- Bei Verteilung der Arbeitszeit im Rahmen der flexiblen Volkswagenwoche ist die 28,8-Stunden-Woche innerhalb eines Kalenderjahres einzuhalten.

- Zur Sicherstellung der Einhaltung der regelmäfligen Arbeitszeit im Kalenderjahr kann durch Betriebsvereinbarung ein individuelles Arbeitszeitkonto nach dem Ansparprinzip eingeführt werden.

– Die Regelung des § 2.3 Tarifvertrag über die Arbeitszeit – Sonnabendarbeit – findet weiterhin Anwendung.

– Durch betriebliche Regelungen kann die Anwendung der Regelungen über die Volkswagenwoche auch für nicht produktionsabhängige Bereiche vereinbart werden.

1.1.2 Die Zahlung der Ausgleichszulage 3 wird für die Laufzeit der Tarifvereinbarung verlängert.

1.1.3 Neu gefaßt werden die Regelungen über Mehrarbeit.

– Mehrarbeit liegt vor, wenn die im Rahmen der Verteilung der tariflichen wöchentlichen Arbeitszeit jeweils festgelegte tägliche und wöchentliche Arbeitszeit überschritten wird. Mehrarbeit wird nur vergütet, wenn sie von dem zuständigen Vorgesetzten angeordnet ist.

Es werden jedoch nur volle 1/4 Stunden verrechnet.

– Zuschläge für Mehrarbeit gemäß Manteltarifvertrag werden ausschließlich für Stunden gezahlt, die über 35 Stunden in der Woche hinausgehen.

– Mehrarbeit ist grundsätzlich durch bezahlte Freistellung von der Arbeit auszugleichen.

Bei der Festlegung des Termins für die bezahlte Freistellung sind die persönlichen und betrieblichen Belange zu berücksichtigen.

– Bezahlte Freistellung für Mehrarbeit kann auch für einen gleitenden Übergang (Stafette für Ältere) in bzw. für einen vorgezogenen Ruhestand verwendet werden.

– Bezahlte Freistellung für Mehrarbeit wird mit dem im Zeitpunkt der Entnahme aktuellen Monatsentgelt/Gehalt vergütet; nähere Einzelheiten (u.a. Schichtzuschläge) werden noch geregelt.

– Der Werksangehörige ist berechtigt, bei Vorliegen eines wichtigen Grundes schriftlich die finanzielle Abgeltung des Zeitguthabens zu verlangen.

Ein wichtiger Grund liegt insbesondere vor

– beim Ausscheiden des Werksangehörigen (z.B. durch Kündigung, Aufhebungsvertrag, Ausscheiden mit Wiedereinstellungszusage etc.),

– bei absehbaren längeren Ruhenszeiten des Arbeitsverhältnisses (z.B. Wehr-/Zivildienst, Erziehungsurlaub etc.) sowie

– bei drohender Zahlungsunfähigkeit des Unternehmens bzw. eines laufenden Konkurs- bzw. Vergleichsverfahrens.

Der Abgeltungsanspruch entsteht in vorgenannten Fällen in dem Zeitpunkt, in dem der Beendigungs- bzw. Ruhenstatbestand eintritt.

Bei Tod des Werksangehörigen wandelt sich das individuelle Zeitguthaben in einen vererblichen finanziellen Abgeltungsanspruch.

Für den Abgeltungsanspruch ist das Tarifniveau im Zeitpunkt der Entstehung des Abgeltungsanspruchs maßgebend.

– Für die Abgeltung von Mehrarbeit durch bezahlte Freistellung ist ein individuelles Guthabenkonto einzurichten.

Ein Organisationsmittel hierfür ist der Volkswagen-Beschäftigungsscheck.

Durch Betriebsvereinbarung – die nachfolgenden Mindestinhalt haben muß – ist zu regeln:

– Die Voraussetzungen, das Verfahren und der Zeitpunkt für die Bestimmung des Verwendungszwecks von bezahlter Freistellung für Mehrarbeit.

– Das Verfahren und Ankündigungsfristen für die konkrete Inanspruchnahme von bezahlter Freistellung für Mehrarbeit.

– Die Voraussetzungen und das Verfahren für eine kollektive Festsetzung der Inanspruchnahme von bezahlter Freistellung für Mehrarbeit.

– Die Voraussetzungen und das Verfahren für eine finanzielle Abgeltung von Stunden des individuellen Guthabenkontos, wenn eine bezahlte Freistellung für Mehrarbeit aus betrieblichen Gründen nicht gewährt werden kann.

– In Ausnahme- und Sonderfällen kann mit dem Betriebsrat die Bezahlung von Mehrarbeit vereinbart werden. Dies gilt für Arbeit in definierten

Projekten, in unaufschiebbaren Fällen (z.B. Versuchsfahrten) und für Arbeit von Spezialisten. Die Tarifvertragsparteien sind über entsprechende Vereinbarungen zu informieren, um Mißbrauchsfälle auszuschließen.

1.1.4 Zusätzlich wird folgende Klausel in die Tarifvereinbarung aufgenommen:

Wenn die effektive Arbeitszeit (d.h. die Summe aus regelmäßiger Arbeitszeit und bezahlter Mehrarbeit) in einem Werk pro Mitarbeiter durchschnittlich 35 Stunden in der Woche im Jahr übersteigt, erklärt sich das Unternehmen bereit zu prüfen, in welchem Umfang Einstellungen über Zeitverträge erfolgen können.

Die Feststellung des effektiven Arbeitszeitvolumens erfolgt halbjährlich.

Das Überprüfungsergebnis wird mit dem Betriebsrat abgestimmt.

1.2 Tarifvereinbarungen vom 24. Mai 1994

1.2.1 Die Tarifvereinbarung zum Modell „Stafette für Ausgebildete" wird überarbeitet und ebenfalls ab 01. Januar 1996 wieder in Kraft gesetzt.

Neu aufgenommen wird folgende Klausel für die Übernahme der Ausgebildeten, die für die Laufzeit die Geltung von § 14.11 MTV überlagert:

„Auszubildende werden grundsätzlich nach erfolgreich bestandener Abschlußprüfung in ein Arbeitsverhältnis übernommen. Davon kann im Einzelfall bei Vorliegen eines wichtigen Grundes mit Zustimmung des Betriebsrates abgewichen werden."

1.2.2 Die Tarifvereinbarung zum Modell „Arbeitsfreie Blockzeiten" wird überarbeitet und materiell unverändert ab 01. Januar 1996 wieder in Kraft gesetzt.

1.3 Stafette für Ältere

Ab 01. Januar 1996 tritt eine tarifliche Regelung in Kraft, die eine Stafetten-Regelung für Ältere in Form eines gleitenden Übergangs in den Ruhestand (Altersteilzeit) vorsieht. Zum Ausgleich wird eine Zuschußzahlung entsprechend der Zumutbarkeitskurve während der 3 Teilzeitschritte gewährt. Details werden in einer Betriebsvereinbarung geregelt.

1.4 Ergänzende Regelung

Die Regelung des § 7 des Tarifvertrages über die Arbeitszeit – Freistellung mit Wiedereinstellungszusage – wird durch Protokollnotiz abgeändert. Danach kann ein Ausscheiden mit Wiedereinstellungszusage auch dann in Anspruch genommen werden, wenn keiner der tariflich angeführten Gründe vorliegt.

Die Protokollnotiz tritt am 01. Januar 1996 in Kraft.

2. Arbeitszeitregelungen

2.1 Gleitzeit

Ab 01. Januar 1996 tritt eine neue tarifliche Gleitzeitregelung in Kraft.

Die Gleitzeitregelung findet – nach wie vor – Anwendung in der sog. „Normalschicht" und beinhaltet eine flexiblere Zeitdisposition ohne Zeiterfassung.

Auf der Grundlage einer 4-Tage-Woche beträgt die tägliche Mindestarbeitszeit 4 Stunden pro Tag und die tägliche Höchstarbeitszeit 9,5 Stunden pro Tag.

Durch Betriebsvereinbarung sind weitere Einzelheiten über Beginn und Ende der täglichen Arbeitszeit (maximaler Zeitrahmen 13 Stunden), Kernarbeitszeit und Zeitguthaben (einschließlich Entnahmeregelung) zu vereinbaren.

2.2 Leistungsbeitrag des indirekten Bereichs

Als Leistungsbeitrag für die Beschäftigungssicherung wird für den indirekten Bereich (Zeitlohn/Gehalt) ab 01. Januar 1996 eine 1,2-stündige SOLL-Leistung pro Woche vereinbart. Weitere Einzelheiten sind zwischen den Tarifvertragsparteien zu vereinbaren.

3. Entlohnungsgrundsätze

Ab 01. Januar 1996 werden neue Regelungen zu den Entlohnungsgrundsätzen „Zeitlohn" und „Leistungslohn" eingeführt.

Im Leistungslohn werden Arbeitspensum und/oder SOLL-Personalbesetzung auf der Grundlage von Planungs- bzw. Referenzdaten zwischen Unternehmen und Betriebsrat vereinbart.

Im Zeitlohn werden Leistung und Leistungsziele zwischen dem Vorgesetzten und dem Beschäftigten vereinbart.

Für beide Entlohnungsgrundsätze gilt das Reklamationsverfahren für Betrieb, Betriebsrat und Beschäftigte.

Die ab 01. Januar geltende Fassung der Vereinbarung zum Tarifvertrag über die Grundsätze der Entlohnung enthält Anlage.

4. Gemeinsamer Entgelttarifvertrag

4.1 Als weiterer Schritt zu einem gemeinsamen Entgelttarifvertrag wird vereinbart:

– Eine Zusammenlegung der bisherigen Monatsentgelt- und Gehaltstabelle zu einer einheitlichen Entgelttafel,

– eine Belegung der „L-Stufen" im Angestelltenbereich; alle Angestellten mit einer Leistungszulage werden in die L-Stufe umgestuft und erhalten, soweit die Summe aus Leistungszulage und individueller Zulage die L-Stufe übersteigt, diesen Betrag als individuelle Zulage. Diese Zulage wird bei zukünftigen Tariferhöhungen entsprechend angepaßt und im Rahmen tariflicher Bezahlungsregelungen berücksichtigt. Dafür entfällt der Tarifvertrag über Leistungsbeurteilung und Leistungsbewertung,

– eine zukünftige Belegung der L-Stufen als Erfahrungsstufe nach spätestens 2-jähriger Einstufung in der Grundgehaltsgruppe.

4.2 Darüber hinaus wird eine paritätisch besetzte Kommission mit der Erarbeitung des neuen Entgeltsystems beauftragt.

5. Beteiligungsrente

Die bisher zweckgebunden für die gemäß dem 5. Vermögensbildungsgesetz zugelassenen Anlagearten unternehmensseitig gezahlten vermögenswirksamen Leistungen werden ab 01. Januar 1996 für eine betriebliche Zusatzversorgung (Beteiligungsrente) verwendet.

Eine Übergangsregelung für Härtefälle wird vereinbart.

6. Änderungen des Manteltarifvertrages

6.1 § 3.2 Manteltarifvertrag erhält folgende Fassung:

„3.2 Zuschußzahlung

3.2.1 Die betroffenen Werksangehörigen erhalten für die Dauer der Kurzarbeit einen Zuschuß zum Kurzarbeitergeld.

Berechnungsbasis für den Zuschuß ist die Differenz zwischen dem infolge des Arbeitsausfalls verminderten Monats-Netto-Arbeitsentgelts – auf Basis des Arbeitsentgelts für die Bemessung des Kurzarbeitsgeldes – zuzüglich des Kurzarbeitergeldes einerseits und dem Betrag andererseits, der sich bei Anwendung des aus Ziffer 3.2.2 ersichtlichen Prozentsatzes des Monats-Netto-Arbeitsentgelts bei Vollbeschäftigung – auf Basis des Arbeitsentgelts für die Bemessung des Kurzarbeitergeldes – ergibt.

3.2.2 Die Netto-Monatsentgelt-Basis für die Ermittlung des Zuschusses zum Kurzarbeitergeld beträgt in

Entgelt-niveau	Gehaltsgruppe	% vom Netto-Monatsentgelt/Gehalt
A	5	95
B/C		90
D/E	6	87
F		85
G	7	85
H		85
I	8	84
K/L		84
M	9	83
N		83
	10	82
	11	82
	12	81
	13	80"

6.2 Zu § 4 Manteltarifvertrag werden folgende Änderungen vereinbart:

6.2.1 § 4.1.1 erhält folgenden Wortlaut:

„für Mehrarbeit (von Montag bis Freitag) 30 % Mehrarbeitszuschläge werden nur gezahlt, wenn die Mehrarbeit mehr als eine 1/4 Stunde beträgt".

6.2.2 § 4.1.4 erhält folgende Fassung:
„für Sonnabendarbeit; 30 %
für schichtplanmäßige
Sonnabendarbeit sowie 50 %
für Sonntagsarbeit"

6.2.3 § 4.4 entfällt ersatzlos.

7. Erhöhung der Monatsentgelte und Gehälter

7.1 Die Monatsentgelte und Gehälter, die individuellen monatlichen Zulagen und Ausgleichszulagen werden ab 01. Januar 1996 um 4 % erhöht.

7.2 Entsprechendes gilt für die Monatsentgelte, individuellen monatlichen Zulagen sowie Ausgleichszulagen für Monatsentgeltempfänger mit Arbeitsbereitschaft sowie für Angehörige des Werkschutzes und der Werkfeuerwehr.

7.3 Jede(r) Werksangehörige erhält für die Monate August bis Dezember 1995 anstelle der prozentualen Erhöhung pro Monat einen Pauschalbetrag von je DM 200,— brutto, der in 2 Raten von je DM 500,— mit der Entgeltzahlung September und Oktober 1995 nach Maßgabe folgender Bestimmungen ausgezahlt wird:

7.3.1 Den jeweiligen Pauschalbetrag erhalten Werksangehörige in voller Höhe, wenn sie im August bis Dezember 1995 Vollzeitbeschäftigte sind und einen vollen Anspruch auf Monatsentgelt/Gehalt, auf Fortzahlung des regelmäßigen Arbeitsverdienstes, auf Urlaubsentgelt oder auf Kurzarbeitergeld haben.

7.3.2 Teilzeitbeschäftigte erhalten die Pauschalbeträge nach Maßgabe ihrer einzelvertraglich vereinbarten regelmäßigen wöchentlichen Arbeitszeit im Verhältnis zur regelmäßigen tariflichen wöchentlichen Arbeitszeit von 28,8 Stunden. Die Zahlung der Pauschalbeträge erfolgt ebenfalls in 2 gleichen Raten mit der Entgeltzahlung September und Oktober.

7.3.3 Soweit für teilzeit- und vollzeitbeschäftigte Werksangehörige kein voller Anspruch auf Zahlung des Monatsentgelts/Gehalts, auf Fortzahlung des regelmäßigen Arbeitsverdienstes, auf Urlaubsentgelt oder auf Kurzarbeitergeld für die Monate August bis Dezember 1995 besteht, ist der jeweilige Pauschalbetrag zeitanteilig zu kürzen.

7.4 Zusätzlich wird die Einmalzahlung gemäß § 3.2.4 Absatz 2 der Tarifvereinbarung vom 15. Dezember 1993 um DM 836,— auf insgesamt DM 1.600,— angehoben.

Teilzeitbeschäftigte erhalten den Erhöhungsbetrag anteilig im Verhältnis ihrer einzelvertraglich vereinbarten Arbeitszeit zur regelmäßigen tariflichen Arbeitszeit von 28,8 Stunden pro Woche.

7.5 Die Monatsentgelte und Gehälter sind mit einer Frist von 1 Monat, erstmals zum 31. Juli 1997, kündbar.

7.6 Die Weihnachtsgratifikation gem. § 10.1 MTV beträgt in 1995 und 1996 in der Gruppe C DM 2.000,—. Die Beträge der anderen Gruppen werden anteilig angepaßt.

8. Regelungen für Auszubildende

8.1 Die Ausbildungsvergütungen werden ab 01. Januar 1996 im 2., 3. und 4. Ausbildungsjahr um 4 % erhöht.

8.2 Zusätzlich wird die Einmalzahlung gem. § 3.2.4 Abs. 5 der Tarifvereinbarung vom 15. Dezember 1993 um DM 237,— auf insgesamt DM 455,— angehoben.

8.3 Der Tarifvertrag über die Gewährung von Ausbildungsvergütungen ist mit einer Frist von 1 Monat, erstmals zum 31. Juli 1997, kündbar.

9. Sonstige Bezahlungsregelungen

Die Beträge sonstiger Bezahlungsregelungen gemäß § 3.2.6 Tarifvereinbarung vom 15. Dezember 1993 werden ab 01. Januar 1996 um 4 % erhöht.

10. Umsetzung des Verhandlungsergebnisses

Die Tarifvertragsparteien werden die aus diesem Verhandlungsergebnis resultierenden Neufassungen der Tarifverträge umgehend vereinbaren.

11. Tarifvereinbarungen zur Beschäftigungssicherung

Die Tarifvertragsparteien stimmen überein, daß nach einer Kündigung im Falle der Nichteinigung über eine Nachfolgeregelung die normalen tariflichen Regelungen (u.a. Erholzeiten, 35-Stunden-Woche incl. Bezahlungsregelungen sowie § 4.1 der Tarifvereinbarung zur Beschäftigungssicherung) in ihrer dann gültigen Fassung in Kraft treten.

12. Maßregelungsklausel

Zwischen den Parteien wird eine Maßregelungsklausel vereinbart.

13. Erklärungsfrist

Dieses Verhandlungsergebnis wird wirksam, wenn es bis zum 28. September 1995, 16.00 Uhr, von den Tarifvertragsparteien angenommen wird.

Nichtabgabe einer Erklärung bedeutet Zustimmung.

Hannover, 12. September 1995

Anlage

Für die Verhandlungskommission der

Volkswagen AG

Industriegewerkschaft Metall
– Bezirksleitung Hannover –

Anmerkung: Der Abdruck der Anlage zum Verhandlungsergebnis erfolgt aus Gründen des Gesamtzusammenhangs im Anhang 5, Dokument 7

Anhang 2

Die „Vereinbarung zur Sicherung der Standorte und der Beschäftigung vom 28. September 1995" stellt die Erneuerung des im Dezember 1993 abgeschlossenen Volkswagen-Modells (4-Tage-Woche) dar. Wesentliche Kernelemente der Vereinbarung sind: Beschäftigungssicherung durch Ausschluß betriebsbedingter Kündigungen; grundsätzliche Fortführung der 28,8-Stunden-Woche; ungleichmäßige Arbeitszeitverteilung (Volkswagen-Woche).

Dokument 2: Vereinbarung zur Sicherung der Standorte und der Beschäftigung vom 28. September 1995 einschließlich Protokollnotiz zu § 7 der Vereinbarung

Zwischen der

Volkswagen AG
und der
Industriegewerkschaft Metall
– Bezirksleitung Hannover –

wird folgende Vereinbarung zur Sicherung der Standorte und der Beschäftigung abgeschlossen:

Präambel

Die Tarifvertragsparteien stimmen darin überein, daß die tiefgreifenden konjunkturellen und strukturellen Probleme sowie gesamtgesellschaftlichen Veränderungsprozesse neue Lösungsansätze auch von den Tarifparteien erfordern, um Beschäftigung sichern zu können.

Volkswagen und IG Metall verfolgen gemeinsam das Ziel der Sicherung der Beschäftigung in den inländischen Standorten und der Wettbewerbsfähigkeit der Volkswagen AG. Sie setzen daher das System der Beschäftigungssicherung in nachfolgender Fassung fort.

Zwischen den Parteien besteht Einvernehmen, daß entsprechende Regelungen auch für die nicht unter den Geltungsbereich der Tarifverträge fallenden Mitarbeiter und Mitarbeiterinnen gelten sollen. Volkswagen wird dies durch geeignete Vereinbarungen und Maßnahmen sicherstellen.

§ 1 Geltungsbereich

Diese Vereinbarung gilt

1.1 räumlich:
Für die Werke der Volkswagen AG

1.2 persönlich:
Für alle Werksangehörigen, die Mitglied der Industriegewerkschaft Metall sind, mit Ausnahme von

- Praktikanten
- Werkstudenten
- Volontären
- Informanden

sowie

- Angestellten, die aufgrund von Sonderverträgen beschäftigt werden, die über den Rahmen des Manteltarifvertrages und des Gehaltstarifvertrages hinausgehen.

§ 2 Arbeitszeit

2.1 Arbeitszeitdauer

2.1.1 Die regelmäßige Arbeitszeit beträgt 28,8 Stunden in der Woche im Jahresdurchschnitt.

2.1.2 Die regelmäßige Arbeitszeit gemäß des Tarifvertrages für Monatsentgeltempfänger mit Arbeitsbereitschaft sowie des Tarifvertrages für Angehörige des Werkschutzes und der Werkfeuerwehr beträgt für

- Monatsentgeltempfänger mit Arbeitsbereitschaft
  * lfd. Nr. 1 und 2
    152 Stunden/Monat
  * lfd. Nr. 10 und 11
    148,8 Stunden/Monat

- Werkschutz
  * vollkontinuierlicher Schichtbetrieb
    133,86 Stunden/Monat
  * Wechselschichtbetrieb
    143,46 bzw.
    134,85 Stunden/Monat

- Werkfeuerwehr
  * vollkontinuierlicher Schichtbetrieb
    207,2 Stunden/Monat

2.1.3 Die wöchentliche Ausbildungszeit beträgt 35 Stunden gemäß § 14.7 Absatz 1 Manteltarifvertrag vom 21. November 1991 in der Fassung vom 26. Juli 1994.

2.2 Arbeitszeitverteilung

2.2.1 Grundsatz

Beginn und Ende der täglichen Arbeitszeit einschließlich der Pausen sowie die Verteilung der wöchentlichen Arbeitszeit auf die einzelnen Wochentage – in der Regel von Montag bis Freitag – werden mit dem Betriebsrat vereinbart. Die wöchentliche Arbeitszeit von 28,8 Stunden kann schichtplanmäßig grundsätzlich auf 4 oder 5 Arbeitstage verteilt werden.

2.2.2 Ungleichmäßige Verteilung – Volkswagenwoche –

2.2.2.1 In Produktionsbereichen sowie produktionsabhängigen Bereichen kann die regelmäßige Arbeitszeit im Rahmen der jährlichen Programm- und Arbeitszeitplanung auf bis zu 8 Stunden pro Tag und bis zu 10 Stunden über die regelmäßige Wochenarbeitszeit von 28,8 Stunden hinaus von Montag bis Freitag verteilt werden.

2.2.2.2 Von der festgelegten Verteilung der Arbeitszeit gemäß § 2.2.2.1 kann mit Zustimmung des Betriebsrates abgewichen werden.

Gegenüber den betroffenen Werksangehörigen ist grundsätzlich eine Ankündigungsfrist von 2 Monaten einzuhalten.

2.2.2.3 Bei ungleichmäßiger Verteilung der Arbeitszeit ist die 28,8-Stunden-Woche innerhalb eines Kalenderjahres einzuhalten.

2.2.2.4 Um die 28,8-Stunden-Woche im Kalenderjahr für den Einzelnen sicherstellen zu können, kann durch Betriebsvereinbarung ein individuelles Arbeitszeitkonto nach dem Ansparprinzip eingeführt werden.

2.2.2.5 Durch betriebliche Regelungen kann die Anwendung der §§ 2.2.2.1 bis 2.2.2.4 auch für nicht produktionsabhängige Bereiche vereinbart werden.

2.2.3 Drei-Schicht-Betrieb

§ 2.2.2 findet Anwendung mit der Maßgabe, daß eine wöchentliche Arbeitszeit von in der Regel 40 Stunden pro Woche nicht überschritten wird.

2.2.4 Sonnabendarbeit

Die Regelung des § 2.3 Tarifvertrag über die Arbeitszeit findet weiterhin Anwendung.

2.3 Urlaubsansprüche

2.3.1 Bei einer kollektiven und/oder individuellen 4-Tage-Woche sind Ansprüche auf Tarifurlaub, Schwerbehindertenurlaub und gesetzlichen Bildungsurlaub so anzupassen, daß sie von ihrem Umfang her der Dauer entsprechen, als wenn gemäß Schichtplan regelmäßig an 5 Arbeitstagen in der Woche zu arbeiten wäre.

2.3.2 Bei Verteilung der Arbeitszeit gemäß § 2.2.2 bleibt der Urlaubsanspruch unter Berücksichtigung von § 6.1.2.5 Manteltarifvertrag unberührt.

§ 3 Bezahlung

3.1 Monatsentgelte/Gehälter

3.1.1 In den zu zahlenden Monatsentgelten und Gehältern sind Ausgleichszulagen enthalten.

Die Ausgleichszulagen und ihre Höhe ergeben sich aus den einschlägigen Entgelttafeln der Entgelttarifverträge.

3.1.2 Die Ausgleichszulage 3 und die Ausgleichszulage 4 werden für die Dauer der Laufzeit gezahlt.

3.1.3 Teilzeitbeschäftigte und Auszubildende erhalten die Ausgleichszulage 4.

3.1.4 Die Ausgleichszulagen werden bei zukünftigen Tariferhöhungen entsprechend angepaßt.

3.2 Bezahlungsregelungen

3.2.1 Die Stundengrundentgelte für stundenabhängige Bezahlungen werden auf der Basis der tariflichen Normalentgelte und der 35-Stunden-Woche berechnet.

3.2.2 Für die Zuwendung für Arbeitsjubiläen gemäß § 10.3 Manteltarifvertrag ist auf das jeweils geltende Monatsentgelt/Gehalt einschließlich der jeweiligen Ausgleichszulagen abzustellen.

3.2.3 Im Umfang der Jahressonderzahlung erfolgen monatliche Zahlungen. Die Jahressonderzahlung gemäß § 10.2 Manteltarifvertrag entfällt für die Laufzeit dieser Vereinbarung.

Dies gilt auch für Auszubildende und Teilzeitbeschäftigte.

3.2.4 Die Zahlung des zusätzlichen Urlaubsgeldes wird für die Dauer dieser Vereinbarung abweichend von §§ 6.3.3 und 6.3.4 Manteltarifvertrag wie folgt geregelt:

Ein Teil des Urlaubsgeldes ist Bestandteil der Ausgleichszulage 4 und wird monatlich gezahlt. Im übrigen erhalten Werksangehörige, deren Arbeitsverhältnis am 30. Juni eines Jahres ungekündigt besteht und nicht ruht, am 01. Juli eines Jahres eine Einmalzahlung von DM 1.600,–.

Schwerbehinderte erhalten darüber hinaus eine zusätzliche Einmalzahlung in Höhe von DM 676,–.

Teilzeitbeschäftigte erhalten eine ihrer vertraglichen Arbeitszeit entsprechende Einmalzahlung.

Die Einmalzahlung für Auszubildende beträgt DM 455,–.

§ 4 Zusätzliche Regelungen

4.1 Zur Beschäftigungssicherung kann es aus betrieblichen Gründen erforderlich sein, Umsetzungen und Versetzungen vorzunehmen. Jeder Werksangehörige ist verpflichtet, eine zugewiesene Tätigkeit zu übernehmen, wenn sie zumutbar ist. Über die Regeln und das Verfahren zur Zumutbarkeit entscheiden die Betriebsparteien. Bei der Frage der Zumutbarkeit sind insbesondere Eignung, Qualifikation, bisherige Tätigkeit, Verdienst und Wohnsitz des betroffenen Werksangehörigen zu berücksichtigen. Bei Meinungsverschiedenheiten über die Frage der Zumutbarkeit entscheidet die jeweils zuständige Kommission. Ist hier eine Einigung nicht zu erzielen, gilt § 18.2 Manteltarifvertrag.

Dieses Verfahren gilt auch bei Einsprüchen der betroffenen Werksangehörigen gegen die Zumutbarkeit.

§ 4.1 gilt sinngemäß für die Übernahme von Ausgebildeten in ein anderes Werk als dem Ausbildungswerk.

4.2 Mehrarbeit

4.2.1 Mehrarbeit liegt vor, wenn die im Rahmen der Verteilung der tariflichen wöchentlichen Arbeitszeit jeweils festgelegte tägliche und wöchentliche Arbeitszeit überschritten wird. Mehrarbeit wird nur vergütet, wenn sie von dem zuständigen Vorgesetzten angeordnet ist.

Es werden jedoch nur volle 1/4 Stunden verrechnet.

4.2.2 Zuschläge für Mehrarbeit gemäß Manteltarifvertrag werden ausschließlich für Stunden gezahlt, die über 35 Stunden in der Woche hinausgehen.

4.2.3 Mehrarbeit ist grundsätzlich durch bezahlte Freistellung von der Arbeit auszugleichen.

Bezahlte Freistellung muß grundsätzlich innerhalb von 12 Kalendermonaten nach Beendigung des Monats erfolgen, in dem die Mehrarbeit geleistet wurde.

Die bezahlte Freistellung kann zu einem späteren Zeitpunkt erfolgen, wenn der Werksangehörige und das Unternehmen eine zweckgebundene Freizeitentnahme gemäß § 4.2.4 vereinbaren.

Bei der Festlegung des Termins für die bezahlte Freistellung sind die persönlichen und betrieblichen Belange zu berücksichtigen.

4.2.4 Bezahlte Freistellung für Mehrarbeit kann zweckgebunden auch für eine längere Unterbrechungszeit des Arbeitsverhältnisses oder für einen gleitenden Übergang in (Stafette für Ältere) bzw. für einen vorgezogenen Ruhestand verwendet werden.

4.2.5 Bezahlte Freistellung für Mehrarbeit wird mit dem im Zeitpunkt der Entnahme aktuellen Monatsentgelt/Gehalt vergütet.

4.2.6 Der Werksangehörige ist berechtigt, bei Vorliegen eines wichtigen Grundes schriftlich die finanzielle Abgeltung des Zeitguthabens zu verlangen.

Ein wichtiger Grund liegt insbesondere vor

- beim Ausscheiden des Werksangehörigen (z.B. durch Kündigung, Aufhebungsvertrag, Ausscheiden mit Wiedereinstellungszusage etc.),
- bei absehbaren längeren Ruhenszeiten des Arbeitsverhältnisses (z.B. Wehr-/Zivildienst, Erziehungsurlaub etc.) sowie
- bei drohender Zahlungsunfähigkeit des Unternehmens bzw. eines laufenden Konkurs- bzw. Vergleichsverfahrens.

Der Abgeltungsanspruch entsteht in vorgenannten Fällen in dem Zeitpunkt, in dem der Beendigungs- bzw. Ruhenstatbestand eintritt.

Bei Tod des Werksangehörigen wandelt sich das individuelle Zeitguthaben in einen vererblichen finanziellen Abgeltungsanspruch.

Für den Abgeltungsanspruch ist das Tarifniveau im Zeitpunkt der Abgeltung maßgebend.

4.3 Für die Abgeltung von Mehrarbeit durch bezahlte Freistellung ist ein individuelles Guthabenkonto einzurichten.

Ein Organisationsmittel hierfür ist der Volkswagen-Beschäftigungsscheck.

Durch Betriebsvereinbarung – die nachfolgenden Mindestinhalt haben muß – ist zu regeln:

4.3.1 Die Voraussetzungen, das Verfahren und der Zeitpunkt für die Bestimmung des Verwendungszwecks von bezahlter Freistellung für Mehrarbeit.

4.3.2 Das Verfahren und die Ankündigungsfristen für die konkrete Inanspruchnahme von bezahlter Freistellung für Mehrarbeit.

4.3.3 Die Voraussetzungen und das Verfahren für eine kollektive Festsetzung der Inanspruchnahme von bezahlter Freistellung für Mehrarbeit.

4.3.4 Die Voraussetzungen und das Verfahren für eine finanzielle Abgeltung von Stunden des individuellen Guthabenkontos, wenn eine bezahlte Freistellung für Mehrarbeit aus betrieblichen Gründen nicht gewährt werden kann.

4.4 In Ausnahme- und Sonderfällen kann – abweichend von § 4.2.3 – mit dem Betriebsrat die Bezahlung von Mehrarbeit vereinbart werden. Dies gilt für Arbeit in definierten Projekten, in unaufschiebbaren Fällen (z. B. Versuchsfahrten) und für Arbeit von Spezialisten. Die Tarifvertragsparteien sind über entsprechende Vereinbarungen zu informieren, um Mißbrauchsfälle auszuschließen.

4.5 Wenn die effektive Arbeitszeit (d.h. die Summe aus regelmäßiger Arbeitszeit und bezahlter Mehrarbeit) in einem Werk pro Mitarbeiter durchschnittlich 35 Stunden in der Woche im Jahr übersteigt, erklärt sich das Unternehmen bereit zu prüfen, in welchem Umfang Einstellungen über Zeitverträge erfolgen können.

Die Feststellung des effektiven Arbeitszeitvolumens erfolgt halbjährlich.

Das Überprüfungsergebnis wird mit dem Betriebsrat abgestimmt.

§ 5 Beschäftigungssicherung

Für die Laufzeit der Vereinbarung sind betriebsbedingte Kündigungen ausgeschlossen.

Dies gilt nicht für betriebsbedingte Beendigungskündigungen in Verbindung mit sozialverträglichen Maßnahmen (z. B. Altersregelungen durch Sozialplan, sonstigen Abfindungsregelungen).

Im Einzelfall sind betriebsbedingte Änderungskündigungen mit Zustimmung des Betriebsrates zulässig.

Für den nicht unter den Geltungsbereich der Tarifverträge fallenden Personenkreis wird Volkswagen eine entsprechende Erklärung in geeigneter Form vereinbaren.

§ 6 Anwendung der Tarifverträge

Soweit in dieser Vereinbarung nichts anderes bestimmt ist, gelten die Bestimmungen der übrigen Tarifverträge in ihrer jeweiligen Fassung weiter.

§ 7 Vertragsdauer

7.1 Die Vereinbarung tritt am 01. Januar 1996 in Kraft.

7.2 Sie kann mit einer Frist von 3 Monaten zum Jahresende, erstmals zum 31. Dezember 1997, gekündigt werden.

7.3 Die Tarifvertragsparteien verpflichten sich, nach einer Kündigung die Verhandlungen über eine Anschlußregelung unverzüglich aufzunehmen.

Kommt eine Einigung nicht zustande, so endet die Nachwirkung dieser Tarifvereinbarung jeweils 6 Monate nach Ablauf der Vereinbarung, frühestens am 30. Juni 1998.

In diesem Fall treten die normalen tariflichen Regelungen (einschließlich § 4.1 dieser Vereinbarung) in ihrer dann gültigen Fassung in Kraft.

7.4 Mit dem Inkrafttreten dieser Tarifvereinbarung treten die Tarifvereinbarung vom 15. Dezember 1993 und die sie ergänzenden Tarifvereinbarungen vom 24. Mai 1994 nebst Protokollnotizen außer Kraft.

Wolfsburg, 28. September 1995

Volkswagen AG

Industriegewerkschaft Metall
– Bezirksleitung Hannover –

Protokollnotiz zu § 7 der Tarifvereinbarung zur Sicherung der Standorte und der Beschäftigung vom 28. September 1995

Die Tarifvertragsparteien stimmen überein, daß nach einer Kündigung und für den Fall der Nichteinigung über eine Nachfolgeregelung die ursprünglichen tariflichen Regelungen (u.a. Erholzeiten, 35-Stunden-Woche incl. Bezahlungsregelungen) in ihrer dann gültigen Fassung in Kraft treten; § 4.1 o.g. Tarifvereinbarung bleibt in Kraft.

Wolfsburg, 28. September 1995

Volkswagen AG

Industriegewerkschaft Metall
– Bezirksleitung Hannover –

Anhang 3

Der „Tarifvertrag über gleitende Arbeitszeit" beinhaltet u. a. die Ausweitung des möglichen Arbeitszeitrahmens, welcher von der Belegschaft im Rahmen der neu geschaffenen Zeitsouveränität (Wegfall des „Stempelns") weitgehend eigenverantwortlich genutzt werden kann.

Dokument 3: Tarifvertrag über gleitende Arbeitszeit vom 28. September 1995

Zwischen der

Volkswagen AG
und der
Industriegewerkschaft Metall
– Bezirksleitung Hannover –

wird folgender **Tarifvertrag über gleitende Arbeitszeit** abgeschlossen:

Präambel:

Die Tarifvertragsparteien stimmen darin überein, daß insbesondere im indirekten Bereich arbeitszeitorganisatorische Veränderungen erforderlich sind, um dadurch die gemeinsamen Bemühungen um eine notwendige Verbesserung der Wettbewerbsfähigkeit des Unternehmens und der Sicherung der Beschäftigung zu unterstützen.

Arbeitszeitorganisatorisch erfordert dies einen flexiblen Arbeitszeitrahmen, der in Abstimmung zwischen den Mitarbeitern und Mitarbeiterinnen und ihrem betrieblichen Vorgesetzten eigenverantwortlich und individuell unter Berücksichtigung der betrieblichen Erfordernisse und der persönlichen Belange der Mitarbeiter und Mitarbeiterinnen ausgefüllt werden kann, um eine kunden- und termingerechte Aufgabenerfüllung gewährleisten zu können.

§ 1 Geltungsbereich

Dieser Tarifvertrag gilt:

1.1 räumlich:
für die Werke der Volkswagen AG

1.2 persönlich:
für alle Werksangehörigen, die in der Normalschicht beschäftigt und Mitglied der Industriegewerkschaft Metall sind, mit Ausnahme von

- Auszubildenden,
- Praktikanten,
- Werkstudenten,
- Volontären,
- Informanden,
- Werksangehörigen mit einem Einzelarbeitsvertrag, der eine kürzere als die tarifliche regelmäßige Arbeitszeit enthält,

sowie

- Angestellten, die aufgrund von Sonderverträgen beschäftigt werden, die über den Rahmen des Mantel- und Gehaltstarifvertrages hinausgehen.

§ 2 Arbeitszeitrahmen

2.1 In der Normalschicht gilt gleitende Arbeitszeit.
Ausnahmen hiervon können für einzelne Werksangehörige oder Gruppen von Werksangehörigen mit dem Betriebsrat vereinbart werden, wenn dies aus betrieblichen Gründen erforderlich ist.

2.2 Die arbeitstägliche SOLL-Arbeitszeit beträgt – unter Berücksichtigung der vereinbarten wöchentlichen SOLL-Leistung von 1,2 Stunden – in der 4-Tage-Woche 7,5 Stunden.

2.3 Innerhalb des gemäß § 3.1 durch Betriebsvereinbarung festzulegenden Rahmens von maximal 13 Stunden kann jeder Mitarbeiter Beginn und Ende seiner Arbeitszeit unter Berücksichtigung von § 2.4 in Abstimmung mit seinem betrieblichen Vorgesetzten selbst bestimmen. Dabei sind neben den persönlichen Belangen vorrangig insbesondere die Aufgabenerledigung, die erforderliche Zusammenarbeit mit anderen organisatorischen Einheiten und die Kundenbeziehungen zu berücksichtigen.

2.4 Die tägliche Mindestarbeitszeit beträgt 4 Stunden und die tägliche Höchstarbeitszeit 9,5 Stunden (jeweils ohne Pausen).

2.5 Als Mehrarbeit gelten alle Arbeitsstunden, die über die arbeitstägliche SOLL-Arbeitszeit gemäß § 2.2 hinausgehen und vom betrieblichen Vorgesetzten angeordnet worden sind.

2.6. Die Entnahme der freien Tage aus der 4-Tage-Woche kann – abweichend von der gemäß § 3.1 festzulegenden betrieblichen Grundsatzregelung – individuell mit dem betrieblichen Vorgesetzten geregelt werden.

§ 2.3 Satz 2 gilt hierbei entsprechend.

In diesem Fall richtet sich die Anzahl der auf einen gesetzlichen Wochenfeiertag (incl. 24. und 31. Dezember) fallenden freien Tage nach der betrieblichen Grundsatzregelung.

2.7 Bei Teilentgeltberechnungen wird eine tägliche SOLL-Arbeitszeit von 1/4 der tariflichen Wochenarbeitszeit (7,2 Stunden) zugrunde gelegt.

2.8 Eine unternehmensseitige Erfassung der täglichen Arbeitszeit erfolgt nicht.

§ 3 Verfahrensregelungen

3.1 Durch Betriebsvereinbarung sind weitere Einzelheiten zu regeln; dies gilt insbesondere in bezug auf

- die Verteilung der wöchentlichen Arbeitszeit auf die Wochentage,

– die zeitliche Festlegung des frühestmöglichen Beginns und des spätestmöglichen Endes der täglichen Arbeitszeit gemäß § 2.3,

– die Dauer und Lage von Pausen im Sinne des Arbeitszeitgesetzes,

– die Festlegung von Kernarbeitszeiten, soweit dies erforderlich ist,

– Festlegungen zum Umfang von Zeitguthaben (Ausgleichszeitraum: 12 Monate) und Entnahmeregelungen sowie

– die Form der gemäß § 16 Abs. 2 Arbeitszeitgesetz erforderlichen Arbeitszeitnachweise.

3.2 Die Festlegung der Arbeitszeit für Ausnahmen gemäß § 2.1 ist mit dem Betriebsrat zu vereinbaren.

3.3 Mit dem Betriebsrat können auch für einzelne Werksangehörige, Gruppen von Werksangehörigen oder organisatorische Einheiten andere Arbeitszeitmodelle vereinbart werden, wenn dies betrieblich erforderlich ist.

Die arbeitstägliche SOLL-Arbeitszeit ist – unter Berücksichtigung der vereinbarten wöchentlichen SOLL-Leistung von 1,2 Stunden – in diesem Fall entsprechend anzupassen.

3.4 Die Herausnahme einzelner Werksangehöriger bei Mißbrauch der gleitenden Arbeitszeit oder bei Verstoß gegen die Bestimmungen ist im Einvernehmen mit dem Betriebsrat zu regeln.

3.5 Soweit in diesem Tarifvertrag nichts anderes bestimmt ist, gelten die Bestimmungen der übrigen Tarifverträge in ihrer jeweiligen Fassung.

§ 4 Vertragsdauer

Dieser Tarifvertrag tritt am 01. Januar 1996 in Kraft und kann mit einer Frist von 3 Monaten, erstmals zum 31. Dezember 1997, gekündigt werden.

Wolfsburg, 28. September 1995

Volkswagen AG

Industriegewerkschaft Metall
– Bezirksleitung Hannover –

Anhang 4

Die „Stafette für Ausgebildete" beinhaltet das sukzessive Heranführen des Ausgebildeten in mehreren „Teilzeitschritten" an ein Vollzeitarbeitsverhältnis, das in der Regel nach dreieinhalb Jahren erreicht wird. Demgegenüber sieht die „Stafette für Ältere" den gleitenden Übergang mittels 3 Teilzeitschritten in den Ruhestand vor.

Dokument 4: Vereinbarung „Stafette für Ausgebildete" vom 28. September 1995

Zwischen der

Volkswagen AG
und der
Industriegewerkschaft Metall
– Bezirksleitung Hannover –

wird in Ergänzung und Konkretisierung der Tarifvereinbarung zur Sicherung der Standorte und der Beschäftigung vom 28. September 1995 folgende Vereinbarung „Stafette für Ausgebildete" abgeschlossen:

1. Übernahme in ein Arbeitsverhältnis

1.1 Auszubildende werden grundsätzlich nach erfolgreich bestandener Abschlußprüfung in ein Arbeitsverhältnis übernommen. Davon kann im Einzelfall bei Vorliegen eines wichtigen Grundes mit Zustimmung des Betriebsrates abgewichen werden.

1.2 Ausgebildete werden über eine kontinuierlich ansteigende Teilzeit an ein Vollzeitarbeitsverhältnis herangeführt.

Die Übernahme in ein Vollzeitarbeitsverhältnis erfolgt grundsätzlich in folgenden Schritten:

a) Ab Übernahme bis zum 24. vollendeten Kalendermonat nach Abschluß der Ausbildung in ein Teilzeitarbeitsverhältnis mit 20 Std./Woche im Jahresdurchschnitt;

b) ab 25. bis einschließlich 42. Kalendermonat nach Abschluß der Ausbildung in ein Teilzeitarbeitsverhältnis mit 24 Std./Woche im Jahresdurchschnitt und

c) ab 43. Kalendermonat nach Abschluß der Ausbildung in ein Vollzeitarbeitsverhältnis.

Die Festlegung der Arbeitszeit ist in Anpassung an die betrieblichen Gegebenheiten mit dem Betriebsrat zu regeln.

1.3 Bei einvernehmlich festgestelltem Personalbedarf sind durch die Betriebsparteien von Ziffer 1.2 abweichende Regelungen möglich.

Eine in diesem Sinne mögliche Übernahme von Ausgebildeten in ein Vollzeitarbeitsverhältnis im Ausbildungswerk kann durch die Betriebsparteien maximal für die Dauer von jeweils einem Beschäftigungsjahr vereinbart werden.

2. Mobilität

2.1 Für die Übernahme der Ausgebildeten in ein anderes Werk gilt § 4.1 der Tarifvereinbarung zur Sicherung der Standorte und der Beschäftigung vom 28. September 1995 sinngemäß.

2.2 Ein Ausgebildeter, der eine angebotene Übernahme in ein anderes Werk annimmt, ist in ein Vollzeitarbeitsverhältnis zu übernehmen.

Ziffer 1.2 findet in diesem Fall auf Dauer auf das Arbeitsverhältnis keine Anwendung.

3. Schlußbestimmung

3.1 Für die Laufzeit dieser Vereinbarung findet § 14.11 MTV keine Anwendung.

3.2 Diese Vereinbarung tritt am 01. Januar 1996 in Kraft.

3.3 Kündigungsfrist, frühestmöglicher Kündigungstermin und Kündigungsfolgen richten sich nach der Tarifvereinbarung zur Sicherung der Standorte und der Beschäftigung vom 28. September 1995.

Wolfsburg, 28. September 1995

Volkswagen AG

Industriegewerkschaft Metall
Bezirksleitung Hannover –

Dokument 5: Vereinbarung „Stafette für Ältere" vom 28. September 1995

Zwischen der

Volkswagen AG
und der
Industriegewerkschaft Metall
– Bezirksleitung Hannover –

wird in Ergänzung der Tarifvereinbarung zur Sicherung der Standorte und der Beschäftigung vom 28. September 1995 nachfolgende Vereinbarung „Stafette für Ältere" abgeschlossen:

1. Es wird ein gleitender Übergang in den Ruhestand (Altersteilzeit) vereinbart.

2. Für den gleitenden Übergang in den Ruhestand gelten folgende Bedingungen:

2.1 Die Arbeitszeit beträgt in den einzelnen Teilzeitschritten
- durchschnittlich 24 Stunden/Woche
- durchschnittlich 20 Stunden/Woche
- durchschnittlich 18 Stunden/Woche

2.2 Die Entscheidung über den Eintritt eines Werksangehörigen in den gleitenden Übergang in den Ruhestand trifft das Unternehmen unter Berücksichtigung der betrieblichen Bedürfnisse und der persönlichen Belange in Abstimmung mit dem Betriebsrat.

Ein individueller Anspruch der Werksangehörigen hierauf besteht nicht.

2.3 Die Werksangehörigen erhalten während des gleitenden Übergangs in den Ruhestand einerseits ein Monatsentgelt entsprechend den Regelungen für Teilzeitarbeit und andererseits einen Brutto-Zuschuß.

Berechnungsbasis für den Zuschuß ist die Differenz zwischen dem monatlichen Brutto-Teilzeitentgelt und dem Brutto-Betrag, der sich bei Anwendung des aus der nachfolgenden Staffelung ersichtlichen Prozentsatzes des Monats-Brutto-Arbeitsentgelts bei Vollzeitbeschäftigung ergibt.

Entgeltstufe	(Entgeltniveau/ Gehaltsgruppe) bisher		% vom Brutto-Monatsentgelt/ Gehalt
1	A	5	95
2	B/C	5 L	90
3	D/E	6	87
4	F	6 L	85
5	G	7	85
6	H	7 L	85
7	I	8	84
8	K/L	8 L	84
9	M	9	83
10	N	9 L	83
11		10	82
12		10 L	82
13		11	82
14		11 L	82
15		12	81
16		12 L	81
17		13	80
18		13 L	80

3. Weitere Einzelheiten (z.B. Altersbegrenzungen, Zeitdauer der Teilzeitschritte etc.) sind durch Betriebsvereinbarung zu regeln.

4. Diese Vereinbarung tritt am 01. Januar 1996 in Kraft.

Kündigungsfrist, frühestmöglicher Kündigungstermin und Kündigungsfolgen richten sich nach der Tarifvereinbarung zur Sicherung der Standorte und der Beschäftigung vom 28. September 1995.

Sofern sich die Geschäftsgrundlage dieser Vereinbarung durch die Änderung gesetzlicher Bestimmungen verändert, werden die Tarifvertragsparteien eine Anpassung dieser Vereinbarung vornehmen.

Wolfsburg, 28. September 1995

Volkswagen AG

Industriegewerkschaft Metall
– Bezirksleitung Hannover –

Anhang 5

Als Beitrag der Beschäftigten für die bei der Volkswagen AG aufgrund der Tarifvereinbarung von 1993 entstandenen sogenannten Remanenzkosten wurde zum einen eine Mehrleistungspflicht der Beschäftigten in Höhe von 1,2 Stunden im indirekten Bereich (Vereinbarung 1,2-stündige Soll-Leistung vom 28. September 1995), zum anderen im direkten Bereich eine Reduzierung der bisherigen fünfminütigen bezahlten Erholungszeiten auf maximal zweieinhalb Minuten pro Stunde vereinbart (Vereinbarung über Entlohnungsgrundsätze (LORA) vom 28. September 1995).

Dokument 6: Vereinbarung 1,2-stündige SOLL-Leistung vom 28. September 1995

Vereinbarung

zwischen der
Volkswagen AG
und der
Industriegewerkschaft Metall
– Bezirksleitung Hannover –

zur Tarifvereinbarung zur Sicherung der Standorte und der Beschäftigung vom 28. September 1995 und zum Tarifvertrag über gleitende Arbeitszeit vom 28. September 1995

1. Als Leistungsbeitrag der im indirekten Bereich Beschäftigten für die Beschäftigungssicherung wird eine 1,2-stündige SOLL-Leistung pro Woche und Mitarbeiter vereinbart.

2. Die wöchentliche SOLL-Leistung wird im individuellen Arbeitszeitkonto in Form eines Minussaldos vorgetragen.

Ein Ausgleich des Minussaldos kann z.B. erfolgen

– durch Leistung und Verrechnung im Rahmen der gleitenden Arbeitszeit,

– durch Nachleistung oder

– durch Verrechnung mit arbeitsfreien Tagen oder mit geleisteter Mehrarbeit.

Die jeweils anzuwendenden Ausgleichsformen sind in den betrieblich zu vereinbarenden Arbeitszeitregelungen festzulegen.

An bezahlten oder unbezahlten Ausfalltagen gilt die anteilige SOLL-Leistung als geleistet.

3. Wird der Minussaldo ohne Verschulden des Werksangehörigen nicht innerhalb eines Kalenderjahres ausgeglichen, so erlischt er.

4. Diese Vereinbarung tritt am 01. Januar 1996 in Kraft.

Kündigungsfrist, frühestmöglicher Kündigungstermin und Kündigungsfolgen richten sich nach der Tarifvereinbarung zur Sicherung der Standorte und der Beschäftigung vom 28. September 1995.

Wolfsburg, 28. September 1995

Volkswagen AG

Industriegewerkschaft Metall
– Bezirksleitung Hannover –

Dokument 7: Vereinbarung über Entlohnungsgrundsätze (LORA)

Zwischen der

Volkswagen AG
und der
Industriegewerkschaft Metall
– Bezirksleitung Hannover –

wird zum Tarifvertrag über die Grundsätze der Entlohnung (LORA) vom 18. Dezember 1984 im Rahmen der Weiterentwicklung der Arbeitsorganisation und des kontinuierlichen Verbesserungsprozesses zur Standort- und Beschäftigungssicherung folgende

Vereinbarung über Entlohnungsgrundsätze

abgeschlossen:

1. Leistungslohn

1.1 Für Arbeitsaufgaben, für die Leistungsdaten ermittelt und vorgegeben werden, wird das Arbeitspensum und/oder die SOLL-Personalbesetzung auf der Grundlage von Planungs- bzw. Referenzdaten zwischen dem Unternehmen und dem Betriebsrat vereinbart.

1.2 Die jeweiligen Leistungsanforderungen sind dabei so festzulegen, daß sie biologisch und sozial zumutbar sowie nachvollziehbar sind.

1.3 Die Absicherung der Festlegungen gemäß Ziffer 1.1 erfolgt vor Serieneinsatz im Planungs- und Fertigungstryout.

1.4 Nach Serieneinsatz ist die Zielerreichung durch den kontinuierlichen Verbesserungsprozeß sicherzustellen. Dabei arbeiten Mitarbeiter, Vorgesetzte, Betriebsrat und unterstützende Fachabteilungen zusammen. Daraus resultierende Veränderungen des Arbeitspensums und/oder der SOLL-Personalbesetzung sind zwischen Unternehmen und Betriebsrat zu vereinbaren.

1.5 Der Betrieb, die betroffenen Mitarbeiter und der Betriebsrat haben das Recht, die Vereinbarung zur Personalbemessung und zu den Leistungsanforderungen unter Angabe von Gründen zu reklamieren, wenn sie diese für nicht zumutbar halten; in diesem Fall findet § 10 (einschließlich der §§ 3 und 5) des Tarifvertrages Grundsätze der Entlohnung entsprechend Anwendung.

2. Persönliche Bedürfnis- und Erholzeiten

2.1 Bei der Personalbemessung sind persönliche Bedürfnis- und Erholzeiten angemessen zu berücksichtigen.

2.1.1 Zeiten und Tätigkeiten, die gegenüber einer taktgebundenen Arbeit einen Belastungswechsel beinhalten und erholungswirksam sind, können auf die Erholzeit angerechnet werden.

2.1.2 Arbeitsunterbrechungszeiten (z.B. wegen technischer Störungen, Materialmangel, Qualitätsproblemen, Instandhaltungsarbeiten etc.) werden – sofern sie erholungswirksam sind und ihre Mindestdauer 5 Minuten beträgt – auf die Erholzeit angerechnet.

2.1.3 Einzelheiten zu Ziffern 2.1.1 und 2.1.2 werden durch Betriebsvereinbarung geregelt.

2.2 Pausenausweisung bei Nichteinigung

Kommt ein Einvernehmen gemäß Ziffer 2.1 nicht zustande, ist die persönliche Bedürfniszeit mit 3 Minuten pro Stunde und eine bezahlte Erholzeit von 2,5 Minuten pro Stunde auszuweisen.

Soweit eine Erholzeit von bis zu 5 Minuten pro Stunde erforderlich ist, sind 2,5 Minuten Erholzeit pro Stunde zu bezahlen.

3. Zeitlohn

Der Entlohnungsgrundsatz Zeitlohn entfällt. Statt dessen werden in diesen Bereichen über die Leistung und Leistungsziele Absprachen zwischen dem betrieblichen Vorgesetzten und den Beschäftigten getroffen.

Der Betrieb, die betroffenen Mitarbeiter und der Betriebsrat haben das Recht, die Vereinbarungen zur Personalbemessung und zu den Leistungsanforderungen unter Angabe von Gründen zu reklamieren, wenn sie diese für nicht zumutbar halten; in diesem Fall findet § 10 Tarifvertrag LORA entsprechend Anwendung (Das Reklamationsverfahren wird angepaßt).

4. Anwendung des Tarifvertrages LORA

Soweit die Bestimmungen des Tarifvertrages über die Grundsätze der Entlohnung dieser Vereinbarung nicht widersprechen, finden sie weiter Anwendung.

5. Vertragsdauer

Diese Vereinbarung tritt am 01. Januar 1996 in Kraft.

Sie kann mit einer Frist von 3 Monaten, erstmals zum 31. Dezember 1997, gekündigt werden.

Wolfsburg, 28. September 1995

Volkswagen AG

Industriegewerkschaft Metall
Bezirksleitung Hannover –

Anhang 6

Mit der Vereinbarung über eine betriebliche Zusatzversorgung betritt die Volkswagen AG tarifpolitisches Neuland. Kernpunkt der Vereinbarung ist die Gewährung der bisher unternehmensseitig als vermögenswirksame Leistungen gezahlten Beiträge als betriebliche Zusatzversorgung.

Dokument 8: Vereinbarung über eine betriebliche Zusatzversorgung (Beteiligungsrente) vom 28. September 1995

Vereinbarung über die Festsetzung des Versorgungsaufwandes für eine betriebliche Zusatzversorgung (Beteiligungsrente) zwischen der

Volkswagen AG
und der
Industriegewerkschaft Metall
Bezirksleitung Hannover

1. Diese Vereinbarung gilt

1.1 räumlich:
Für die Werke der Volkswagen AG

1.2 persönlich:
Für alle Werksangehörigen mit einem unbefristeten Arbeitsverhältnis, die Mitglied der IG Metall sind, mit Ausnahme von

- Praktikanten,
- Volontären,
- Informanden,

- Angestellten, die aufgrund von Sonderverträgen beschäftigt werden, die über den Rahmen des Manteltarifvertrages und des Gehaltstarifvertrages hinausgehen sowie

- Werksangehörigen, die am 31. Dezember 1995 das 55. Lebensjahr vollendet haben sowie

– Werksangehörigen, deren Arbeitsverhältnis gemäß den Bestimmungen der Altersregelung 1994 und den dazugehörigen Protokollnotizen vom 24.11.1994/23.02.1995 beendet wird.

2. Volkswagen gewährt zusätzlich zur Monatsentgelt- bzw. Gehaltszahlung einen Versorgungsaufwand

– für Vollzeitbeschäftigte in Höhe von DM 52,–,
– für Auszubildende in Höhe von DM 26,–.

3. Teilzeitbeschäftigte haben Anspruch auf einen anteiligen Versorgungsaufwand, der sich nach dem Verhältnis ihrer vertraglichen Arbeitszeit zur tariflichen Normalarbeitszeit bemißt.

4. Der Versorgungsaufwand wird für jeden Kalendermonat gewährt, für den mindestens zwei Wochen Anspruch auf Monatsentgelt, Gehalt, Ausbildungsvergütung oder Zuschuß zu Leistungen von Sozialversicherungsträgern besteht.

Für erforderlich werdende Teilberechnungen des Versorgungsaufwandes gelten die jeweils einschlägigen gesetzlichen und tariflichen Bestimmungen.

5. Der Anspruch auf den Versorgungsaufwand entsteht nach einer ununterbrochenen Zugehörigkeit zur Volkswagen AG von vollen 6 Kalendermonaten mit Beginn des 7. Kalendermonats.

6. Der Versorgungsaufwand eines Kalenderjahres wird entsprechend der altersabhängigen Verrentungsstaffel in Anlage 2 der VW-Versorgungsordnung (betriebliche Grundversorgung) in Versorgungsanwartschaften umgerechnet, d.h. in sog. Rentenbausteine der betrieblichen Zusatzversorgung.

7. Endet das Arbeitsverhältnis vor Eintritt des Versorgungsfalles, bleibt die Anwartschaft auf betriebliche Zusatzversorgung erhalten, wenn die gesetzlichen Unverfallbarkeitsfristen gemäß § 1 Abs. 1 BetrAVG erfüllt sind, das heißt, wenn zu diesem Zeitpunkt der/die Werksangehörige das 35. Lebensjahr vollendet hat und

- die erstmalige Gewährung des zusätzlichen Versorgungsaufwandes bereits mindestens 10 Jahre zurückliegt oder

- das Arbeitsverhältnis mit der Volkswagen AG oder einem Konzernunternehmen seit mindestens 12 Jahren bestanden hat und die erstmalige Gewährung des zusätzlichen Versorgungsaufwandes mindestens 3 Jahre zurückliegt.

Die Höhe der unverfallbaren Rentenleistung aus der betrieblichen Zusatzversorgung errechnet sich in diesem Fall aus der bei Ausscheiden erworbenen Versorgungsanwartschaft.

Wird das Arbeitsverhältnis vor Erfüllung der o.g. Fristen beendet, wird der seit dem Vertragsabschluß insgesamt erbrachte Versorgungsaufwand zuzüglich Zinsen in Höhe des aktuellen Diskontsatzes ausgezahlt.

8. Maßgeblich für die Gewährung von Renten der betrieblichen Zusatzversorgung sind im übrigen die Bestimmungen der betrieblichen Grundversorgung in der Fassung der ab 31. Dezember 1995 geltenden Betriebsvereinbarung.

Beim Tod eines Werksangehörigen vor Ablauf der 5-jährigen Wartezeit wird der erbrachte Versorgungsaufwand an die nach der VW-Versorgungsordnung berechtigten Hinterbliebenen zuzüglich Zinsen in Höhe des aktuellen Diskontsatzes ausgezahlt.

9. Die Gewährung eines darüber hinausgehenden weiteren Versorgungsaufwandes bleibt den Tarifvertragsparteien vorbehalten.

Die Ermöglichung von individuellen Beiträgen der Werksangehörigen kann auf Betriebsebene vereinbart werden.

10. Diese Vereinbarung tritt am 01. Januar 1996 in Kraft. Sie endet am 31. Dezember 2000 ohne Nachwirkung. Einer Kündigung bedarf es nicht.

Die bis zum 31. Dezember 2000 erworbenen Anwartschaften bleiben bis zum Eintritt des Versorgungsfalls oder Ausscheiden erhalten.

Die Tarifvertragsparteien verpflichten sich, rechtzeitig vor Ablauf der Vereinbarung Verhandlungen über eine Anschlußregelung aufzunehmen.

Kommt eine Einigung nicht zustande, so wird der Versorgungsaufwand ab 01. Januar 2001 in Form der vermögenswirksamen Leistung gezahlt, sofern der derzeitige Tarifvertrag über vermögenswirksame Leistungen in der Metall- und Elektroindustrie über 1999 hinaus verlängert wird bzw. nachwirkt.

Wolfsburg, 28. September 1995

Volkswagen AG

Industriegewerkschaft Metall
– Bezirksleitung Hannover –

Anhang 7

Die „Vereinbarung zur Kurzarbeit" stellt die Weiterentwicklung des 1994 vereinbarten „Blockmodells" dar und betrifft u. a. – unter Berücksichtigung der sogenannten „degressiven Zuschußzahlung" – Kurzarbeit in Verbindung mit Qualifizierung.

Dokument 9: Vereinbarung zur Kurzarbeit vom 28. September 1995

Zwischen der

Volkswagen AG
und der
Industriegewerkschaft Metall
– Bezirksleitung Hannover –

wird in Ergänzung der Tarifvereinbarung zur Sicherung der Standorte und Beschäftigung vom 28. September 1995 nachfolgende Vereinbarung abgeschlossen:

Präambel:

Die Parteien sind sich darüber einig, daß zur Sicherung der Beschäftigung über die 1993 vereinbarte Arbeitszeitverkürzung hinaus weitere Maßnahmen erforderlich sind, um die ansonsten nicht zu vermeidenden anzeigepflichtigen Entlassungen im Sinne des § 17 Abs. 1 Kündigungsschutzgesetz abwenden zu können.

Dieser Zielsetzung kann insbesondere auch durch das Instrument der Kurzarbeit Rechnung getragen werden.

Nach übereinstimmender Auffassung der Parteien soll daher das Instrument der Kurzarbeit im Rahmen der gesetzlichen Bestimmungen weitreichend angewendet werden.

1. Anwendungsbereich

Diese Vereinbarung gilt für die Durchführung

– von Kurzarbeit gemäß den gesetzlichen Bestimmungen, sofern die Kurzarbeit zur Qualifizierung genutzt wird;

– von Kurzarbeit gemäß § 63 Abs. 4 Arbeitsförderungsgesetz (AFG).

2. Kurzarbeit in Verbindung mit Qualifizierung

2.1 Dauer

Die Dauer der Kurzarbeit darf für die einzelnen Werksangehörigen nicht länger als 3 Kalendermonate pro Kalenderjahr betragen.

Eine längere Dauer kann mit Zustimmung der Tarifvertragsparteien vereinbart werden.

2.2 Zuschuß

Die betroffenen Werksangehörigen erhalten für die Dauer der Kurzarbeit einen Brutto-Zuschuß zum Kurzarbeitergeld.

Berechnungsbasis für den Zuschuß ist die Differenz zwischen dem Kurzarbeitergeld einerseits und dem Betrag anderseits, der sich bei Anwendung des aus der Anlage ersichtlichen Prozentsatzes des Monats-Netto-Arbeitsentgelts bei Vollbeschäftigung – auf Basis des Arbeitsentgelts für die Bemessung des Kurzarbeitergeldes – ergibt.

2.3 Ankündigungsfrist

Die Ankündigungsfrist für Kurzarbeit beträgt gegenüber den betroffenen Werksangehörigen 4 Wochen.

3. Kurzarbeit gemäß § 63 Abs. 4 AFG

Die Dauer der Kurzarbeit richtet sich nach den gesetzlichen Bestimmungen.

Für den Zuschuß und die Ankündigungsfrist gelten Ziffern 2.2 und 2.3.

4. Schlußbestimmung

4.1 Diese Vereinbarung tritt am 01. Januar 1996 in Kraft.

4.2 Kündigungsfrist, frühestmöglicher Kündigungstermin und Kündigungsfolgen richten sich nach der Tarifvereinbarung zur Sicherung der Standorte und der Beschäftigung vom 28. September 1995.

Wolfsburg, 28. September 1995

Volkswagen AG

Industriegewerkschaft Metall
– Bezirksleitung Hannover –

Anlage

Netto-Monatsentgelt-Basis für die Ermittlung des Zuschusses zum Kurzarbeitergeld

Entgelt-stufe	(Entgeltniveau/ Gehaltsgruppe) bisher		% vom Netto-Monatsentgelt/ Gehalt
1	A	5	95
2	B/C	5 L	90
3	D/E	6	87
4	F	6 L	85
5	G	7	85
6	H	7 L	85
7	I	8	84
8	K/L	8 L	84
9	M	9	83
10	N	9 L	83
11		10	82
12		10 L	82
13		11	82
14		11 L	82
15		12	81
16		12 L	81
17		13	80
18		13 L	80